# 创新创业基础

## The Foundation of Innovation and Entrepreneurship

主　编　孙　菲
副主编　李海涛　楼黎瑾　柳霆钧

北京理工大学出版社
BEIJING INSTITUTE OF TECHNOLOGY PRESS

版权专有　侵权必究

**图书在版编目（CIP）数据**

创新创业基础/孙菲主编．－－北京：北京理工大学出版社，2021.8
　ISBN 978－7－5763－0120－5

Ⅰ．①创… Ⅱ．①孙… Ⅲ．①创业－研究 Ⅳ．①F241.4

中国版本图书馆 CIP 数据核字（2021）第 152865 号

出版发行／北京理工大学出版社有限责任公司
社　　　址／北京市海淀区中关村南大街 5 号
邮　　　编／100081
电　　　话／(010) 68914775（总编室）
　　　　　　(010) 82562903（教材售后服务热线）
　　　　　　(010) 68944723（其他图书服务热线）
网　　　址／http：//www.bitpress.com.cn
经　　　销／全国各地新华书店
印　　　刷／唐山富达印务有限公司
开　　　本／787 毫米×1092 毫米　1/16
印　　　张／13.5　　　　　　　　　　　　　　　　责任编辑／江　立
字　　　数／318 千字　　　　　　　　　　　　　　文案编辑／江　立
版　　　次／2021 年 8 月第 1 版　2021 年 8 月第 1 次印刷　责任校对／周瑞红
定　　　价／45.00 元　　　　　　　　　　　　　　责任印制／施胜娟

图书出现印装质量问题，请拨打售后服务热线，本社负责调换

# 前　言

当前，我国社会经济的发展已经进入深度调整期，经济结构、经济发展模式的转型调整对人才培养提出了更高的要求。以创新创业驱动经济社会发展，核心在于培养具有创新创业精神的高素质人才，这为高校人才培养建立了一个全新的目标。高职院校是我国高素质专业技术人才培养的摇篮，是我国新时期人才战略实施的重要载体，肩负着为社会输送创新创业人才的艰巨任务。高职院校创新创业教育也是国家打造升级版大学生创新创业教育的重要组成部分。

本书是高职院校创新创业教育通识类教材，本书的编写吸取了近年来高职院校开展创新创业教育的经验，坚持以培育学生创新精神、创业意识、创新创业能力为重点，将名人案例、高职学生案例、创新创业的文件政策和创新创业实践内容融入其中。

全书共分为十个项目，是按照创新创业的过程进行设计的，以便于学生了解创新创业流程等相关知识。具体内容安排如下：项目1为探寻创新思维类型；项目2为应用创新思考工具；项目3为创业团队的组建；项目4为识别创业机会；项目5为商业模式的设计；项目6为创业风险管理；项目7为创业融资；项目8为创业计划书的撰写；项目9为创业计划的展示；项目10为组建创业企业。附录部分是编者结合所在高职院校的区域特点，收集整理的部分创新创业政策和文件，供大学生学习和参考。每个项目按照导入案例、知识点精讲、思考与分享等模块进行编写。本书内容实用、案例众多、通俗易懂，希望能对大学生创业有所帮助。

本书建立了线上、线下复合教材模式，是新形态一体化教材。线下，学生可以通过阅读教材，学习思考；线上，学生通过扫描二维码观看课程在线视频，配套使用资源库中的答题、讨论、发帖等功能，作为预习和复习的补充资料。通过丰富的数字化资源实现扩展学习、教学互动和跟踪学习者行为轨迹，达到最佳学习效果和学习体验。

本书由孙菲担任主编，李海涛、楼黎瑾、柳霆钧担任副主编。在编写过程中，编者参考了一些专家学者的理论研究成果，引用了一些创业者的经典案例，在此表示真诚的感谢，由于篇幅所限，不能一一标注出作者和参考文献，在此表示歉意和谢意。

由于时间仓促，编者水平有限，书中难免存在错误和不足之处，恳请读者批评指正，多提宝贵意见，谢谢！

《创新创业基础》在线课程资源使用说明：1. 点击网址（https：//www.zjooc.cn/course）进入浙江省高等学校在线开放课程共享平台，搜索"创新创业基础"，找到"开课院校：杭州职业技术学院"；2. 点击网页右上角【注册】链接，选择登录身份，填写信息进行注册；3. 注册通过后，进入课程页面，使用课程资源。

编 者

2021 年 4 月

# 目 录

**项目 1　探寻创新思维类型** ………………………………………………………… (1)

　　导入案例 ……………………………………………………………………………… (1)

　　知识点精讲 …………………………………………………………………………… (2)

　　　1.1　创新 ………………………………………………………………………… (2)

　　　1.2　创新思维 …………………………………………………………………… (4)

　　　1.3　发散思维与收敛思维 ……………………………………………………… (7)

　　　1.4　逆向思维与正向思维 ……………………………………………………… (7)

　　　1.5　横向思维与纵向思维 ……………………………………………………… (8)

　　思考与分享 …………………………………………………………………………… (9)

**项目 2　应用创新思考工具** ………………………………………………………… (12)

　　导入案例 ……………………………………………………………………………… (12)

　　知识点精讲 …………………………………………………………………………… (12)

　　　2.1　扩展思维视角法 …………………………………………………………… (12)

　　　2.2　激发潜能法 ………………………………………………………………… (13)

　　　2.3　头脑风暴法 ………………………………………………………………… (14)

　　　2.4　六顶思考帽法 ……………………………………………………………… (16)

　　　2.5　思维导图法 ………………………………………………………………… (21)

　　　2.6　菲利普斯 66 法 …………………………………………………………… (23)

　　思考与分享 …………………………………………………………………………… (23)

**项目 3　创业团队的组建** …………………………………………………………… (25)

　　导入案例 ……………………………………………………………………………… (25)

知识点精讲 ………………………………………………………… (26)
  3.1 创业者 ………………………………………………… (26)
  3.2 创业团队的组建 ……………………………………… (28)
  3.3 创业团队的管理 ……………………………………… (36)
思考与分享 ………………………………………………………… (41)

## 项目4 识别创业机会 ………………………………………… (45)

导入案例 …………………………………………………………… (45)
知识点精讲 ………………………………………………………… (46)
  4.1 创业机会 ……………………………………………… (46)
  4.2 创业环境 ……………………………………………… (47)
  4.3 创业机会识别 ………………………………………… (57)
  4.4 创业评估 ……………………………………………… (63)
思考与分享 ………………………………………………………… (66)

## 项目5 商业模式的设计 ……………………………………… (67)

导入案例 …………………………………………………………… (67)
知识点精讲 ………………………………………………………… (68)
  5.1 商业模式 ……………………………………………… (68)
  5.2 商业模式画布 ………………………………………… (71)
  5.3 商业模式的类型 ……………………………………… (76)
  5.4 新商业模式的设计方法 ……………………………… (81)
思考与分享 ………………………………………………………… (84)

## 项目6 创业风险管理 ………………………………………… (86)

导入案例 …………………………………………………………… (86)
知识点精讲 ………………………………………………………… (87)
  6.1 创业风险管理 ………………………………………… (87)
  6.2 创业风险防范 ………………………………………… (92)
  6.3 新企业危机管理 ……………………………………… (95)
  6.4 大学生创业面临的风险 ……………………………… (98)
思考与分享 ………………………………………………………… (102)

## 项目7 创业融资 ……………………………………………… (104)

导入案例 …………………………………………………………… (104)

知识点精讲 ……………………………………………………………… (105)
  7.1 创业融资概述 ………………………………………………… (105)
  7.2 创业所需资金的测算 …………………………………………… (106)
  7.3 创业融资的方式 ………………………………………………… (107)
  7.4 创业融资的渠道 ………………………………………………… (108)
思考与分享 ……………………………………………………………… (110)

## 项目8　创业计划书的撰写 …………………………………………… (113)

导入案例 ………………………………………………………………… (113)
知识点精讲 ……………………………………………………………… (115)
  8.1 创业计划书概述 ………………………………………………… (115)
  8.2 创业计划书的撰写 ……………………………………………… (117)
思考与分享 ……………………………………………………………… (129)

## 项目9　创业计划的展示 ……………………………………………… (131)

导入案例 ………………………………………………………………… (131)
知识点精讲 ……………………………………………………………… (132)
  9.1 电梯演讲 ………………………………………………………… (132)
  9.2 商业路演 ………………………………………………………… (133)
思考与分享 ……………………………………………………………… (135)

## 项目10　组建创业企业 ………………………………………………… (137)

导入案例 ………………………………………………………………… (137)
知识点精讲 ……………………………………………………………… (137)
  10.1 新企业开办的法律流程 ……………………………………… (137)
  10.2 创办企业必须考虑的相关问题 ……………………………… (141)
  10.3 新企业选址策略和技巧 ……………………………………… (146)
思考与分享 ……………………………………………………………… (151)

## 附录　部分创业政策及文件（浙江） …………………………………… (153)

## 参考文献 ………………………………………………………………… (204)

# 项目1
# 探寻创新思维类型

## 导入案例

### 王永庆卖米

王永庆在我国台湾的富豪中长期雄居首席,他的"台塑集团"是台湾企业的王中之王,在台湾,与台塑集团企业有着存亡与共关系的下游加工厂超过1500家。虽然现在台塑集团的生意做得很大,但早年王永庆却是从卖米开始的。下面我们看看王永庆早年卖米的故事,看看他卖米和别人卖米有什么不同。

王永庆早年因家贫读不起书,只好去做买卖。16岁的王永庆从老家来到嘉义开了一家米店,那时,小小的嘉义已有近30家米店了,竞争非常激烈。而他的米店开得最晚,规模最小,没有任何优势。怎样才能打开销路呢?

那时,所有的米店都是坐等顾客上门的,只有王永庆沿街去推销。那时候的台湾,农业还处于手工作业状态,由于稻谷收割与加工技术落后,很多小石子之类的杂物很容易掺杂在米里。人们在做饭之前,要淘洗好几次米,还得拣出石子,很不方便。但大家都已见怪不怪,习以为常。王永庆就从这司空见惯中找到了突破口。他和两个弟弟一起动手,一点一点地将夹杂在米里的砂石之类的杂物拣出来,然后再卖。一时间,小镇上的主妇们都说,王永庆卖的米质量好,用他家的米做饭省去了很多麻烦。这样,一传十,十传百,王永庆米店的生意日渐红火起来。

另外,王永庆还增加了"送货上门"的服务,这在当时也是一项创举。更重要的是,在送货上门时,他还做了以下工作。

第一,在送米上门的同时,他会见缝插针地做一些精心的统计,如这户人家有几口人,每天用米量是多少,需要多长时间送一次,每次送多少,他都一一列在本子上,据此估计该户人家下次买米的时间。到时候,不等顾客上门,他就主动将相应数量的米送到对方的家里了。

第二,在送米的时候,王永庆还细心地为顾客擦洗米缸,记下米缸的容量;如果米缸里还有陈米,他就将陈米倒出来,把米缸擦干净后,再把新米倒进去,然后将陈米放到新米之上,这样陈米就不至于因存放过久而变质。王永庆这一细心的服务令顾客深受感动,赢得了很多顾客的心。

第三,王永庆还会了解顾客家里发工资的日子,并记录下来,然后在他们发工资后一两天内去收米钱。王永庆这些精细、务实、与众不同的服务,使嘉义人都知道在米市马路尽头的巷子里，有一个卖好米并送货上门的王永庆。王永庆就是这样从小小的米店生意开始他后来的事业的。

（资料来源：会商宝）

## 知识点精讲

## 1.1 创新

人类社会是伴随创新而诞生和发展的，人类的发展史就是一部创新的历史。那么，什么是创新？

创新是人脑的一种机能和属性，是与生俱来的，是以新思维、新发明和新描述为特征的一种概念化过程。"创新"一词起源于拉丁语，原意有三层含义：第一是更新；第二是创造新的东西；第三是改变。创新是人类特有的认识能力和实践能力，是人类主观能动性的高级表现形式，是推动人类进步和社会发展的不竭动力。

创新是人与生俱来的一种能力，同时也是可以在后天靠培养而重新激发和提升的一种能力。

在经济学上，创新的概念起源于经济学家熊彼特在1912年出版的《经济发展概论》。熊彼特在其著作中提出：创新是指把一种生产要素和生产条件的"新结合"引入生产体系，它包括五种情况：①引入一种新产品；②引入一种新的生产方法；③开辟一个新的市场；④获得原材料或半成品的一种新的供应来源；⑤采用新的组织形式。

其实，创新还应包括观念和思维的创新，这也是很重要的。例如，深圳经济特区之所以能取得今天的成绩，并成为中国特色社会主义先行示范区建设城市，首先归功于制度的创新。如果没有经济特区拓荒者的观念和思维的创新，就不可能有制度的创新，更谈不上深圳的惊人发展。

### 1.1.1 创业与创新的关系

虽然创业与创新是两个不同的概念，但是两个范畴之间却存在着本质上的契合，以及内涵上的相互包容和实践过程中的互动发展。第一个提出创新概念的经济学家熊彼特认为，创新是生产要素和生产条件的一种从未有过的新组合，这种新组合能够使原来的成本曲线不断更新，由此产生超额利润或潜在的超额利润。创新活动的这些本质内涵，体现出它与创业活动性质上的一致性和关联性。

**1. 创新是创业的基础，而创业推动着创新**

从总体上说，一方面，科学技术、思想观念的创新，促进了人们物质生产和生活方式的变革，产生了新的生产、生活方式，进而为整个社会不断地提供新的消费需求，这是创业活动源源不断的根本动因；另一方面，创业在本质上是人们的一种创新性实践活动。无论是何种性质、类型的创业活动，它们都有一个共同的特征，那就是创业是主体的一种能动的、开创性的实践活动，是一种高度的自主行为。在创业实践的过程中，主体的主观能动性将会得到充分的发挥，正是这种主观能动性充分体现了创业的创新性特征。

**2. 创新是创业的本质与源泉**

熊彼特曾提出："创业包括创新和未曾尝试过的技术。"创业者只有在创业的过程中具备持续不断的创新思维和创新意识，才可能产生新的富有创意的想法和方案，才可能不断寻求新的模式、新的思路，最终获得创业的成功。

**3. 创新的价值在于创业**

从一定程度上讲，创新的价值就在于将潜在的知识、技术和市场机会转变为现实的生产力，实现社会财富的增长，造福于人类社会。而实现这种转化的根本途径就是创业。

**4. 创业推动并深化创新**

创业可以推动新发明、新产品或新服务的不断涌现，创造出新的市场需求，从而进一步推动和深化各方面的创新，因而也就提高了企业甚至整个国家的创新能力，推动了经济的增长。

通过以上对创业与创新关系的论述，我们知道两者密不可分，并且了解了创业与创新的联合对于解决我国目前的就业问题至关重要。由于创新与创业的密切关系，我国高等院校的创业与创新教育应该相互渗透融合，我们应弘扬创新与创业的精神，健全创新与创业的机制，完善创新与创业的环境，加强产、学、研、创的结合，实现创新与创业的交叉渗透和集成融合，并且不断地与实践相结合，推动社会的可持续发展。

## 1.1.2 创新的分类

提起创新，人们往往联想到技术创新和产品创新。其实，创新的种类远不止这些。创新主要有思维创新、产品（服务）创新、技术创新、组织与制度创新、管理创新、营销创新、商业模式创新等。

**1. 思维创新**

思维创新是一切创新的前提，任何人都不应该封闭自己的思维。若思维成定势，就会严重阻碍创新。有些部门或企业提出"不换脑筋就换人"，就是这个道理。有的公司不断招募新的人才，重要原因之一就是期望其带来新观念、新思维，不断创新。国内外近年来还出现了"思维空间站"，其目的就是进行创新思维训练。

**2. 产品（服务）创新**

对于生产企业来说，产品要创新；对于服务行业而言，服务要创新。手机在短短的几年内已从模拟机、数字机、可视数字机发展到智能手机，其更新演变生动地告诉我们产品的创新之迅速。而王永庆卖米的创新就是服务创新。目前国内很多面向公众办事的行政事务窗口都开设了网上办事大厅，医院开设了网络预约挂号，这给人们提供了实实在在的便利，这些都是服务创新。不要以为创新就非得轰轰烈烈、惊天动地，把日常普通而细小的工作做好，同样也是一种了不起的创新。

**3. 技术创新**

就一个企业而言，技术创新不仅指应用自主创新的技术，还可以是创新地应用合法取得的、他方开发的新技术，或已进入公有领域的技术，从而创造市场优势。

技术创新是企业发展的源泉和竞争的根本。但创业者要认识到，技术上的领先不等于创新成功，把领先的技术投入市场，并让技术随着市场需求不断更迭换代，持续引领行业进步，才能让企业在市场上长久立足。

**4．组织与制度创新**

典型的组织变革和创新是指通过员工态度、价值观和信息交流，使他们认识和实现组织的变革与创新。在企业中没有一个一成不变、普遍适用的最佳管理理论和方法，企业中人的行为是组织与个人相互作用的结果。企业通过组织的变革和创新，可以改变人的行为风格、价值观念、熟练程度，同时也能改变管理人员的认知方式。

组织与制度创新主要有以下3种。

（1）以组织结构为重点的变革和创新，如重新划分或合并部门，进行流程改造，改变岗位及岗位职责，调整管理幅度等。

（2）以人为重点的变革和创新，即改变员工的观念和态度——知识的变革、态度的变革、个人行为乃至整个群体行为的变革。美国通用电气公司（General Electric Company，GE）前总裁韦尔奇上任后采取了一系列措施来改革GE这部"老机器"。有一个部门主管工作很得力，所在部门连续几年盈利，但韦尔奇认为他可以干得更好。这位主管不理解，韦尔奇便建议其休假一个月：放下一切，等你再回来时，变得就像刚接下这个职位，而不是已经做了4年。休假之后，这位主管果然调整了心态，像换了个人。

（3）以任务和技术为重点，即将任务重新组合分配，更新设备，进行技术创新，达到组织创新的目的。例如，某企业根据市场变化的需要，成立了"大数据部"，通过数据应用与分析来为营销决策服务。

**5．管理创新**

管理创新是指企业把新的管理要素（如新的管理方法、管理手段、管理模式等）或要素组合引入企业管理系统以便更有效地实现组织目标的活动。

**6．营销创新**

营销创新是指营销策略、渠道、方法、广告促销策划等方面的创新。例如，海尔集团的"亲情营销""事件营销"都属于营销创新。

海尔集团由一个亏空147万元的集体小厂，最终发展成为享有国际盛誉的世界百强企业；同时，"海尔"从小到大，目前已发展成为一个涵盖所有家电产品、市场占有率领先的中国家电优秀品牌，其成功的背后离不开不断创新的营销理念。

**7．商业模式创新**

商业模式创新是指企业把新的商业模式引入社会生产体系，并为客户和自身创造价值。通俗地说，商业模式创新就是指企业以新的有效方式盈利。新引入的商业模式，既可能在构成要素方面不同于已有商业模式，也可能在要素间关系或者动力机制方面不同于已有商业模式。

"阿里巴巴"凭借电子商务商业模式的不断创新，成为中国乃至世界著名的电子商务企业。

## 1.2 创新思维

创新思维是人作为思维主体，在实践的基础上，在问题意识的导向下，运用一定的思维方法和手段，批判性地反映与重构事物、世界，从而形成有一定价值的新观点、新理论、新方法等创新成果的思维过程。创新思维的本质是创造性，它或在事物本质与规律的发现上，或在看问题角度的选择上，或在方法与技巧上，或在思维的结论上，都具有超越前人的独到之处。

　　创新思维是相对于惯性思维而言的。惯性思维，通俗地讲，就是思维沿着已有思考路径以线性方式继续延伸，并暂时地封闭了其他思考方向。由于惯性的作用，人们常常会有意无意地遵循一些固定的模式。一方面，这些模式是成功经验的总结，的确会使我们的实践活动变得相对简单、快捷，但其最大的缺点就是抑制了创新的因子，使人们趋于接受，很难摆脱惯性思维的束缚，更难以进行创新活动。另一方面，惯性思维一般表现为不敢质疑权威，没有自己主见，只是一味地复制平淡无奇、毫无创意的想法。创新思维可以说是对这种惯性思维的根本否定，从本质上讲，它是一种多视角、多维度、批判性的思维方式。

### ■ 案例分析

**思维定势的利与弊——滑轮的作用**

　　美国心理学家迈克兰德（David C. McClellend，1917—1998）曾经做了这样一个实验：他从天花板上悬下两根绳子，两根绳子之间的距离超过人的两臂长，如果你用一只手抓住一根绳子，那么另一只手无论如何也抓不到另一根。在这种情况下，他要求一个人把两根绳子系在一起。不过他在离绳子不远的地方放了一个滑轮，其实是想给系绳的人以帮助。然而尽管系绳的人早就看到了这个滑轮，却没有想到它的用处，没有想到滑轮会与系绳活动有关，结果没能完成任务。其实，这个问题很简单，如果系绳的人将滑轮系到一根绳子的末端，用力使它荡起来，然后抓住另一根绳子的末端，待滑轮荡到他面前时再抓住它，就能把两根绳子系到一起，问题也就解决了。

　　所谓思维定势，也称惯性思维，就是按照积累的思维活动经验教训和已有的思维规律，在反复使用中所形成的比较稳定的、定型化了的思维路线、方式、程序、模式，以及由于重复或练习而巩固下来的并变成需要的行为方式。经常按这种行为方式思考问题，就会逐渐形成牢固的思维定势，深入潜意识中并反过来支配自己的言行。

　　大学生思维定势对于创新创业有利有弊，不能否定思维定势的积极意义。

（资料来源：《人力资源开发》）

### 1.2.1　创新思维的特征和过程

创新思维具有以下特征。

（1）思维方向的求异性，即从别人习以为常的地方看出问题。

（2）思维结构的灵活性，即思维结构灵活多变、思路及时转换变通的品质。

（3）思维进程的突发性，即思维在时间上以一种突然降临的情景，标志着某个突破的到来，表现出一个非逻辑性的品质。

（4）思维效果的整体性，即思维成果迅速扩大和展开，在整体上带来价值的更新。

（5）思维表达的新颖性，即思维内容是前所未有的。

### 1.2.2　创新思维的过程

　　"问题是创新的起点，也是创新的动力源泉"强调了创新思维要以问题为导向，彰显出强烈的"问题意识"。推动创新必须坚持问题导向，通过发现问题、筛选问题、研究问题、解决问题，不断推动社会发展进步。"创新是一个系统工程"则强调了创新思维的系统性。

创新思维是以发现问题为中心、以解决问题为目标的高级心理活动。通常将创新思维产生的过程分为准备阶段、酝酿阶段、顿悟阶段和验证阶段。

**1. 准备阶段**

创新思维是从发现问题、提出问题开始的。"问题意识"是创新思维的关键，提出问题后必须为着手解决问题做充分的准备。这种准备包括必要的事实和资料的收集、必需的知识和经验的储备、技术和设备的筹集以及其他条件的提供等。

同时，创新者还必须对前人在同一问题上所积累的经验有所了解，对前人尚未解决的问题进行深入的分析。这样既可以避免重复前人的劳动，又可以使自己站在新的起点从事创造工作，还可以帮助自己从旧问题中发现新问题，从前人的经验中获得有益的启示。准备阶段常常要经历相当长的时间。

**2. 酝酿阶段**

酝酿阶段要对前一阶段所获得的各种资料和事实进行消化吸收，从而明确问题的关键所在，并提出解决问题的各种假设和方案。此时，有些问题虽然经过反复思考、酝酿，但仍未得到完美的解决，这使思维常常出现"中断"。这些问题仍会不时地出现在人们的头脑中，甚至转化为潜意识，这样就为第三阶段（顿悟阶段）打下了基础。许多人在这一阶段常常表现得狂热和如痴如醉，令常人难以理解。例如，我们非常熟悉的牛顿把手表当鸡蛋、陈景润在马路上与电线杆相撞等。这个阶段可能是短暂的，也可能是漫长的，甚至延续好多年。创新者的观念仿佛在"冬眠"，等待着"复苏"和"醒悟"。

**3. 顿悟阶段**

顿悟阶段也称为豁朗阶段。创新者经过酝酿阶段对问题的长期思考，其创新观念可能会突然出现，大有豁然开朗的感觉，会感受到"山重水复疑无路，柳暗花明又一村"。这一心理现象就是灵感或灵感思维。灵感的来临，往往是突然的、不期而至的。例如，德国数学家高斯为证明某个定理，被折磨了两年仍一无所得，可是有一天，正如他自己后来所说的"像闪电一样，谜一下解开了"。

**4. 验证阶段**

思路豁然贯通以后，所得到的解决问题的构想和方案还必须在理论上和实践上进行反复论证和试验，以验证其可行性。经验证后，有时方案得到确认，有时方案得到改进，有时方案甚至完全被否定，再回到酝酿阶段。总之，灵感所获得的构想必须经过检验。

### 1.2.3 抽象思维与形象思维

抽象思维也称逻辑思维，是用概念、范畴、规律、假说等元素，进行判断、类比、归纳和演绎的程序，即逻辑化的操作程序。它可以还原、检验，步骤分明。逻辑思维不仅包括形式逻辑，而且发展为包含辩证逻辑、数理逻辑、语言逻辑、科学逻辑、模糊逻辑、模态逻辑等多支学科的、在人类思维活动中占主导地位的思维形式。历史上的很多科学家与发明家，运用归纳推理思维、演绎推理思维、相似推理思维、组合推理思维等抽象思维方法，有许多伟大的发现并做出了许多伟大的发明。

形象思维是以形象材料起主要作用的思维活动形式，有具体形象思维、言语形象思维与形象逻辑思维三种，形象思维凭借的形式是表象、联想和想象。表象是单个的，它相当于抽象思维中的概念；联想是两个或两个以上表象的联络；想象是许多表象的融合。

## 1.3　发散思维与收敛思维

发散思维，亦称扩散思维、辐射思维，是指在创造和解决问题的思考过程中，从已有的信息出发，尽可能向各个方向扩展，不受已知的或现存的方式、方法、规则或范畴的约束，并且从这种扩散、辐射和求异式的思考中，求得多种不同的解决办法，衍生出各种不同的结果。

收敛思维是指在解决问题的过程中，尽可能利用已有的知识和经验，把众多的信息和解题的可能性逐步引导到条理化的逻辑序列中去，最终得出一个合乎逻辑规范的结论，亦称汇聚思维、聚合思维。

在商战中常常出现"跟风"现象，很多商家一旦发现什么商品利润高，便紧随其后组织货源进行销售。结果常常是使市场的这类商品供大于求，不但不能盈利而且造成亏损。具有发散思维的商家将预测学的原理应用于经营之中，通过对信息的搜集筛选与分析判断，得出符合事物发展规律的结论。

## 1.4　逆向思维与正向思维

逆向思维，又叫逆反思维，即突破思维定势，从相反的方向去思考问题。逆向思维是与正向思维相对而言的。逆向思维是与一般的正向思维，与传统的、逻辑的或习惯的思维方向相反的一种思维。它要求在思维活动时，从两个相反的方向去观察和思考，这样可以避免单一正向思维和单向度的认识过程的机械性，克服线性因果律的简单化，从相向视角（如上—下、左—右、前—后、正—反）来看待和认识客体，往往别开生面，独具一格，取得突破性的成果。

逆向思维与正向思维互为前提、相互转化。逆向思维与正向思维是相对的，没有正向思维，也就无所谓逆向思维。在某种情况下的正向思维，在另外一种情况下很有可能成为逆向思维，逆向思维在很大程度上就是别的方向上的正向思维。没有一定的正向思维为基础，是很难产生逆向思维的。许多创造性成果虽然从表面上看是逆向思维所致，但在其产生过程中，既需要以正向思维为基础，又需要从逆向思维的角度进行思考。

### 案例分析

日本一家人造丝织品公司曾从美国杜邦公司获得了尼龙和涤纶的垄断权，很容易地发了一笔大财。后来，由于化纤制品声誉日渐下降，该公司不得不一再减产，因此企业出现了严重的危机。正当此时，这家公司的一位班长发现，所有丝织行业都是将5根纱纺成1根线，为了提高质量，都在想方设法地让这5根纱粗细均匀。他一反常态地打破了这种传统观点，大胆地提出了自己的设想，有意识地将粗细不匀的线混纺在一起，这岂不是一条更好的新路子吗？于是，他将这种设想作为一项提案送到了公司高级管理层，这立刻引起了公司的高度重视。公司立即组织有关人员研制开发。而此时社会上出现了喜欢穿表面粗糙而松软的衣服的潮流。要制成这种面料，就必须要加入30%像被虫蛀过一样的粗细结合的混纺线，而这种混纺线正是公司开发而且已获得专利申请的实用新型产品。该公司由于垄断了这种产品，因而再次获得了巨大的利益，化解了公司的危机。

既然客观事物可以倒过来想，那么在把关于客观事物的思想观点作为对象进行反思的时候也可以倒过来想，也就是将一种观点从相反的方向思考，以便从中获得新的认识，形成新的见解。这就是所谓的"观点颠倒"。观点颠倒也是一种创新的思考方法，在生活和工作中有重要应用。最初，面对断臂的女神维纳斯雕像，人们都感到莫大的遗憾。不少艺术家还曾多次为她做过重塑双臂的尝试，但都失败了。于是，艺术家们纷纷从中悟出了一个"倒过来想"的观点：在一定条件下，某种不完整、不对称的"缺陷"，也可以是一种美。近年来，人们在街头巷尾会惊奇地发现，竟然有不少男男女女，身穿"破破烂烂""千疮百孔"的"叫花子服"，扬扬自得地"招摇过市"。这种时髦的现代乞丐服，正是服装设计师们按照观点颠倒的"缺陷美"审美观设计出来的。

（资料来源：百分网）

## 1.5 横向思维与纵向思维

横向思考法是英国知名思维训练专家德波诺在《新的思维》中提出的，即在条件相近的情况下，对相似事物的发展情况进行比较，从中找出差距，发现问题，然后提出解决问题的办法。所谓横向思维，是指突破问题的结构范围，从其他领域的事物、事实中得到启示而产生新设想的思维方式，它不一定是有顺序的，同时也不能预测。有人把这种利用"局外"信息来发现问题的途径的思维方式同眼睛的侧视能力相类比，称它是"侧向思维"。横向思维由于改变了解决问题的一般思路，试图从别的方面、方向入手，其广度大大增加，有可能从其他领域中得到解决问题的启示，因此，横向思维常常在创造活动中起着巨大的作用。

纵向思维，是指在一种结构范围中，按照有顺序的、可预测的、程式化的方向进行的思维方式，这是一种符合事物发展方向和人类认识习惯的思维方式，遵循由低到高、由浅到深、由始到终等线索，因而清晰明了，合乎逻辑。我们平常的生活、学习中大都采用这种思维方式。

人们在进行思考、解决问题时，常常存在着纵向思维的优势想法，这是一些建立在知识经验基础上的得心应手而且根深蒂固的对待问题的方式，它决定并支配着整个思维过程。显然，优势想法不利于提出新观念、新思想，是创造性思维的一种障碍。很多事实表明，运用横向思维有助于打破优势想法，冲破旧观念、旧秩序的束缚，产生新观点，推动对问题的解决。因此，横向思维已成为创造性思维的重要组成部分。但这绝不是说在创造活动中，要完全抛弃纵向思维而由横向思维取而代之。相反，一个真正有创造性的人，往往是将两者有机地结合起来运用。

有了创新的思维，创造力也油然而生，很多创造力源于你平日所见。生物学家亚历山大·弗莱明度假回来后发现，他的某个培养皿里的细菌全部死亡，他并不像大多数生物学家那样认为这个实验彻底失败了。相反，他觉得一定发生了什么他从未想到过的重大事情，而就在他对这个所谓"事故"调查的过程中，青霉素被发现了。这是一种从无关现象中发掘有用信息的能力。另一种创造性发现方法是把你所观察到的相关信息组合到一起。查尔斯·达尔文把那些与他同时代的其他科学家都已知悉的事实结合起来，他最本质的贡献就在于组织了全部事实并对它们很好地加以利用，有力地支持了他的进化论。阿里巴巴集团的创始人马云在早期说服客户和投资人时，也把互联网的相关信息进行全部充分的利用，甚至借用比尔·盖茨的名义向他人宣传互联网时代的来临和未来不可估量的市场价值。

在大部分人身上，创新精神和批判之声一直在进行着激烈的斗争。甚至在你还没有将想法厘清，更没提出成果的时候，批判之声就会用一连串否定的话语将它们镇压。在马云对20个合作者宣讲创业计划和未来蓝图时，19个人持反对态度，仅1位说同意他去冒险，但告诫万一失败还要走回头路。

很多有创业想法的人都听到过这样的声音："你的收入会很不稳定。""他们会认为你准是疯了。""记住，你父母从来就没有取得过什么成就。""如果你这次失败了，你就再也没有机会了。"这种精神上的斗争每天都在进行，还影响着各种日常生活和关系，直至让别人看到你的成功。是的，创业是有风险的，但有时它的风险比参加全国高考要低一些，因为它是"开卷"的，没有人会因为你和别人合作创业而认为是作弊行为，这也就意味着你可以向无数人请教或求助，当然也可以与他们一起创业。

## 思考与分享

1. 创新与创业有什么关系？

2. 结合自己所学专业领域，有哪些是可以进行微创新的？

3. 测一测。

## 创业素质测评

**具体要求：**

（1）实事求是地填写表1-1；

（2）填写每一项时，先阅读要求，然后再评价你在这方面是优势、劣势还是不确定，在对应的空白处打对号；

（3）让另外一位家庭成员或者与你关系比较密切的朋友对你进行评价；

（4）最后计算出优势、劣势以及不确定的对号总数。

表 1-1 创业素质测评

| 评估内容 | | 自我评估 | | | 他人评估 | | |
|---|---|---|---|---|---|---|---|
| | | 优势 | 劣势 | 不确定 | 优势 | 劣势 | 不确定 |
| 企业家精神 | 创新：创造性地解决问题 | | | | | | |
| | 冒险：敢于承担风险 | | | | | | |
| | 合作：善于与他人进行合作 | | | | | | |
| | 敬业：把现有工作当成事业成功的内在需求 | | | | | | |
| | 学习：持续学习，终身学习 | | | | | | |
| | 责任：敢于承担责任 | | | | | | |
| | 执着：百折不挠、坚持不懈的毅力和意志 | | | | | | |
| | 诚信：说得到做得到 | | | | | | |
| 知识素质 | 专业技术知识：生产产品、提供服务的实践知识 | | | | | | |
| | 经营管理知识：有效经营企业所需的知识 | | | | | | |
| | 行业相关知识：较为丰富的知识面 | | | | | | |
| 能力素质 | 领导能力：善于领导团队，能够有效地激励他人 | | | | | | |
| | 决策能力：果断地做出决策 | | | | | | |
| | 营销能力：具备良好的市场营销技能 | | | | | | |
| | 交际能力：善于沟通，妥善处理内外部关系 | | | | | | |
| | 人力管理能力：善于发现、使用、培养人员 | | | | | | |
| | 战略管理能力：眼光长远，能从总体上把握形势 | | | | | | |
| | 组织管理能力：高效地、科学地组织人员 | | | | | | |
| | 信息管理能力：善于收集、整理与分析信息 | | | | | | |
| | 文化管理能力：善于营造积极向上的组织氛围 | | | | | | |
| 身心素质 | 身体素质：具有健康的体魄和充沛的精力 | | | | | | |
| | 自信心：充满自信，坚持信仰如一 | | | | | | |
| | 独立性：善于独立思考、独立工作 | | | | | | |
| | 坚韧性：百折不挠、坚持不懈的毅力和意志 | | | | | | |
| | 敢为性：敢于实践，敢冒风险 | | | | | | |
| | 克制性：善于克制，防止冲动 | | | | | | |
| | 适应性：灵活地适应各种变化 | | | | | | |
| 总计 | | | | | | | |
| 优势（合计） | | | 劣势（合计） | | | 不确定（合计） | |

注意：通过企业家精神测评与创业素质测评，得出优势、劣势、不确定的具体分数，然后进行比较，如果优势多，说明你创业潜质较高；如果劣势多，说明你目前还存在短板；如果不确定较多，说明自我认知或他人对你的认识不足，需要进一步使用其他的测评方法。

## 拓展阅读

### 不知"天高地厚"

刘立，某高职院校汽车维修专业毕业生，毕业五年，是一家汽车美容设备制造企业的业务员。

有一次，营销总监把他叫到了办公室，说："刘立，你来到公司快一年了，你的业绩还不错，水平也提高了不少……"没有等总监说完，他就打断了总监的话说："总监，有什么事您就说吧，我这个人性子急。""啊，是这样，海南那边的市场一直没有打开，那里明明有市场，可是咱们公司的产品就是卖不动，想来想去，还是想让你去那里试一试。""行！什么时候开始？"刘立那一天不知为什么心情特别好，几乎没有考虑就应承了下来。

总监很高兴地说："如果你同意，明天就可以出发。你尽管放心大胆地干，干成了你就是海南的区域经理，即使干不成公司也不会责备你。"从总监办公室出来，同事叫住了刘立："刘立，总监跟你说什么了？""让我去海南。""你答应了吗？""答应了啊。""啊？去海南？你是吃错药了吗？你知不知道咱们公司派了好几个人过去，都是自信满满而去，垂头丧气而归？咱们的总监大人不信，到那里住了三个月，现在不也是不了了之？"经同事这一说，刘立如梦初醒：是啊，我刚才怎么没有想到呢？但是人不能言而无信，没有办法，就是上刀山下火海我也只得硬着头皮往上冲！第二天他就来到了海南。

刘立是土生土长的浙江人，毕业以来一直在自己的家门口转悠，刚到海南可以说是举目无亲，无依无靠。不过还好，也是为了熟悉环境，刘立白天提着三四十斤的样品设备跑经销商，晚上又提着样品在大街上跑，看到哪家汽车美容店或修理铺亮着灯就往里进。

公司原来在海南是有代理商的，由于种种原因，代理商把公司的产品当成了摆设，基本上没有什么销量。经过一个多月的地毯式摸排调查，刘立终于找到了代理商不销售他们产品的原因。通过两个晚上的挑灯夜战，刘立总结出了一套新的方法、新的合作模式。刘立在电话中把新的方案与总监沟通后，总监很赞成，并表示如果这套办法可行，还可以在其他区域推广。皇天不负有心人，刘立的新方案经过和代理商之间两个多月的磨合，终于成效显著。

5月到10月正是海南最热的时候，头顶着火辣辣的太阳，忍受着孤独，刘立用6个月的时间完成了全年的销售任务，而且销量超过了原来3年销量的总和，他被公司评为年度"市场之星"。自然，海南区域经理也非他莫属了！刘立有时想起来当初的决定，既后怕又庆幸，后怕的是当时不知天高地厚，庆幸的是正是那次不知天高地厚，才成就了他今天的成就，不然，他现在估计还是一个不起眼的小销售员呢！

并不是刘立不知天高地厚，而是因为他的创新能力和吃苦精神使他战胜了困难，取得了成绩。这个案例告诉我们，创新能力具体表现在：①乐于接受有一定难度的任务，对富有挑战性的工作有兴趣；②主动要求新的任务和工作，为自己设定具有挑战性的目标，并采取具体行动去实现该目标；③为了增强工作效果，在成功的可能性不十分确定的情况下经过周密考虑，敢于采取有一定风险的行动，并投入相当数量的人力、物力、财力。

# 项目2
# 应用创新思考工具

## 导入案例

### 刘艳获得2016世界思维导图大赛冠军

2016年12月12日,在新加坡举办的2016世界思维导图大赛比赛中,中国大陆首位女性思维导图英国官方注册导师刘艳获得冠军,并且获得大赛有史以来最好成绩,被思维导图发明人托尼·博赞先生所盛赞。刘艳老师经过激烈角逐,披荆斩棘,从众多竞争者中"杀出重围",勇夺2016新加坡世界思维导图大赛总冠军。同时,刘艳老师打破了世界思维导图大赛举办以来三项比赛的所有成绩纪录。

2006年,刘艳老师开始接触并研究应用思维导图,经过近几年的教学研究与实践,她发现思维导图不仅是一种非常有效的教与学的工具,而且是一种全新的理念和可视化的思维工具。于是她开始实验各种不同的思维导图绘制技巧,并在这方面做出了一些有益的教学尝试。

刘艳老师说:"如今,使用思维导图的人已经超过6亿,我们正处于一个更具心智能力的世界,我们必须把关注的焦点放在下一代身上,必须教会我们的孩子如何学习,如何运用全脑,而不只是教给他们各种学科的知识内容。学会如何学习,使用像思维导图这样的工具,孩子将对自己更有信心,孩子的创意将更加蓬勃发展,这也将为孩子建立完善全方位的智能体系提供强大的支持。"这几年本着丰富的教学经验,刘艳老师不断致力于将博赞的脑力思维工具传授给更多的老师、学生和各大企业,在未来她希望通过对思维导图技巧的崭新洞察力,无私分享自己积累的导图经验,让更多人受益。

(资料来源:美篇网)

## 知识点精讲

### 2.1 扩展思维视角法

人的思维活动不仅有方向、有次序,还有起点。有起点,就有切入的角度。我们把思维开始时的切入角度称为思维视角,它是思考问题的角度、层面、路线或立场。实际上,思维视角对于创新活动来说非常重要,我们在进行创新思考时应尽量增加头脑中的思维视角,学会从多种角度思考同一个问题。

### 2.1.1　肯定—否定—存疑

思维中的"肯定视角"就是当我们思考一个具体事物的时候，首先设定它是正确的、好的、有价值的，然后沿着这种视角，寻找这种事物的优点和价值。

思维中的"否定视角"正与此相反，"否定"也可以理解为"反向"，就是从反面和对立面来思考一个事物；并在这种视角的支配下寻找这个事物的错误、危害、失败等负面价值。

对于某些事物或者问题，我们一时也许难以判定，那就不应该勉强地"肯定"或者"否定"，不妨放下问题，让头脑冷静一下，过一段时间再进行判定，这就是"存疑视角"。

### 2.1.2　自我—他人—群体

我们观察和思考外界的事物，总是习惯以自我为中心，用我的目的、我的需要、我的态度、我的价值观念、我的情感偏好、我的审美情趣等作为标准尺度去衡量外来的事物。

"他人视角"要求我们在思维过程中应尽力走出"自我"的狭小天地，走出"围城"，从别人的角度站在"城外"，对同一事物进行一番思考，从而发现创意的苗头。

任何群体总是由个人组成的，但是对于同一个事物，从个人的视角和从群体的视角，往往会得出不同的结论。

### 2.1.3　无序—有序—可行

"无序视角"是指我们在进行创意思维的时候，特别是在其初期阶段，应该尽可能地打破头脑中的条条框框，包括法则、规律、定理、守则、常识等，进行"混沌型"的无序思考。

"有序视角"的含义是当我们的头脑在思考某种事物的时候，要按照严格的逻辑来进行，透过现象看到本质，排除偶然性，认识必然性。

创意的生命在于实施，我们必须实事求是地对观念和方案进行可行性论证，从而保证头脑中的新创意能够在实践中获得成功，这就是"可行视角"。

总之，创新思维是一种习惯，要想拥有这种习惯，必须通过认真学习，掌握各种创新思维方法。科学有序的方法才是成功的坚实基础。

## 2.2　激发潜能法

### 2.2.1　良性暗示

暗示可分为良性暗示和负面暗示，学者们认为暗示通过显意识进入潜意识，到达意识的深层部分，它从根本上影响着、折射着、塑造着人的生命。良性暗示能够开发头脑中的思维潜能，大学生应该尽可能多地从周围环境和别人那里得到良性暗示，或者直截了当地对自己进行良性暗示，同时要拒绝和抛弃那些抑制思维潜能的负面暗示。

### 2.2.2　幽默氛围

幽默是个人生活的"味精",它对于缓解紧张情绪、协调人际关系,都有重要的作用。从创新思维的角度来说,各种类型的幽默都是言谈举止方面表现出来的一种创意。也就是说,能够引起我们发笑的地方,一定是出乎意料的新事物,对于众所周知的事物,人们是不会发笑的。幽默与创新思维之间存在着密切的关系,个人为了激发出幽默,必然要摆脱理性思考和固有结论的束缚,而这正是形成创新思维的必要条件。

### 2.2.3　梦境顿悟

学者们认为梦是一种形象思维,梦会给我们带来许许多多的启示和创新意念。因为当我们在做梦时,就会超越白天清醒状态缠绕于头脑中的"可能与不可能""合理与不合理""逻辑与非逻辑"的界限,而进入一个超越理性、横跨时空的自由自在的思维状态。柴可夫斯基谱曲、凯库勒发现苯分子结构都是由梦境带来的创新思维的结果。

### 2.2.4　快乐心灵

快乐是主体自我感觉到的一种自在、舒服的心理状态。快乐与创新密不可分,因为快乐与主体的需求有关,而需求可以通过外界事物来改变,也可以通过内心的调节来改变。所谓内心的调节,就是思维视角的转变。一个人没有忧虑烦恼、心地宽容、心灵快乐,头脑中的创意就会源源不断地涌出。

### 2.2.5　制造绝境

人在绝境或遇险的时候,会展示出非凡的能力。没有退路就会产生爆发力,这种爆发力就是潜能。所以,只要你能给自己制造绝境,就有可能开发出无穷无尽的潜能。在任何困难面前,你认为你行,就会面对困境想出有效对策,激发头脑中潜在的能量,从而产生有效行动。

### 2.2.6　成果激励

每一个人都希望自己的体力劳动或脑力劳动能够获得成果,而未来的成果能更好地激发一个人的积极性,使其大脑高速运转起来。明白这个道理后,要让大学生的思维潜能得到充分的开发,就要用将来的学习成果激励他们,使他们在精神上有强烈的收获感,这对他们的头脑和精神是一种莫大的鼓舞。

## 2.3　头脑风暴法

头脑风暴法,又称脑力激荡法、智力激励法、自由思考法,它是由美国创造学家奥斯本于1939年首次提出的,其使用并被发表之后就风行全球,成为在进行创新活动时常用的方法之一。

### 2.3.1　头脑风暴法的由来

通电导体周围会产生磁场,若将两个通电导体并列在一起,当它们的电流方向一致的时候，其周围的磁场强度就会随之增强；当它们的电流方向相反时，其周围的磁场强度则会随之减弱。这就是磁场叠加效应。

人在进行思维活动时有没有叠加效应呢？答案是肯定的。当许多人在一起讨论问题时，各自以不同的思路思考问题，可以突破各种局限，具有"互补效应"；各种思想相互启发，互激升华，能形成"互激效应"。这种"互补效应"和"互激效应"使集体思维能力大大高于个人思维能力，起到增强思维能力的作用。

头脑风暴法就是根据这一现象而设计的，它是以小团体会议（5~10人）的形式，即头脑风暴会议来提出或者解决问题的。

### 2.3.2 头脑风暴会议的基本原则

为了更好地运用头脑风暴法，更好地发挥"互激效应"，在进行头脑风暴会议时必须严格遵守以下四项基本原则。

**1. 延迟评价**

在提出设想阶段，只能专心提设想而不能对设想进行任何评价。这是因为创造性设想的提出有一个诱发深化、发展完善的过程，有些设想在提出时杂乱无章、不合逻辑，似乎毫无价值，然而它却能够引发许多有价值的设想，或帮助在以后的分析中发现开始没有发现的价值。因此，过早地评价会使许多有价值的设想被扼杀。

延迟评价既包括禁止批评，也包括禁止过分赞扬。头脑风暴法首先必须禁止任何批评或指责性言行。这是因为会议成员的自尊心使他们在自己的设想遭到批评或指责时，就会不自觉地进行"自我保护"，因而就会只想如何保护自己的设想，而不去考虑新的甚至更好的设想。批评和指责是创新思维的障碍或抑制因素，是产生"互激效应"的不利因素。同样，夸大其词的赞扬也不利于创造性的发挥，如"你这个想法简直太妙了"，这类恭维话会使其他与会者产生被冷落的感觉，且容易让人产生已找到圆满的答案而不用再考虑下去的想法。

延迟评价原则是头脑风暴法的精髓。

**2. 鼓励自由想象**

自由想象是产生独特设想的基本条件。这一原则要求与会者尽可能解放思想，无拘无束地思考问题并畅所欲言，敢于突破，敢于"异想天开"，不必顾虑自己的想法或说法是否"离经叛道"或"荒唐可笑"，使思想保持"自由奔放"的状态。

在本原则下，要求熟练应用求异、想象、联想、发散等多种创新思维方法。

**3. 以数量求质量**

提出的设想越多，好设想就越多，因此要强调在有限的时间内提出尽可能多的设想。会议安排中可规定数量目标，如每人至少要有3个设想或更多。这样做可使与会者在追求数量的活跃气氛中，不再注意评价。

1952年，华盛顿地区有1000多千米的电话线由于大雾造成树挂，导致通信中断。为了在短时间内恢复通信，当时政府指派空军解决了这一问题。在进行头脑风暴的讨论中，第36个设想是用直升机螺旋桨的垂直气流吹落树挂。采用这个方法后，通信很快恢复了正常。如果在讨论中，提出第5个、第10个、第35个设想时，就戛然而止，那么就不可能找到用直升机解决这一问题的设想了。

奥斯本认为，会议的初期往往不易提出理想的设想，在后期提出的设想中，有实用价值的设想所占的比例要高得多。

**4. 鼓励巧妙地利用并改善他人的设想**

已经提出的设想不一定完善、合理，但却往往能提供一种解题的思路。其他人可在此基础上进行改善、发展、综合，或由此启发得到新的思路，从而提出更好的设想。

头脑风暴会议只有遵守以上四项基本原则，才能充分发挥与会者的创造性，保证会议气氛轻松愉快，从而起到"互激效应"，使与会者想出更多、更好的解决问题的方案。

### 2.3.3 头脑风暴会议流程

（1）明确会议的主题或目标，千万不能无的放矢。一般要将会议讨论的问题提前 1~5 天告诉与会者。

（2）与会者以 5~10 人为佳，包括主持人、记录员和参加者。

（3）选择合适的主持人。主持人是头脑风暴会议的领导，会议的成功与否在很大程度上取决于主持人掌控会议的能力和艺术。主持人的职责如下：

① 使会场保持热烈的气氛。
② 把握会议的主题。
③ 保证全员献计献策。

主持人怎样才能做到这几点呢？首先要做好充分的准备，其次要有一定的会议主持技巧。主持人一般不能直接发表意见，只能简单地说"很好，继续进行"或"很好，现在让我们改变一下方向，考虑下一轮干些什么"等。

（4）确定记录员。记录员要把与会者提出的所有设想一个不落地记录下来。设想是进行综合和改善的素材，每个设想都要编上号，以防止遗漏和方便评价。

（5）会议时间一般在一小时以内，最好不超过两小时。

（6）对设想的评价。对设想的评价不能在同一天进行，最好过几天再进行，这样有利于继续提出新的设想。

## 2.4 六顶思考帽法

### 2.4.1 六顶思考帽法的含义

六顶思考帽法，是英国学者爱德华·德·博诺（Edward de Bono）博士开发的一种思维训练模式，它是一个全面思考问题的模型。它提供了"平行思维"的工具，避免将时间浪费在互相争执上。强调的是"能够成为什么"，而非"本身是什么"，是寻求一条向前发展的路，而不是争论谁对谁错。运用博诺的六顶思考帽法，将会使混乱的思考变得更清晰，使团体中无意义的争论变成集思广益的创造，使每个人变得富有创造性。

所谓六顶思考帽，是指使用六种不同颜色的帽子代表六种不同的思维模式。任何人都有能力使用六种基本思维模式，六顶思考帽法如图 2-1 所示。

图 2-1 六顶思考帽法

**1. 白色思考帽**

白色是中立而客观的。戴上白色思考帽，人们思考的是客观的事实和数据。

**2. 黄色思考帽**

黄色代表价值与肯定。戴上黄色思考帽，人们从正面考虑问题，表达乐观的、满怀希望的、建设性的观点。

**3. 黑色思考帽**

戴上黑色思考帽，人们可以运用否定、怀疑、质疑的看法，合乎逻辑地进行批判，尽情发表负面的意见，找出逻辑上的错误。

**4. 红色思考帽**

红色是情感的色彩。戴上红色思考帽，可以表现自己的情绪，还可以表达直觉、感受、预感等方面的看法。

**5. 绿色思考帽**

绿色代表茵茵芳草，象征勃勃生机。绿色思考帽寓意创造力和想象力。它具有创造性思考、头脑风暴、求异思维等功能。

**6. 蓝色思考帽**

蓝色思考帽负责控制和调节思维过程。它负责控制各种思考帽的使用顺序，它规划和管理整个思考过程，并负责做出结论。

## 2.4.2　六顶思考帽法的应用说明

对六顶思考帽理解的最大误区就是仅仅把思维分成六种不同颜色，其实对六顶思考帽的应用关键在于使用者用何种方式去排列帽子的顺序，也就是组织思考的流程。只有掌握了如何编制思考的流程，才能说是真正掌握了六顶思考帽的应用方法，不然往往会让人们感觉这个工具并不实用。

六顶思考帽帽子顺序非常重要，我们可以想象一个人写文章的时候需要事先计划自己的结构提纲，以便自己不会写得混乱；一名程序员在编制大段程序之前也需要先设计整个程序的模块流程，思维同样是这个道理。六顶思考帽不仅仅定义了思维的不同类型，而且定义了思维的流程结构对思考结果的影响。一般人们认为，六顶思考帽是一个团队协同思考的工具，然而事实上六顶思考帽对于个人应用同样拥有巨大的价值。

假设一个人需要考虑某一个任务计划，那么他有两种状况是最不愿面对的，一个是头脑之中的空白，他不知道从何开始，另一个是他头脑的混乱，过多的想法交织在一起造成的淤塞。六顶思考帽可以帮助他设计一个思考提纲，按照一定的次序思考下去。就这个思考工具的实践而言，它会让大多数人感到头脑更加清晰，思维更加敏捷。

在团队应用当中，最大的应用情境是会议，这里特别是指讨论性质的会议，因为这类会议是真正的思维和观点的碰撞、对接的平台，而在这类会议中难以达成一致，往往不是因为某些外在的技巧不足，而是从根本上对他人观点的不认同。在这种情况下，六顶思考帽就成为特别有效的沟通框架。所有人要在蓝帽的指引下按照框架的体系组织思考和发言，这不仅可以有效避免冲突，而且可以就一个话题讨论得更加充分和透彻。所以会议应用中的六顶思考帽不仅可以压缩讨论的时间，而且可以加强讨论的深度。

除此以外，六顶思考帽法也可以作为书面沟通的框架，例如，用六顶思考帽法的结构来管理电子邮件，利用六顶思考帽法的框架结构来组织报告书、文件审核等。除了把六顶思考帽法应用在工作和学习当中，在家庭生活当中使用六顶思考帽法也经常会取得某些特别的效果。

在多数团队中,团队成员被迫接受团队既定的思维模式,限制了个人和团队的配合度,不能有效解决某些问题。运用六项思考帽模式,团队成员不再局限于某一单一的思维模式,而且思考帽代表的是角色分类,是一种思考要求,而不是代表扮演者本人。六项思考帽代表的六种思维角色,几乎涵盖了思维的整个过程,既可以有效地支持个人的行为,也可以支持团体讨论中的互相激发。

### 2.4.3 六项思考帽法的应用流程

六项思考帽法在讨论中的典型应用步骤如下:
(1) 陈述问题(白帽);
(2) 提出解决问题的方案(绿帽);
(3) 评估该方案的优点(黄帽);
(4) 列举该方案的缺点(黑帽);
(5) 对该方案进行直觉判断(红帽);
(6) 总结陈述,做出决策(蓝帽)。

六项思考帽法实际运用如下:

绿色帽子和蓝色帽子是背道而驰的,因为绿色思考帽不仅十分自由活跃,而且可以天马行空。蓝色思考帽却旨在控制和指引思考过程的方向。

**1. 绿色思考帽**

想象草地、树木、蔬菜的生长,想象庄稼的生长和丰收,想象发芽和分出枝杈。

绿色帽子是"活跃的"帽子。

绿色帽子是用来进行创造性思考的。事实上,绿色帽子包含了"创造性"一词本身的含义。

(1) 创造性思考意味着带来某种事物或者催生出某种事物,它与建设性思考相似。绿色帽子关注的是建议和提议。

(2) 创造性思考意味着新的创意、新的选择、新的解决方案、新的发明。这里的重点在于"新"。

白色帽子罗列出信息;红色帽子允许我们表达感觉;黑色帽子和黄色帽子处理逻辑判断。因此,轮到绿色帽子来展开实际行动,戴上绿色帽子就必须提出建议。

当你被要求戴上绿色帽子的时候,你就要提建议、出主意。这是一种积极主动的思考,而不是仅仅对事物做出被动反应。

绿色帽子的六个主要用途如下:考察;提出建议;寻找其他的选择;提出新的创意;激发;行动和活力。

与戴黄色思考帽和黑色思考帽者不同,戴绿色思考帽者不必为自己的建议或主意提供逻辑理由,只要提出主意以供进一步检验就足够了。

(1) 考察。

白色帽子用可获得的信息来考察情况。绿色帽子则用主意、概念、建议和可能性来考察情况。

(2) 提出建议。

绿色帽子用来提出任何一种类型的提议和建议。这些建议并不非得是新的创意。它们可以是行动的建议、解决问题的方案、可能的决定。戴上绿色帽子，可以进行各种积极活跃的思考。当没有人知道该怎么办的时候，就该戴上绿色帽子进行思考了。

（3）寻找其他的选择。

如果已经给出了一个解释，或者已经讨论了行动的方案，那么这时可以要求大家戴上绿色帽子寻找进一步的解释和其他的选择。还可能有哪些解释？还能做哪些事情？在采取行动之前，绿色帽子旨在为我们拓宽选择的范围。至于对这些选择进行评估，那就是黄色帽子和黑色帽子的任务了。

（4）提出新的创意。

有的时候，我们需要完全崭新的创意。当原来的办法已经行不通了，或者没有可行的办法来解决问题时，就需要进行真正的创造性思考或超水平思考了，这种思考正是绿色帽子扮演的基本角色。如果你要求某个人对某件事进行绿色思考帽，那么你就是在要求他超越既定范围，提出崭新的创意。你不能要求别人一定产生创意，但至少可以要求别人做出尝试。应该有意识地运用本书后面介绍的超水平思考技巧，以便产生新的创意。

（5）激发。

戴上绿色帽子，我们可以提出各种试验性的主意，虽然我们不知道这些主意是否行之有效。我们还可以有意识地进行激发，通过激发我们不一定能提出有用的主意，但它帮助我们脱离常规的思考轨道，从而让我们以不同的角度重新看待事物。

（6）行动和活力。

绿色思考帽的特征就是行动和活力。一个画家站在一幅空白的画布面前，他最重要的事情就是开始行动。这个行动可能是勾画一个草图，或者是往画布上洒一些颜料。出现空白的时候就是需要主意的时候，空白的状况需要绿色思考帽，因循守旧或停滞的状况也需要绿色思考帽。

### 2. 蓝色思考帽

想象蓝天，天空高高在上，如果你飞翔在天空中，就可以俯瞰一切事物。戴上蓝色帽子就意味着超越思考过程：你正在俯瞰整个思考过程。蓝色帽子是对思考的思考。

蓝色帽子意味着对思考过程的回顾和总结。它控制着思考过程，蓝色帽子就像是乐队的指挥一样，戴上其他五顶帽子，我们都是对事物本身进行思考，但是戴上蓝色帽子，我们则是对思考进行思考。

蓝色帽子包含以下几点：我们现在到了哪里？下一步是什么？思考的程序；总结；观察和评论。

戴上蓝色帽子的人会从思考过程中退出来，以便监督和观察整个思考过程。

（1）我们现在到了哪里？

①我们现在进行到什么程度？

②问题焦点是什么？

③我们还要做什么？

这些问题旨在明确我们此时此刻在思考什么？我们是在漫无目的地闲逛，还是正在努力做什么？

（2）下一步是什么？

我们下一步应该做什么（在我们的思考过程中）？

戴蓝色思考帽者可能建议换上另外一顶帽子来思考，或者做出总结，或者明确思考的焦点。当大家看起来不知道下一步该做什么的时候，就有必要提出指导建议了。也许每个人对下一步该做什么有不同的意见，这时就需要做出决定。如果大家都清楚地认识到下一步该做什么，那就直接进入下一步。

（3）思考的程序。

除了确定下一步该做什么以外，蓝色帽子还可以用来设计整个思考过程的程序，亦即对不同的思考步骤做出日程安排或排定使用顺序。这通常是在会议开始时进行，但也可用于任一时刻。思考程序可以涵盖整个会议过程，也可以只用于一个项目或项目的一部分。在有些情况下，思考程序由六项思考帽的使用顺序构成。

蓝色帽子旨在正式地对待思考。就像计算机程序设计师为计算机设计程序一样，蓝色帽子也为思考过程设立程序。

（4）总结。

在思考过程中的任何一点，参与思考的成员都可以戴上蓝色帽子并要求做出总结。

①"我们现在进行到哪里了？

②我们走得有多远？

③我们能总结一下吗？"

这个总结可能给大家带来一种成就感，也可能会显示出到目前为止大家的思考仍毫无成果。总结还有助于澄清各个不同的看法。

（5）观察和评论。

戴蓝色思考帽者超越了思考过程，并俯瞰着所发生的一切。因此，戴蓝色思考帽者负责观察和评论。

①"看来到目前为止，我们一直在为会议的目标争论不休。"

②"我们本来是要考虑好几个方案的，可现在只讨论了一个方案。"

③"今天早上已经进行了大量的红色思考帽。"

蓝色帽子的功能是使思考者清楚地认识到自己的思考行为。思考行为是有效的吗？

蓝色思考帽的错误用法如下：

在实践中，其实有很多人已经在运用蓝色思考帽，只不过他们不直接这么说罢了。但是，明确地把它说出来会更有效。应该避免滥用蓝色帽子，如果每隔几分钟就中止会议，做一个蓝色帽子评论，就很容易惹恼大家，偶尔使用会更加有效。

## 2.5 思维导图法

### 2.5.1 思维导图法的含义

思维导图是有效的思维模式，应用于记忆、学习、思考等的思维"地图"中，有利于人脑的扩散思维的展开。思维导图已经在全球范围得到了广泛应用，包括大量的 500 强企业。思维导图的创始人是东尼·巴赞。中国应用思维导图已有 20 多年的时间。

思维导图，又叫心智图，是表达发射性思维的有效的图形思维工具。它是一种革命性的思维工具，简单却又极其有效。思维导图运用图文并重的技巧，把各级主题的关系用相互隶属与相关的层级图表现出来，把主题关键词与图像、颜色等建立记忆链接，思维导图充分运用左右脑的机能，利用记忆、阅读、思维的规律，协助人们在科学与艺术、逻辑与想象之间平衡发展，从而开启人类大脑的无限潜能。思维导图因此具有人类思维的强大功能。

思维导图是一种将放射性思考具体化的方法。放射性思考是人类大脑的自然思考方式，每一种进入大脑的资料，不论是感觉、记忆还是想法——包括文字、数字、符码、食物、香气、线条、颜色、意象、节奏、音符等，都可以成为一个思考中心，并由此中心向外发散出成千上万个关节点，每一个关节点代表与中心主题的一个连接，而每一个连接又可以成为另一个中心主题，再向外发散出成千上万个关节点，而这些关节的连接可以视为记忆，也就是个人数据库。思维导图如图2-2所示。

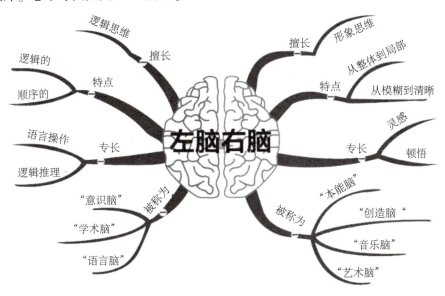

图2-2 思维导图

### 2.5.2 思维导图法的作用

人类从一出生即开始累积这些庞大且复杂的数据库，大脑惊人的储存能力使我们累积了大量的资料，经由思维导图的放射性思考方法，除了加速资料的累积量外，更多的是将数据依据彼此间的关联性分层分类管理，使资料的储存、管理及应用因更系统化而增加了大脑运作的效率。同时，思维导图充分调动左右脑的功能，借由颜色、图像、符码的使用，不但可以协助我们记忆、增进我们的创造力，而且思维导图更轻松有趣，且具有个人特色及多面性。

思维导图以放射性思考模式为基础的收放自如方式，除了提供一个正确而快速的学习方法与工具外，运用在创意的联想与收敛、项目企划、问题解决与分析、会议管理等方面，还会产生令人惊喜的效果。它是一种使个人智力潜能极致展现的方法，将提升思考技巧，大幅增进记忆力、组织力与创造力。它与传统笔记法和学习法有量子跳跃式的差异，主要是因为它源自脑神经生理的学习互动模式，并且开发人人生而具有的放射性思考能力和多感官学习特性。

思维导图为人类提供了一个有效思维图形的工具，运用图文并重的技巧，开启了人类大脑的无限潜能。心智图充分运用左右脑的机能，协助人们在科学与艺术、逻辑与想象之间平衡发展。近年来，思维导图完整的逻辑架构及全脑思考的方法更被广泛应用在学习及工作方面，大量减少了所需耗费的时间以及物质资源，对于每个人或公司绩效的大幅提升，产生了令人无法忽视的功效。

### 2.5.3 思维导图的制作

**1. 思维导图的制作工具**

（1）一张 A4 白纸；
（2）一套彩色水笔和一支铅笔；
（3）你的大脑；
（4）你的想象！

**2. 步骤**

（1）从白纸的中心开始画，周围要留出空白。

从中心开始，会让你大脑的思维能够向任意方向发散出去，以自然的方式自由地表达自己。

（2）用一幅图像或图画表达你的中心思想。

"一幅图画抵得上上千个词语"，它可以让你充分发挥想象力。一幅代表中心思想的图画越生动有趣，就越能使你集中注意力、集中思想，让你的大脑更加兴奋。

（3）绘图时尽可能地使用多种颜色。

颜色和图像一样能让你的大脑兴奋。它能让你的思维导图增添跳跃感和生命力，为你的创造性思维增添巨大的能量，此外，自由地使用颜色绘画本身也非常有趣。

（4）绘图时构思好关系。

连接中心图像和主要分枝，然后再连接主要分枝和二级分枝，接着再连二级分枝和三级分枝，依次类推。

所有大脑都是通过联想来工作的。把分枝连接起来，你会很容易地理解和记住更多的东西，这就像一棵茁壮生长的大树，树枝从主干生出，向四面八方发散。假如主干和主要分枝或是主要分枝和更小的分枝以及分枝末梢之间有断裂，那么整幅图就无法气韵流畅。记住，连接起来非常重要。

（5）用美丽的曲线连接，永远不要使用直线连接。

你的大脑会对直线感到厌烦。曲线和分枝，就像大树的枝杈一样，更能吸引你的眼球。要知道，曲线更符合自然，具有更多的美的因素。

（6）每条线上注明一个关键词。

思维导图并不完全排斥文字，它更多地是强调融图像与文字的功能于一体。一个关键词会使你的思维导图更加醒目，更为清晰。每一个词语和图形都像一个母体，繁殖出与它自己相关的、互相联系的一系列"子代"。

就组合关系而言，单个词语具有无限的一定性时，每个词都是自由的，这有利于新创意的产生。而短语和句子却容易扼杀这种火花效应，因为它们已经成为一种固定的组合。可以说，思维导图上的关键词就像手指上的关节一样，而写满短语或句子的思维导图，就像缺乏关节的手指一样，如同僵硬的木棍。

（7）自始至终使用图形。

每一个图像，就像中心图形一样，相当于一千个词语。所以，假如你的思维导图里仅有十个图形，就相当于记了一万字的笔记。

## 2.6 菲利普斯66法

菲利普斯66法也叫小组讨论法，该方法以头脑风暴法为基础，采用分组的方式，限定人数和时间，即每6人一组，围绕主题只能进行6分钟的讨论。该方法是由菲利普斯发明的，因此被命名为菲利普斯66法。

这种方法的最佳应用场所是大会场，因人数很多，可通过分组形成竞争，使会场气氛热烈，犹如"蜜蜂聚会"，因此也有人把这种方法称为"蜂音会议"。

著名的"黑板擦改进方案"就是菲利普斯本人应用这种方法的案例。当年，菲利普斯为底特律某制造公司做"创新思维"的演讲时，突然向听众提出了"怎样把黑板擦改进得更好"的问题，然后将听众分成了若干6人小组，实施6分钟头脑风暴会议。

会议的效果非常惊人，"使用海绵制作黑板擦，防止粉尘飞扬""设计一种能换芯的黑板擦""可以像电熨斗一样给黑板擦安装一个把手"等，6分钟之内诞生了许多改进黑板擦的设想，其中有些设想很快被企业采用并变成新产品。

**思考与分享**

1. 以专业创新为主题，召开一次头脑风暴会议，看看有什么新思路？

2. 以"互联网＋专业名称"为题目，画一幅思维导图，看看有什么新发现？

> **拓展阅读**
>
> **思维导图在学习领域的应用**
>
> 　　思维导图的应用领域非常广阔，它在我们的生活中无处不在，无论是工作、学习还是生活中，都可以看到它的身影。下面一起来看看思维导图在学习领域的应用。
>
> 　　对于学生来说，用思维导图做学习笔记，有利于帮助其提高学习效率、整理思路、加强记忆、巩固复习，也能够强化学生对于书籍、讲座和报告的记忆及理解。它们可以让学生把自己的思想和想法与书籍中表达出来的思想联系起来。当然，除课堂笔记外，学生还可以利用思维导图来提高自己的论文写作或阅读文章的能力。读书笔记思维导图示例如图2－3所示。
>
> （资料来源：美篇网）

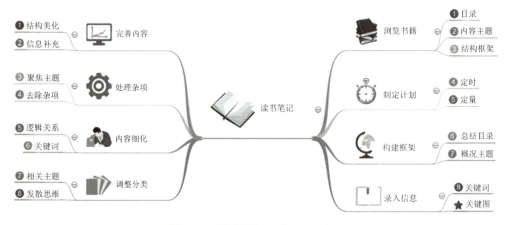

图2－3　读书笔记思维导图示例

# 项目3
# 创业团队的组建

## 导入案例

### "选择了就要坚持"——百度公司创始人李彦宏谈创业

或许你不关注时政，不关注金融股市，也不关心娱乐时尚，可只要接触过网络，你就一定用过它——百度。作为现今实力强劲的中文搜索引擎，百度经历了从无到有、从小到大的发展壮大过程。下面，让我们来看看百度创始人李彦宏的创业故事。

中国的网民大都是百度的用户。百度能取得今天的成就，得益于李彦宏独到的眼光和坚定的信念，用他的话说就是："认准了就去做！" 20多年前，他放弃了美国"硅谷"的优厚待遇选择回国创业，他一心想要创建一个中文搜索引擎。依据当时中国所处的国际、国内环境，他觉得中文搜索引擎一定会有大发展。他身边的很多人却并不看好这个项目，有些人甚至表示反对，但他并没有因为别人不理解而放弃，他表示之所以选定这个项目是基于对市场的深入调查和分析，正是因为别人还没注意到这块有潜力的市场，他才要去做。"既然认准了，就不能轻易掉头，更别说放弃。"他笑言。

创业是一个高风险、高回报的事，就好比百慕大三角，它神秘、迷人，但想要走出来，既要有运气又要有技术。这个过程总是伴随着艰辛和阻碍，从来没有什么是一帆风顺的。百度也是一样，经历了困境和艰难。在2001年和2002年时，所有的互联网企业都很艰难，很多企业选择掉头或是压缩成本以求盈利，这种做法限制了那些公司的发展。李彦宏说："直到2001年，我们还在大规模投入，并没有急于盈利，但不急于盈利并不代表一直不盈利。如果企业不追求利益的话，那它就去做慈善了。"

同时，李彦宏一直坚持少承诺、多兑现的原则。百度的第一笔融资是120万元，李彦宏告诉投资人他要用6个月时间做出世界上最好的搜索引擎。没想到对方问他，如果投更多的钱，能不能用更快的时间完成？李彦宏回答不能。后来证明，李彦宏诚实的回答令对方很满意。而他真正做出来也只用了4个月时间。正是他的诚实帮助百度积累了信誉。

创业过程中，一定要具备独立的思考能力和判断力。李彦宏的这两种能力是在大学期间培养出来的，并在以后的创业途中深深地影响着他。例如，2005年百度上市，2008年百度在日本运营搜索，开始尝试国际化，2010年拆股，无一不受到他独立思考能力的影响。就像他回答一位大一女生"大学期间要为成功创业准备什么"时所说："一定要具备独立的思考能力和判断力，那样你才不会轻信别人。"

(资料来源：新浪网)

## 知识点精讲

# 3.1 创业者

### 3.1.1 创业者的概念

"创业者"（Entrepreneur）一词来源于17世纪的法语，表示某个新企业的风险承担者，早期的创业者也是风险承担的"承包商"（Contractor）。在欧美的经济学研究中，将创业者定义为一个组织、管理生意或企业并愿意承担风险的人。经济学家熊彼特认为，创业者应该是创新者，具有发现和引入更好的能赚钱的产品、服务和过程的能力。

创业者首先是一个有梦想的追求者，他追求的是未来的回报，而非现在的回报。如果未来的回报低于预期，或者低于现在的回报，一个人不可能有创业的动力。因此，创业者进行创业活动是为了获得更大的价值，这种价值的实现有物质上的诉求，而更多的是人生价值的实现。创业者的未来收益是一种投资性活动的收益，这些投资既可能是实际的资本投入，也有本人和团队的时间和精力的投入，而收益也不只是金钱上的收益，还包括价值的实现、理想的实现等。

创业者一般被界定为具有这些特征的人：创业者是一种主导劳动方式的领导人；创业者是具有使命、荣誉、责任、能力的人；创业者是组织、运用服务、技术、器物作业的人；创业者是具有思考、推理、判断能力的人；创业者是能使人追随并在追随的过程中获得利益的人；创业者是具有完全权利能力和行为能力的人。

在实际生活中，与一般人的观念不同，创业者所谓较高的商业才能，不仅指创业者创办一个企业，而且指在企业的整个发展过程中，创业者具有做出正确的决策、及时解决面临的问题，修正企业的发展方向，使企业长期保持活力、不断发展壮大、成为具有影响力的企业的才能。同时，还应该从社会发展的角度来界定创业者。那些建立了新的商业模式并获得了发展的企业，那些为其他企业的发展提供样板、为社会提供就业、不断带来财富的企业创立者通常也被称为创业者。

### 3.1.2 创业者的类型

根据不同的标准，创业者可以划分为不同的类型。

**1. 根据创业过程中所扮演的角色和所发挥的作用划分**

根据创业过程中所扮演的角色和所发挥的作用，创业者可划分为独立创业者和团队创业者两种类型。

（1）独立创业者。

独立创业者是指自己出资、自己管理的创业者。独立创业充满挑战和机遇。独立创业者可以自由发挥自己的想象力、创造力，充分发挥主观能动性、聪明才智和创新能力；可以主宰自己的工作和生活，按照个人意愿追求自身价值，实现创业的理想和抱负。但是，独立创业的难度和风险较大，创业者可能缺乏管理经验、缺少资金、技术资源、社会资源、客户资源等，生存压力大。

（2）团队创业者。

相对独立创业，团队创业是指在创业初期（包括企业成立前和成立早期），由一群才能互补、责任共担、愿为共同的创业目标而奋斗的人所组成的团队来进行的创业。在一个创业团队中，包括主导创业者与跟随创业者。带领大家创业的人就是团队的领导者，即主导创业者；其他成员就是跟随创业者，也叫参与创业者。

美国一项针对104家高科技企业的研究报告指出，在年销售额达到500万美元以上的企业中，有83.3%是以团队形式建立的；而在另外73家停止经营的企业中，仅有53.8%有数位创始人。这一模式在一项关于"一百强企业"的研究中表现得更为明显：100家创立时间较短、销售额高于平均数几倍的企业中，70%有多位创始人。

由此可见，由于知识互补、资源共享，团队创业的后期成长空间比独立创业更宽广。但是，团队创业也存在思想意识难以统一、发展过程中存在分歧以致难以为继的现象，因此，团队的创业模式主要依据创业目标的类型来选择。创业是一个包含众多人的组织形成过程，特别是对于这个过程更为复杂的技术型公司而言，要求输入更多的力量。因此，新创技术型企业宜采用团队模式进行创业。

**2. 根据创业者的创业背景和动机划分**

根据创业者的创业背景和动机，创业者可划分为生存型创业者、变现型创业者和主动型创业者三种类型。

（1）生存型创业者。

这类创业者是我国数量最大的创业人群。清华大学的一份调查报告指出，这一类型的创业者占我国创业者总数的90%。

这种类型的创业者最初或许根本就没有什么创业的概念以及伟大的理想与梦想，只是出于生存的渴望与责任，凭自己的勤劳、努力与节俭，在生存的道路上不断积累财富、经验、人脉，然后不断做大、做强，最后在历史潮流的推动下，走上一条持久创业发展的道路，最终取得自己从未想过的成就与事业。

（2）变现型创业者。

这类创业者就是过去聚拢了大量资源的人，在机会适当的时候，自己出来开公司、办企业，实际是将过去的资源和市场关系变现，将无形资源变现为有形的货币。

（3）主动型创业者。

主动型创业者可以分为两种：一种是盲动型创业者，另一种是冷静型创业者。盲动型创业者大多极为自信，做事冲动，这样的创业者很容易失败，但一旦成功，往往就是一番大事业。冷静型创业者是创业者中的精华，其特点是谋定而后动，他们不打无准备之仗，或是掌握资源，或是拥有技术，一旦行动，其创业成功的概率通常很大。这种创业者执着于心中的梦想与目标，充满激情与活力，但他可能没有什么特别的权势与财富积累，只是凭借自己的眼光、思想、特长、毅力与感召力去坚持不懈地努力，感召越来越多的志同道合者，聚集越来越多的资源，吸引越来越多的投资商，凭着一股百折不挠的精神，做出一番事业。

## 3.2 创业团队的组建

> **案例分析**
>
> ### 携手优秀合伙人跑赢创业"马拉松"
>
> 　　不管对于初创公司还是大型公司,每一位合伙人都是公司宝贵的财富。要找到志同道合、携手前进的合伙人是一件不容易的事情。
>
> 　　韦同学,2009年就读于某职业技术学院机电工程学院模具设计与制造专业,2012年毕业,2012年12月自主创业,现为广西佳思体系创始人。在他的带领下,短短五年,佳思体系扩展到佳思商城、盛炽精品驾培、广西德友、佳思科技、华誉科技、益客小商品等数家公司,业务主要涉及电子产品、精品驾培、电动车销售和日用品销售,公司在广西南宁、柳州、桂林、百色都设有办事处和分公司,业务遍布广西各个地市,校园业务覆盖全区各个大学校园。2016年,公司全年销售额突破1亿元。
>
> 　　在创业过程中,韦同学就遇到了因团队成员突然退出导致公司发展遇到危机的情况。2015年,公司开始制定新的工作方针,培养管理人才,并建设以佳思科技为主,佳思多产品开发、多市场发展的结构体系,让有能力的人担任新创建公司的总经理,全权负责管理新公司业务。这项方针实施后,公司业绩开始暴涨。就在公司业务发展如火如荼时,公司的一个创始人突然离开,并带走了部分重要客户资源和某个区域经理手下2/3的核心人才,然后自己开了一家公司。那位被人"挖墙脚"的区域经理刚刚大学毕业一年,面对自己花了那么多精力培养出的人才就这样被最信任的人挖走,而且还恰恰是在他将要被提拔做总经理的前两天,他一下子接受不了,情绪非常低落。得知此事后,韦同学内心也十分悲痛和沉重,他必须立即进行工作部署,安抚员工们的情绪。尤其是对那位区域经理,整整一周的时间,韦同学每天都陪伴在他身边不断鼓励他。经过长时间的沟通,在最难熬的一周过后,那位区域经理对他说:"韦哥,没事的,我们还年轻,我会挺住的!"看着他工作状态渐渐转好,韦同学开始思考一个亟待解决的问题——要不要继续分出一家公司。要分的话,公司人手如此少,而不分又会被人笑话。所以当时他就向全公司的人做出承诺——不管多么困难,分公司一定会做下去。就如同当初坚定拿下桂林市场一样,韦同学带领团队将华誉科技顺利推出。他说:"我的创业,因梦而起,达终而终,一路唯有不懈地坚持。"
>
> 　　寻找合伙人是对创业者自身资源和公司的一个考验,要秉持彼此认同、术业有专攻的原则,在合作过程中要不断磨合和反思,公司发展之路方能顺畅。
>
> 　　虽然每个创业者的创业历程各不相同且不可复制,但是,我们在研究了中外众多的创业活动后仍然可以得出以下结论:一个人单打独斗的创业要比团队创业的成功率低得多。对于创业者来说,单打独斗的时代已经过去,只有有效的团队合作和不懈的团队精神,才具有更强大的生命力。
>
> (资料来源:知乎)

## 3.2.1 什么是创业团队

俗话说："一个好汉三个帮，一个篱笆三个桩。"良好的创业团队是创建新企业的基本前提。创业活动的复杂性（涉及技术、市场营销、人力资源、财务、税收、法律等领域和专业），决定了所有的事务不可能由创业者独自包揽，而要通过组建分工明确的创业团队来完成。创业团队的优劣，基本上决定了创业能否成功。有效工作的团队如同一支成功的足球队，全体队员只有各就其位，密切配合，才能发挥整体效能。

### 1. 创业团队的概念

关于什么是创业团队，可以从狭义和广义两个层面来理解。

狭义的创业团队是指有着共同目的、共享创业收益、共担创业风险的一群共同创建新企业的人；广义的创业团队不仅包括狭义的创业团队，还包括创业过程中的部分利益相关者（如风险投资者、律师、会计师及参与企业创建的专家顾问等）。在这里，我们更强调狭义层面的概念。

秦王讨伐六国前，曾经问大臣们这样一个问题："我们国家的人和别国相比，怎么样？"有个大臣是这样回答的："一个一个人比，我们不如他们；如果是一国一国人比，他们比不过我们。"最后，秦国战胜了比自己强大的楚、齐等国，统一了六国，它靠的就是团队的力量。

一个好的创业团队对于新企业创建成功起着举足轻重的作用。当然，并不是说没有团队的新企业就一定会失败，但可以说要创办一个没有团队而仍然具有高成长潜力的企业极其困难。

### 2. 创业团队的 5P 要素

（1）目标（Purpose）。

创业团队应该有一个既定的共同目标，该目标为团队成员导航。没有目标，团队就没有存在的价值。目标在新企业的管理中以企业的愿景、战略的形式体现。缺乏共同的目标将使团队没有凝聚力和持续发展的动力。

（2）人（People）。

创业的共同目标是通过人来实现的，不同的人通过分工来共同完成创业团队的目标，人是构成创业团队的核心力量。两个或两个以上的人就可以构成团队。在新企业中，人力资源是所有创业资源中最活跃、最重要的资源。所以，人员的选择是创业团队建设中非常重要的内容，创业者应该充分考虑团队成员的能力、性格、经验等方面的因素。

（3）定位（Place）。

创业团队的定位包含两层意思：①团队的定位，是指创业团队在企业中处于什么位置，所扮演的角色是什么以及团队内部的决策力和执行力怎么样；②成员（创业者）的定位，作为创业团队中的成员在团队中扮演什么角色，是制订计划还是具体执行计划，即创业团队的角色分工问题。定位问题关系到每个成员是否对自身的优劣势有清醒的认识。创业活动的成功推进，不仅需要整个企业能够寻找到合适的创业机会，而且需要整个创业团队能够高效运行，优势互补，并且形成一种良好的合力。

（4）权限（Power）。

权限是指新企业中职、责、权的划分与管理。一般来说，团队的权限与企业的大小及正规程度有关。在新企业的团队中,核心领导者的权力很大,但随着团队的成熟,核心领导者的权限会降低,这是一个团队成熟的表现。

(5)计划(Plan)。

计划有两层含义:一方面,计划是指为保证目标的实现而制定的具体实施方案;另一方面,大的计划在实施中又会分解成许多小的计划,需要团队成员共同努力去完成。

以上是团队构成的5P要素,但是创业之初,创业者往往会面临很多困难,团队的建设并不像想象中的那样简单,这需要创业者有充分的心理准备。有时创业不断发展的过程就是创业团队不断成型的过程。由于创业活动的特殊性,创业团队不必具备每个要素。随着企业的逐步发展,团队建设也应该逐步完善。创业者应当时刻记住一句俗语"三个臭皮匠,顶个诸葛亮",这正说明了创业团队在创业过程中的重要性。

**3. 创业团队的类型**

从不同的角度、层次和结构,可以将创业团队划分为不同的类型。而依据创业团队的组成者来划分,创业团队有星状创业团队(Star Team)、网状创业团队(Net Team)和虚拟星状创业团队(Virtual Star Team)。

(1)星状创业团队。

一般在团队中有一个核心人物(Core Leader)充当领队的角色。这种团队在形成之前,一般是核心人物有了创业的想法,然后根据自己的设想进行创业团队的组建。因此,在团队形成之前,核心人物已经就团队的组成进行了仔细思考,并根据自己的想法选择相应的人员加入团队。这些加入创业团队的成员不管之前是否熟悉核心人物,他们在企业中更多时候是支持者(Supporter)的角色。星状创业团队示意如图3-1所示。

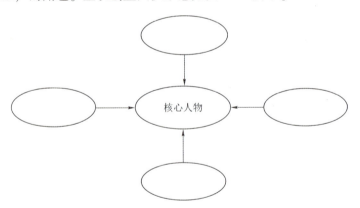

图3-1 星状创业团队示意

星状创业团队具有以下几个明显的特点。

① 组织结构紧密,向心力强,核心人物在组织中的行为对其他个体影响巨大。

② 决策程序相对简单,组织效率较高。

③ 容易形成权力过分集中的局面,从而使决策失误的风险加大。

④ 当其他团队成员和核心人物发生冲突时,因为核心人物的特殊权威,其他团队成员往往处于被动地位;在冲突较严重时,其他团队成员一般都会选择离开团队,因而对组织的影响较大。

## 案例分析

### 腾讯五虎将：难得的创业黄金团队

腾讯公司因为它著名的产品QQ而家喻户晓，但很少有人知道这个公司的创业团队是怎么组建的。1998年的深秋，马化腾与他的同学张志东合伙注册了深圳市腾讯计算机系统有限公司。之后，公司又吸纳了三位股东：曾李青、许晨晔、陈一丹。

为避免彼此间争夺权力，马化腾在创立腾讯之初就和四个伙伴约定清楚，各展所长、各管一摊。马化腾是CEO（首席执行官），张志东是CTO（首席技术官），曾李青是COO（首席运营官），许晨晔是CIO（首席信息官），陈一丹是CAO（首席行政官）。

创业五兄弟之所以"难得"，是因为直到2005年的时候，这5人的创始团队还基本保持着这样的合作阵形，不离不弃。直到做到如今的社交"帝国"局面，其中四人还在公司一线，只有COO曾李青挂着终身顾问的虚职退休。

都说"一山不容二虎"，尤其是在企业迅速壮大的过程中，要保持创始人团队的稳定合作尤其不容易。在这背后，工程师出身的马化腾从一开始对于合作框架的理性设计功不可没。从股份构成上来看，创业之初，五个人一共凑了50万元，其中马化腾出了23.75万元，占47.5%的股份；张志东出了10万元，占20%的股份；曾李青出了6.25万元，占12.5%的股份；其他两人各出5万元，各占10%的股份。

马化腾自愿把所占的股份降到一半以下，他是这样说的："要他们的总和比我多一点点，不要形成一种垄断、独裁的局面。"而同时，他自己又一定要出主要的资金，占大股。"如果没有一个主心骨，股份大家平分，到时候也肯定会出问题"，保持稳定的另一个关键因素，就是搭档之间的"合理组合"。

马化腾非常聪明，但非常固执，注重用户体验，愿意从普通的用户角度去看产品。张志东是思维活跃、对技术很沉迷的一个人。马化腾在技术上也很棒，但是他的长处是能够把很多事情简单化，而张志东更擅长把一件事情做得完美。

许晨晔和马化腾、张志东同为深圳大学计算机系的同学，他是一个非常随和、有自己观点但不轻易表达的人，是有名的"好好先生"。而陈一丹是马化腾在深圳中学时的同学，后来也就读于深圳大学，他十分严谨，同时又是一个非常张扬的人，能在不同的状态下唤起大家的激情。

如果说这几位合作者都只是"搭档级人物"，曾李青则是五个创始人中最好玩、最开放、最具激情和感召力的一个人，与温和的马化腾、爱好技术的张志东相比，曾李青是另一种类型。他有着大开大合的个性，也比马化腾更具攻击性，更像拿主意的人。不过或许正是这一点，导致他最早脱离了团队，单独创业。

后来，马化腾在接受多家媒体的联合采访时承认，他最开始也考虑过和张志东、曾李青三人均分股份的方法，但最后还是采取了五人创业团队、根据分工占据不同的股份结构的策略。即便后来有人想加钱、占更大的股份，马化腾也没有同意，"根据我对你能力的判断，你不适合拿更多的股份"。因为在马化腾看来，未来的潜力要和应有的股份匹配，不匹配就要出问题。如果拿大股的人不干事，干事的人股份又少，矛盾就会产生。

可以说在我国的民营企业家中，能够像马化腾这样，既包容又拉拢，选择性格不同、各有特长的人组成一个创业团队，并在成功开拓局面后还能依旧保持着长期默契合作，是很少见的。而马化腾的成功之处,就在于其从一开始就很好地设计了创业团队的责、权、利。能力越大,责任越大,权力越大,收益也就越大。

(资料来源:中国企业家网)

(2) 网状创业团队。

这种创业团队的成员一般在创业之前都有密切的关系,如同学、亲戚、同事、朋友等,一般都是在交往过程中,共同认可某一创业想法,并就创意达成共识以后,开始共同创业的。在创业团队组成时,没有明确的核心人物,团队成员根据各自的特点进行自发的组织角色定位。因此,在企业创立之初,各位成员扮演的是协作者或伙伴(Partner)的角色。网状创业团队示意如图3-2所示。

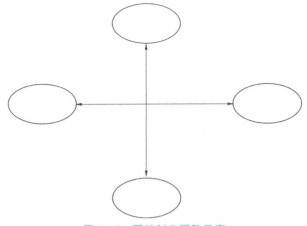

图3-2 网状创业团队示意

这种创业团队的特点如下。

① 团队没有明显的核心,整体结构较为松散。

② 组织在进行决策时,一般采取集体决策的方式,通过大量的沟通和讨论达成一致意见,因此组织的决策效率相对较低。

③ 由于团队成员在团队中的地位相似,因此容易在组织中形成多头领导的局面。

④ 当团队成员之间发生冲突时,一般都采取平等协商、积极解决的态度消除冲突。团队成员不会轻易离开。但是一旦团队成员间的冲突升级,某些团队成员撤出团队,就容易导致整个团队的涣散。

这种创业团队的典型例子是微软的比尔·盖茨和童年玩伴保罗·艾伦,惠普的戴维·帕卡德和他在斯坦福大学的同学比尔·休利特等。这些创业之前已有密切关系的人,基于一些互动激发出创业点子,然后合伙创业,此类例子比比皆是。

(3) 虚拟星状创业团队。

这种创业团队由网状创业团队演化而来,基本上是前两种创业团队的中间形态。团队中有一个核心人物,但是该核心人物地位的确立是团队成员协商的结果,因此核心人物从某种意义上说是整个团队的代言人,虽然不如星状创业团队中的核心人物那样有权威,但在团队中还是有一定的威信的,能充分考虑和听取其他团队成员的意见。这种团队的决策既集中又民主,是一种比较理想的创业团队类型。虚拟星状创业团队示意如图3-3所示。

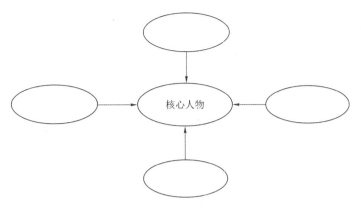

图 3-3 虚拟星状创业团队示意

## 案例分析

### 优势互补完成创业拼图

肖修谊，某职业技术学院机电工程学院 2012 届机电一体化技术专业毕业生，毕业第二年开始了他的创业生涯。2012 年，肖修谊来到全国电光源行业中规模大、质量好、创汇高、效益佳的佛山电器照明股份有限公司（以下简称"佛山照明"）实习。他毕业后在佛山一家发展较好的中型公司担任产品设计师并逐渐成长为公司的设计骨干。

一步一个脚印，肖修谊实实在在迈步直行，诚诚恳恳踏步前进。而就在一切看似都稳定下来的时候，一个改变了他人生经历的人找上了门。

那个人不是别人，正是肖修谊在佛山照明结识的一名老师傅。

这位老师傅不是闲来无事找他聊天的，而是特地上门来说服肖修谊与之合资，创建一个属于他们自己的器材设备公司的。肖修谊听后并不觉得突兀，反而兴奋不已。早在佛山照明实习期间，这位老师傅就与他谈论过创业一事，但当时考虑到创业资金、技术人员、工作经验等问题，肖修谊并未立即给予回应。同其他的大学生一样，肖修谊本意是想在广东学习几年技术，再回老家发展的，但自那天的交谈后，肖修谊就改变了原有的想法，创业的种子也就在那一天深深地植入了他的心里。肖修谊回想当年选择在佛山照明实习结束后，进入一家中型公司工作，疯狂学习和吸收该公司的运作流程和管理方式，认真积攒经验，努力建设自己的人脉网络，等待的就是这一时机。

2013 年 4 月，由肖修谊和这位老师傅以及另外两位合伙人创立的公司顺利地诞生了。这次创业无疑是值得期待的，公司有经验丰富的老师傅亲自坐镇器材的制作，有绘画图稿功底深厚的设计师，还有能力不错的业务员和管理者。公司开业后，他们每月都会产生新的客源，每日都能接收新的业务，盈利颇为可观。

创业团队组建的两个关键点：一个是彼此认同，另一个是术业有专攻，两者的结合才能使团队在创业过程中共同发现问题、改进问题，不断接受挑战。

创业团队的组建，没有统一的标准化规程。实际上，有多少支创业团队就有多少种团队建设方式，没有一支创业团队的建设是可以复制的。创业团队的组建，多是因机缘巧合而使兴趣相同、技术相同的同事和朋友甚至有相同想法的人走到一起合伙创业。关于创业团队的成员，阿里巴巴创始人马云曾经说，"创业要找最合适的人，不要找最好的人"。

### 3.2.2　组建创业团队的基本原则

**1. 目标明确合理原则**

目标必须明确，这样才能使团队成员清楚地认识到共同的奋斗方向是什么。与此同时，目标也必须是合理的、切实可行的，这样才能真正达到激励的目的。建立高绩效的创业团队首要的任务就是确立目标，目标是团队存在的理由，也是团队运作的核心动力。目标是团队决策的前提。创业是一个动态的过程，创业者（合伙人）需要随时进行决策。没有目标的创业团队只会走一步看一步，处于投机和侥幸的不确定状态中，风险系数加大，就像汪洋中的一只船，不仅会迷失方向，也难免触礁。目标是发展创业团队合作的一面旗帜，企业目标的实现关系到全体成员的利益，自然也是鼓舞大家斗志、协调大家行动的关键因素。

**2. 互补原则**

创业者之所以寻求团队合作，其目的就在于弥补创业目标与自身能力之间的差距。只有当团队成员之间在知识、技能、经验等方面实现互补时，才有可能通过相互协作发挥出"1+1＞2"的协同效应。

选择创业合伙人，应当充分考虑每个成员的优缺点，实现优势互补。联想创始人柳传志提出"搭班子、定战略、带队伍"的战略，搭班子处于首位，由此说明选择创业团队成员的重要性。创业者要善于选人，选择人员一般应遵循以下原则。

（1）要选最适合的人，而不是选学历最高或工作经历最丰富的人。

（2）要选有团队精神的人，不要选喜欢单打独斗的人。

（3）要选诚信务实的人，而不要选夸夸其谈的人。

（4）尽可能选择价值观趋同、性格和能力互补的成员。

**3. 精简高效原则**

为了减少创业期的运作成本，使团队成员最大比例地分享成果，创业团队成员构成应在保证企业高效运作的前提下尽量精简。团队的组织模式应使组织结构大大简化，组织内部协调简单，创业者和合伙人、创业团队内部成员之间的关系变成伙伴式相互信任和合作的关系，使企业决策层能腾出更多的时间和精力去看"海图"，制定正确的经营发展战略，寻找良好的市场机会，使企业改变传统的"火车跑得快，全靠车头带"的企业状态，组成"联合舰队"的作战群体，使团队产生比个体简单相加高得多的劳动生产率。

**4. 动态开放原则**

创业过程是一个充满不确定性的过程，团队中可能因为能力、观念、利益分配等多种原因不断有人离开，同时也有人要求加入。因此，在组建创业团队时，应注意保持团队的动态性和开放性，使真正完美匹配的人员能被吸纳到创业团队中来。

市场环境的新变化是企业组织普遍采用团队形式的主要原因。如今的市场环境已逐步走向全球化激烈竞争的买方市场，产品服务的寿命周期不断缩短，客户的需求也日益向个性化和多样化的方向发展，多样化和及时获得是客户需求的重要特征。因此，组织的团队结构管理模式就成为企业竞争战略重点转移的必然要求。任何企业要想在激烈的竞争环境下生存、发展，都必须改变过去等级分明、决策缓慢、机构臃肿、人浮于事、对外界变化的应变能力差的管理模式。团队应给予员工必要的团队工作技能训练，团队的共同价值取向和文化氛围使组织能更好地应付外部环境的变化和适应企业内部的改革、重组等变化。

## 3.2.3 组建创业团队的步骤

作为创业者，应该如何组建一支适合自己的创业团队呢？一般应遵循以下三个步骤。

**1. 步骤一：寻找合适的合作伙伴**

在准确进行自我评估的基础上，创业者在组建团队时，就要考虑其他成员与自己以及其他成员之间在各个方面的搭配问题。创业者首先要根据创业项目制订一份人力资源计划，或者至少应该在心里有一个明确的想法，你想要哪方面的人员，你希望他从事什么样的工作，你能够给予对方哪些有利条件等，都应该考虑清楚。另外，合作伙伴的品格也是必须考虑的因素。有这么一句话"合伙人，合的不是钱，而是人品与规则"，这说明了人品和规则的重要性。

**2. 步骤二：确立核心人物**

"大海航行靠舵手"，组建创业团队最关键的人自然是企业的领军人物。大凡成功的创业团队，都要有一个核心人物，就是这个团队的领导者。在企业初创期，主导创业者就是这个团队的领导者，而一个团队的绩效如何，关键取决于领导者的胸怀和魅力。"创业教育之父"杰弗里·蒂蒙斯曾说，创业团队应由一位非常有能力的创业带头人建立和领导，他的业绩记录不仅向我们展示了成就，还展示了一个团队必须拥有的品质。作为一位领跑者和企业文化的创造者，创业带头人是团队的核心，他既是队员，也是教练。吸引其他关键管理成员，然后建立团队，这样的能力和技巧，是投资者苦苦寻找的最有价值的东西之一。作为企业的精神领袖，核心人物凭借其在团队里的威信和主导作用，能及时协调团队成员之间的分歧，平衡团队成员的利益，鼓舞团队成员的斗志，调整团队成员的创业心态，使一些重大问题较容易达成共识。核心人物的凝聚力更好地保证了紧密的组织结构和较强的向心力。

**3. 步骤三：签订合伙协议，设置合理的股权结构**

团队合伙要想成功、愉快，必须在合伙之前签好创业合伙协议。合伙协议是创业者在找到合作伙伴时必然要思考、讨论、制定和执行的企业的第一份契约，其中包括团队成员的股权分配制度以及"退出机制"。典型的合伙协议应该明确创业的具体目的，说明每个合伙人有形的资产、财产、设备、专利等和无形的服务、核心技术、关系网等的投入，把最基本的责、权、利说明白、讲透彻，尤其是股权、利益分配更要说清楚，包括增资、扩股、融资、人事安排等。有一点最重要，那就是以什么样的方式结束合伙关系，对此一定要在协议书中写明，即制定"退出机制"。这样在企业发展壮大后，才不会出现因利益、股权分配等分歧而产生的矛盾，导致创业团队的涣散。

### 案例分析

赵良，2013年，从某职业技术学院机电工程学院电气自动化专业毕业后，进入市政工程集团工作。2017年年初，两位朋友找到他，与他共同创建了一家电修公司，赵良负责技术方面的工作。为确保能够在新建的公司专心工作，赵良向市政工程集团递交了辞呈。他经常白天外出跑业务，对员工进行培训，到了晚上还得去应酬，休息时间根本无法保证，而这仅仅是他工作繁忙时的一个缩影。但他从不抱怨，他认为抱怨是无用的，抓紧时间干实事才是解决问题的关键。他是这么想的，也是这么做的，还做出了成果。

不到一年时间，公司除盈利可观外，在业内也攒了不少名气。谁曾想，他为公司尽心尽力却被合伙人误认为他心怀叵测，要将公司占为己有，合伙人开始不信任他，甚至排挤他。赵良非常恼火和气愤，没有带走任何股份就甩手走人了。怪只怪赵良自己创业之初更重视朋友情谊，不重视签订合约与备案，只简单口头约定，导致现在自己的合法权益得不到保护。尽管如此，合伙人还是不相信他，要求他一年内不准与公司客户有接触，尤其是生意上的交流。说起这些往事，真是令人心寒齿冷。一年后，赵某重整旗鼓，单枪匹马成立了××电气科技有限公司。

公司发展过程中的不同阶段，合伙人各自发展提升的速度和在团队中的价值都会发生变化。赵良的创业故事提醒我们，要提前约定好合作的基础性原则、每人要承担的责任和拥有的权利、后期会获得的利益以及退出机制，只有这样才能保证合伙人架构的稳定性。

## 3.3 创业团队的管理

### 3.3.1 创业团队管理的基本策略

新企业的管理，实际上包含公司组织、生产服务、市场营销等几个方面，新企业的管理重点一般会落在生产管理、市场、服务等环节上，而忽视团队的建设与管理，这种做法是不科学的。如何管理创业团队呢？主要有以下几点。

**1. 保持顺畅沟通，营造相互信任的团队氛围**

沟通是有效管理团队的重要内容。杰克·韦尔奇说，"竞争、竞争、再竞争，沟通、沟通、再沟通。"顺畅沟通是企业不断前进的命脉。没有沟通，团队就无法运转。其一，沟通使信息保持畅通，实现信息共享，避免因为信息缺失而出现错误的决策与行为。其二，沟通可以化解矛盾，增强团队成员之间的信任。在长期合作共事的过程中，成员之间难免会有矛盾，缺少沟通可能导致相互猜疑、相互抱怨，矛盾会随着时间的推移越来越大，最后可能导致团队的分裂。而情感上的相互信任，是一个团队最坚实的合作基础。团队的成功与否，根本原因在于人与人"兼容性"的好坏，相互信任是兼容过程中的"润滑剂"。其三，沟通可以有效地解决认知性冲突，提高团队决策的质量，促进决策方案的执行。在企业经营管理过程中，团队成员对有关问题会形成不一致的意见、观点和看法，这种论事不论人的分歧称为认知性冲突。优秀的团队并不回避不同的意见，而是进行充分的沟通和交流，鼓励创造性的思维。这也有助于推动团队成员对决策方案的理解和执行，提高团队决策的质量，提高组织绩效。

**2. 让合适的人做合适的事**

从人力资源管理"人岗匹配"的原则来说，让合适的人做合适的事，是科学的用人原则。这样做的结果对个人来说，可以保证团队每名成员都得到发展，充分激发团队成员的潜能，调动其工作热情，使其将个人的优势发挥得淋漓尽致；对团队来说，扬长避短无疑是提高效率的最佳配置方式。

**3. 制定严格的规章制度**

"没有规矩，不成方圆。"一个初创团队，如果没有严格的规章制度（如绩效考核制度、财务管理制度、行政管理制度等）作为运转保障，就会成为一盘散沙。因此，最初创业时就要把该说的话说到，把该立的规矩立好，把最基本的责、权、利说得明白、透彻，不要因碍于情面而含含糊糊。规章制度具有明确性的特点，有助于规范团队内部各成员的行为，使每个人都能恪尽职守、各司其职，避免新企业中团队成员出现责、权、利混淆的情况，避免因责、权、利等的分歧而导致创业团队解散。

### 4. 建立良好的激励机制

激励是团队管理中极为重要的内容，直接关系到新企业的生死存亡。如何对创业团队进行有效的激励，现在还没有固定的程式可以套用，但可以通过授权、股权激励、薪酬机制等诸多手段来实现。薪酬是实现有效激励的主要手段，毕竟收益是创业成功的重要表现。在设计薪酬制度时，应考虑到差异原则、绩效原则、灵活原则。最终目的是通过合理的报酬让团队成员产生一种公平感，激发和促进创业团队成员的积极性，实现对创业团队的有效激励。股权激励在新企业中，一般的做法是将公司的股份预留出10%～20%，作为吸引新的团队成员的股份。

### 5. 建立合理的决策机制

要成为一个有凝聚力的团队，团队核心人物（决策者）必须学会在没有完善的信息、团队成员没有统一的意见时做出决策，而且承担决策的后果。只要自己认为对的事情，就不必优柔寡断，必须付诸行动。而正因为完善的信息和绝对的一致非常罕见，是否有良好的决策能力就成为一个团队能否成功的重要因素。但如果一个团队没有鼓励、建设性的意见和毫无戒备的冲突，决策者就不可能学会决策。

这是因为只有当团队成员彼此之间热烈地、不设防地争论，直率地说出自己的想法，团队核心人物才可能有信心做出充分集中集体智慧的决策。决策的主要内容是企业发展的长期目标与一定阶段的计划，还有一些是与企业发展相关的重大决策。

### 6. 马上执行，对结果负责

有了决策，还需要严格地执行，执行力也是一种显著的生产力。《把信送给加西亚》这则故事中的中尉罗文在接过美国总统的信时，虽然不知道加西亚在哪里，但清楚自己唯一要做的事是进入一个危机四伏的国家并找到这个人。他二话没说，没提任何要求，只是接过信，立即行动。他奋不顾身，排除一切干扰，想尽一切办法，用最快的速度达成了目标。同样，在创业团队里，我们高度强调团队成员必须对结果负责，"没有结果就是没做"，没有任何的理由和借口。在团队里，也许我们并不需要每个团队成员都异常聪明，因为过度聪明往往会导致自我意识膨胀，好大喜功；相反，需要每个人都具有强烈的责任心和事业心，对于公司制订的业务计划和目标能够在理解、把握、吃透的基础上，细化、量化自己的工作，坚定不移地贯彻执行下去，对于过程中的每个运作细节和每个项目流程都要落到实处，对结果负责。其实，决策者的角色也不是一成不变的，决策者应首先以一个执行者来要求自己，只有当自己也能完成方案时，才能将类似的方案交给其他执行者去执行。

### 7. 注重团队凝聚力

团队凝聚力是指群体成员之间为实现共同目标而实施团结协作的程度，凝聚力表现在成员的个体动机行为对群体目标任务所具有的信赖性、依从性甚至服从性上。在创业过程中，团队所有成员都认同整个团队是一股密切联系而又缺一不可的力量。团队的利益高于团队每位成员的利益，如果团队成员能够为团队利益而舍弃自己的小利，团队的凝聚力就会极强。

"没有完美的个人,只有完美的团队。"虽然在创业团队中,每位成员都可以独当一面,但是合作仍然是团队成员首先要学会的东西。在成功的创业企业中,团队的成功远远高于个人的成功。创业团队的核心成员只有相互配合,共同激励,树立同舟共济的意识,才能成就梦想。

### 3.3.2　创业团队管理中的冲突应对

**1. 创业团队中冲突的过程**

在创业团队中,冲突是一个动态的过程,是指冲突的相关主体的潜在矛盾以意识冲突的形式表现出来,再酝酿成彼此的冲突行为意向,然后表现为显性的影响彼此的冲突行为。这是一个逐步演进和变化的互动过程。

(1) 潜在对立或不一致阶段。

潜在对立或不一致是因为创业团队中存在的能够引发冲突的一些必要条件。这些条件虽然不一定直接导致冲突,但往往都潜伏在冲突的背后,成为冲突产生的"导火索"。

例如,才到××技术公司工作几个月的小李就遇到了这样的问题。他在出色地完成了创业团队的任务后,本以为主管会表扬他,可是主管老刘却说:"小李,你的工作方法是不是还有待改进?虽然你按时完成了任务,但你的工作进度还是比其他员工慢。"小李听后真是怒火中烧,两人发生了冲突。其实,这位领导者本意是想鼓励小李继续努力工作,没想到自己的表达不当,导致了他们之间的冲突。而"表达不当"不仅仅是语言问题,而是有其潜在原因。引起创业团队冲突的潜在因素可以分为以下三类。

① 个体间的差异因素。每个人都有独特的个性特点和行为习惯,世界上没有完全相同的两个人。在创业团队中成员个人因素方面存在的差异会导致各种各样的冲突。

② 创业团队的结构因素。我们可以从以下几个方面来看创业团队的结构情况。

首先,从创业团队成员的构成来看。如果创业团队由具有不同利益诉求或者不同价值观的成员组成,成员们对创业团队的认识肯定会不一致;同时,随着创业团队的发展,创业团队成员的构成可能会改变,当一个新成员加入创业团队时,创业团队原有的稳定性就会被破坏,就可能引起冲突。

其次,从创业团队的规模来看。当创业团队规模越来越大、业务分工越来越专业的时候,成员的工作就会越来越细致,成员都有自己明确的工作范围和界限。如果某个成员对其他成员的业务进行干预时,发生冲突的可能性就会加大。

③ 沟通不畅的因素。沟通不畅是引起创业团队冲突的重要原因。创业团队成员之间彼此存在差异,如能够顺利地进行交流,相互理解,那么发生冲突的可能性就会大大减少。相反,如果沟通渠道不顺畅,缺乏必要的沟通,冲突就会出现。

创业团队沟通不畅可能引起创业团队成员之间冲突的问题经常表现在以下几个方面:信息的差异、评价指标(如任务完成标准)的差异、倾听技巧的缺乏、语言理解的困难、沟通过程中的噪声(干扰)以及创业团队成员之间的误解等。

(2) 认知和个性化阶段。

冲突的认知是指当潜在的对立和不一致出现后,双方意识到冲突的出现。也就是说,在这一阶段客观存在的对立或不一致将被冲突的主体意识到,主体会产生相应的知觉,开始推测和辨别是否会有冲突以及是什么类型的冲突。

意识到冲突并不代表着冲突已经个性化。对冲突的个性化处理将决定冲突的性质，因为此时个人的情感已经介入其中。双方面临冲突时会有不同的心理反应，他们对于冲突性质的界定在很大程度上影响着解决冲突的方法。例如，创业团队决定给某位成员加薪，一些人可能认为这与自己无关，从而淡化问题，这时冲突就不会发生；而另外一些人可能会认为对别人的加薪就意味着自己工资的下降，这样就可能会产生冲突。

（3）行为意向阶段。

冲突的第三个阶段是行为意向阶段，这一阶段的特点体现在创业团队成员意识到冲突后，要根据冲突的定义和自己对冲突的认识与判别，开始酝酿和确定自己在冲突中的行为策略和各种可能的冲突处理方式。行为意向的可能性包括回避、合作、妥协、竞争等。

（4）冲突出现阶段。

冲突出现阶段是指冲突公开表现的阶段，也称行为阶段。进入此阶段后，不同创业团队中冲突的主体在自己冲突行为意向的引导或影响下，正式做出一定的冲突行为来贯彻自己的意志，试图阻止或影响合伙人的目标实现，努力实现自己的愿望。其形式往往是一方提出要求，另一方进行争辩，是一个相互的、动态的过程。

这一阶段的行为出现，体现在冲突双方进行的说明、活动和态度上，即一方采取行动来看另一方的反应。此时，冲突的行为往往带有刺激性和对立性，而且有时外显的行为会偏离原本的意图。

（5）冲突结果阶段。

冲突对创业团队可能造成两种截然相反的结果。

① 积极的结果。引起积极结果的冲突是建设性的冲突。这种冲突对实现创业团队目标是有帮助的，可以增强创业团队内部的凝聚力和团结性，提高团队的决策质量，调动员工的积极性，为团队提供问题公开解决的渠道等，尤其是在激发改革与创新方面。一般来说，每个人都有特定的工作模式，只有当某人向我们的效率发出挑战并在某种程度上发生冲突时，人们才会考虑新的工作方法，开始积极地改革和创新，这就是冲突的积极结果。

此外，研究表明，有益的冲突还有助于团队做出更好、更有创造性的决定，从而提高创业团队的协作效率。如果创业团队的意见统一，绩效的提高程度有时反而较小。有时，建设性冲突还能决定一个公司的成败。

② 消极的结果。导致消极结果的冲突是破坏性的冲突。这种冲突会给创业团队带来一些消极的影响，如凝聚力降低、成员的努力偏离目标方向、组织资源的流向与预期相反、创业团队的资源被浪费等。更严重的是，如果不解决这种冲突，创业团队的功能将会彻底瘫痪，甚至会威胁到创业团队的生存。

例如，美国一家著名的律师事务公司倒闭，其原因是因为八位合伙人不能和睦相处。一位法律顾问在解释这家公司倒闭的原因时说："这个公司的合伙人之间有着原则性的差异，是不能调和的。这家公司没有经济上的问题，问题在于他们彼此是憎恨和仇视的。"可见，消极冲突的危害是非常严重的。

### 2. 冲突的处理

创业团队的冲突是创业团队发展过程中的一种普遍现象。美国管理协会进行的一项针对中层和高层管理人员的调查表明，管理者平均要花费20%的时间来处理冲突，可见，有效解决创业团队中的冲突问题至关重要。当创业团队发生冲突时，首先要对冲突的性质进行全面细致的分析。在实践过程中，常常会遇到各种各样的冲突：有的已形成现实，有的还是潜在的；有的水平过低，有的水平过高；有的是建设性的，有的是破坏性的。所以必须分清各种各样的冲突，才能采取有效的措施或技术，有针对性地解决问题。这里所说的处理创业团队冲突包括消除破坏性的冲突和激发建设性的冲突两个方面。

（1）消除破坏性冲突的方法。

消除破坏性冲突的方法有以下几种。

① 解决问题。解决问题的方法又称"正视法"，即创业团队中发生冲突的双方进行会晤，直面冲突的原因和实质，通过坦诚的讨论来确定并解决冲突。在讨论过程中要注意沟通策略，不能针对人，只能针对事，因为这种方法是以互相信任与真诚合作为基础和前提的。其具体做法如下。

第一，召开面对面的会议。这是指把问题摆在桌面上，以正式沟通的方式，列出导致创业团队冲突的主要分歧所在，不争胜负，只允许讨论消除分歧和妥善处理冲突的方法及措施。

第二，角色互换。由于成员信息、认识、价值观等主观因素的不一致，常常会引发冲突。鉴于此，创业团队成员之间可以设身处地为对方着想，从而达成相互理解，并化解冲突。

② 转移目标。转移目标的方法包括两个方面：一个是转移到外部，是指双方可以寻找另一个共同的外部目标或一个能将冲突双方的注意力转向外部的目标，来降低创业团队内部的冲突；另一个是目标升级，是指通过提出能使双方的利益更大化的、高一级的目标，来减少双方现实的利益冲突，这一更高的目标往往由上一级提出。

在创业团队中，转移目标和目标升级的过程可以使冲突双方暂时忽略彼此的分歧，从而使冲突逐渐化解。同时，由于目标的变化，双方共同合作的机会增加了，这有利于双方重新审视自己工作中的问题，从而加强成员间的共识与合作。但此法知易行难，因为在实际操作中，冲突双方必须相互信任；而且共同目标的制定也不能太过于理想化而脱离实际，这对于创业团队管理者来说是很困难的。

③ 开发资源。如果冲突的发生是由于创业团队资源的缺乏造成的，那么致力于资源的开发就可以产生双赢的效果；如果是缺乏人才，创业团队就可以通过外聘、内部培训来满足需要；如果是资金缺乏或费用紧张，则可以通过申请款项和贷款等方法来融通资金，以满足不同创业团队的需求，从而化解冲突。

④ 回避或抑制冲突。回避或抑制冲突是一种消极解决冲突的方法，是一种试图将自己置身于冲突之外，或无视双方分歧的做法，以"难得糊涂"的心态来对待冲突。这种方法常适用于以下情形：在面临小事时，当认识到自己无法获益时，当付出的代价大于得到的报偿时，当其他人可以更有效地解决冲突时，当问题已经离题时，此方法可以避免冲突的扩大；当冲突主体的相互依赖性很低时，此方法还可以避免冲突或降低冲突的消极结果。

回避或抑制冲突的具体方法主要有：忽略冲突并希望冲突消失；控制言行来避免正面的冲突；以缓和的程序和节奏来抑制冲突；将问题束之高阁不予解决；以组织的规则和政策作为解决冲突的原则。

⑤ 缓和。缓和法的思路是寻找共同的利益点，先解决次要的分歧点，搁置主要的分歧点，设法创造条件并拖延时间，使冲突降低其重要性和尖锐性，从而变得好解决。虽然此法

只是解决部分的而非实质性的冲突,但在一定程度上缓和了冲突,并为以后处理冲突赢得了时间。其具体的方法如下。

第一,降低分歧的程度,强调各方的共同利益和共同做法,使大事化小、小事化了。

第二,相互让步,各有得失,令各方都能接受,即中庸之道,需要双方都做出让步才能取得大家都能接受的结果。应当注意的是,冲突很可能还会再起来,因此要尽快地实质性地解决问题。

⑥ 折中。折中实质上就是妥协,在创业团队中,冲突的双方进行一种"交易",各自都放弃某些东西,共同分享利益,适度地放弃自己的关心点和满足他人的关心点,通过一系列的谈判和让步避免陷入僵局,冲突双方没有明显的赢家和输家。这是一种经常被人们使用的处理矛盾的方法,一般有助于改善冲突双方的关系并使之保持和谐。折中技术通常在以下场合运用：当合作或竞争都未成功时；由于时间有限而采取权宜之计时；当对方权力与自己相当时；为了使复杂的问题得到暂时的平息时；目标很重要,但不值得与对方闹翻时。

运用此方法时,双方要注意应当相互信任并保持灵活应变的态度,不能为了短期利益而牺牲长远利益。

⑦ 改变人的因素。创业团队中的冲突在很大程度上是由于人际交往技巧的缺乏造成的,因此,运用行为改变技术（如敏感性训练等）来提高创业团队成员的人际交往技能,是有利于改变冲突双方的态度和行为的。

（2）激发建设性冲突的方法。

缺乏建设性冲突而使企业蒙受损失是必然的。有些企业甚至只提升那些"和事佬",这些人对企业忠诚到了极点,以至于从不对任何人说一个"不"字。由这样的人组成的创业团队和企业难道能够取得成功吗？这里介绍几种主要的激发建设性冲突的方法。

① 运用沟通方法。沟通是缓解创业团队成员之间的压力及矛盾的有利方式,同样也是激发创业团队建设性冲突的方法。

② 鼓励创业团队成员之间的适度竞争。鼓励竞争的方式包括开展生产竞赛、公告绩效记录、根据绩效提高报酬支付水平等。竞争能够提高创业团队成员的积极性,但是必须注意对竞争加以严格控制,严防竞争过度和不公平竞争对创业团队造成的损害。

③ 引进新人。引进新人作为激励现有成员的作用机制,被人们称为"鲶鱼效应"。其机理在于通过从外界招聘或内部调动的方式引进背景、价值观、态度或管理风格与当前创业团队成员不相同的个体,来激发创业团队的新思维、新做法,造成与旧观念的碰撞、互动,从而形成创业团队成员之间的良性冲突。此方法也是在鼓励竞争,而且从外部传来的不同"声音",还会让领导者"兼听则明",有助于其做出正确的决策。

## 思考与分享

1. 组建创业团队的基本原则有哪些？

2. 请实地访谈校园内的创业或创业团队,谈谈你对创业或创业团队的理解。

3. 测一测。

## 创业能力测评

**测评说明：**
做下列测试可帮助你判断自己是否适合创业和知道自己具有多少创业者潜力。本测试由一系列判断句组成，请根据实际情况，从"是"和"否"中选择符合自己特征的答案。在选择时，一定要根据第一印象回答，请不要做过多的思考。

**测评题：**

1. 你是否曾经为了某个理想而制订两年以上的长期计划，并且按计划执行直到完成？

　　　　　　　　　　　　　　　　　　　　　　　　　是（　）否（　）

2. 在学校和家庭生活中，你是否能在没有父母及老师的督促下，自觉地完成分派的任务？

　　　　　　　　　　　　　　　　　　　　　　　　　是（　）否（　）

3. 你是否喜欢独自完成自己的工作，并且做得很好？

　　　　　　　　　　　　　　　　　　　　　　　　　是（　）否（　）

4. 当你与朋友在一起时，你的朋友是否会时常寻求你的指导和建议？你是否曾被推举为领导者？

　　　　　　　　　　　　　　　　　　　　　　　　　是（　）否（　）

5. 求学时期，你有没有赚钱的经验？你喜欢储蓄吗？

　　　　　　　　　　　　　　　　　　　　　　　　　是（　）否（　）

6. 你是否能够连续10小时以上专注于个人兴趣？

　　　　　　　　　　　　　　　　　　　　　　　　　是（　）否（　）

7. 你是否习惯保存重要资料，并且井井有条地整理它们，以备在需要时可以随时提取查阅？

　　　　　　　　　　　　　　　　　　　　　　　　　是（　）否（　）

8. 在平时生活中，你是否热衷于社会服务工作？你关心别人的需求吗？

　　　　　　　　　　　　　　　　　　　　　　　　　是（　）否（　）

9. 你是否喜欢音乐、艺术、体育等各种活动课程？

　　　　　　　　　　　　　　　　　　　　　　　　　是（　）否（　）

10. 在求学期间，你是否曾经带动同学，完成一项由你领导的大型活动，如运动会、歌唱比赛等？

　　　　　　　　　　　　　　　　　　　　　　　　　是（　）否（　）

11. 你喜欢在竞争中生存吗？

　　　　　　　　　　　　　　　　　　　　　　　　　是（　）否（　）

12. 当你为别人工作时，发现其管理方式不当，你是否会想出适当的管理方式并建议对方改进？

　　　　　　　　　　　　　　　　　　　　　　　　　是（　）否（　）

13. 当你需要别人帮助时，你是否能充满自信地要求，并且说服别人来帮助你？

　　　　　　　　　　　　　　　　　　　　　　　　　是（　）否（　）

## 项目3 创业团队的组建

14. 你在募捐或义卖时，是否充满自信而不害羞？

    是（　　）否（　　）

15. 当你要完成一项重要工作时，你是否总是给自己足够的时间去仔细地完成，而不在匆忙中草率地完成？

    是（　　）否（　　）

16. 参加重要聚会时，你是否准时赴约？

    是（　　）否（　　）

17. 你是否有能力安排一个恰当的环境，使你在工作时能不受干扰、有效地专心工作？

    是（　　）否（　　）

18. 你交往的朋友中，是否有许多有成就、有智慧、有眼光、有远见、老成稳重型的人？

    是（　　）否（　　）

19. 你在工作或学习团体中，被认为是受欢迎的人吗？

    是（　　）否（　　）

20. 你自认是一个理财高手吗？

    是（　　）否（　　）

21. 你是否可以为了赚钱而牺牲个人娱乐？

    是（　　）否（　　）

22. 你是否总是独自挑起责任的担子，彻底了解工作目标并认真完成工作？

    是（　　）否（　　）

23. 在工作时，你是否有足够的耐心与耐力？

    是（　　）否（　　）

24. 你是否能在很短时间内，结交许多朋友？

    是（　　）否（　　）

**测评标准：**

选择"是"得1分，选择"否"不记分。统计分数，参照以下答案。

0~5分：目前不适合自己创业，应先为别人工作，并学习技术和专业技能。

6~10分：需要在旁人指导下创业，才有创业成功的机会。

11~15分：非常适合自己创业，但是在选择"否"的问题中，必须分析自己的问题并加以改正。

16~20分：个性中的特质足以使你从小事业慢慢开始，并从妥善处理中获得经验，成为成功的创业者。

21~24分：有无限的潜能，只要懂得掌握时机，将是未来的商业巨子。

测试结果仅供参考，因为一个人创业能否成功受到很多因素的制约。

**拓展阅读**

## 没有目标的爬虫

　　自然界中有一种昆虫，很喜欢吃三叶草，这种昆虫在吃三叶草的时候总是成群结队，后面的虫子跟在前一个虫子的后面，由一只昆虫带队去寻找食物，这些昆虫连接起来就像一节一节的火车车厢。管理学家做了一个实验，把这些像火车车厢一样的昆虫头尾连接在一起，组成一个圆圈，然后在圆圈中央放了它们喜欢吃的三叶草，结果它们累得精疲力竭也没有吃到这些草。因为所有的昆虫都在等待带队的虫首领为它们找到食物，然而现在连虫首领也迷失了方向。

　　由此我们得到启示：目标不明确，团队成员就会失去方向。

（资料来源：百度文库）

# 项目4
# 识别创业机会

## 导入案例

### 租赁服装的商机

杭州市一名贫困女大学生小陈，在求职过程中发现新财路，专门做起了向普通求职者出租高档服装和化妆品的生意。结果，她找到了个大市场。

服装"没品"，求职不顺。可是，那些高档时装一套要几百、上千元，再加上应聘的单位对员工衣着要求也各不相同，一名普通在校女大学生哪有这笔资金呢？

一个想法从她脑海闪过：既然有些学生消费不起高档时装，而大学生求职时又少不了它们，自己何不买些高档服装，然后出租呢？

为了减少投资风险，小陈先用5000元买了四套高档男女套装。她想：如果这些衣服受欢迎，再多买几套也不迟。时装买回来的当天，小陈就迫不及待地开始运作了。

她将每套衣服的租用价格定为每天100元，一切准备妥当后，她先是在朋友圈发布一条广告，向同为毕业生的同学"熟人"进行推广。然后，她背着衣服，到毕业生宿舍里一间一间敲门推荐，然后互加微信等。然而，很多同学一看是让他们租用服装，先是问了她一堆问题，然后拿着衣服摆弄，就是没有租用的打算，这可急坏了小陈。

后来，一个同学告诉小陈，并不是那些同学不想租，而是觉得在同学面前靠租高档衣服来撑"门面"，太没面子了。小陈豁然开朗，从此，她决定通过给学生们"保面子"的方式来做衣服租用生意。

为了扩大影响和实行"保面子"服务，小陈通过微信私聊的形式发送信息给个人。这一招果然收到奇效，几天后，申请加小陈微信为好友的同学越来越多，租服装的生意也取得了不错的效果，每个星期基本上有1000元左右的收入。

后来，小陈又主动出击，到各种招聘会现场加求职者微信，扩大宣传面。有一次，一个为期七天的招聘会，让她赚到了10000多元！从此，她成了人才招聘会的常客。

（资料来源：淘豆网）

## 知识点精讲

## 4.1 创业机会

### 4.1.1 创业机会的含义

创业机会是指有吸引力的、较持久的和适时的一种商务活动空间,并最终表现在能够为消费者或客户创造价值或增加价值的产品或服务中,同时能为创业者带来回报或实现创业目的。

当百货商场是家用电器的主要经销渠道时,是否可以开连锁店,像超市一样卖电器——国美抓住了这个机会。

当人们开始在网络上浏览信息的时候,是否可以利用网络赚钱——新浪、腾讯、淘宝抓住了这个机会。

大多数创业者都是把握住创业机会从而创业成功的。创新产品或服务,不仅会改变人们的生活和休闲方式,甚至能创造出新的产业。随着人们对创业机会价值潜力的探索,逐渐衍生一系列的商业机会,从而滋生更多的创业活动。

### 4.1.2 创业机会的特征

**1. 客观性和偶然性**

创业机会是在特定条件下产生的,它是客观存在的。但机会的识别具有一定偶然性。

**2. 时效性和不稳定性**

创业机会的持续时间受众多因素影响,如专利保护、先占优势、学习曲线等都会增加持续时间。

**3. 均等性和差异化**

市场机会在特定范围内对某一类人或企业是均等的,但不同个人和企业对同一市场机会的认识会产生差异,创业主体素质和能力不同,利用机会的可能性和程度也会产生差异。

### 4.1.3 我国创业机会发展的特点

随着我国经济的快速发展和国际经济地位的不断提高,各行各业也取得了不同程度的发展。在此过程中,各种各样的创业机会凸现出来。

**1. 整体水平持续提升**

全球创业观察(GEM)的数据显示,近年来我国的创业机会整体处于中等偏上水平,且呈现逐年上升的态势,说明我国目前的创业机会整体水平尚可,无论是在数量上还是在质量上,都有所提升。

**2. 行业分布不均衡**

从行业来看,目前我国的创业机会更多地存在于服务业。其中,以零售业和餐饮业的创业机会为多。

**3. 区域发展不平衡**

不容忽视的是,目前我国的多数创业机会也出现了区域性集中的现象,在一些经济发展较为迅速的城市和一、二线城市，创业机会较多。而在二、三线城市中，创业机会不仅数量少，成长性往往也较差。因此，目前我国的创业机会存在整体上区域发展不平衡的现象，而且创业机会的成长性有待进一步提高。

### 4.1.4 创业机会的界定

对于创业机会的界定，不同的学者有不同的观点。1934年，Schumpter提出创业机会是把资源创造性地结合起来，以满足市场需求并创造价值的可能性。2004年，中国学者提出创业机会是通过创造性地整合现有资源，为满足市场需要，创造价值的一种可能。到2019年，通过其中的变化和互联网技术的影响，我们可以洞察出创业在不同时代的侧重点。

## 4.2 创业环境

创业环境是创业者在寻找和评估创业机会时必须首先考虑的因素，创业环境分析主要从宏观环境和微观环境两个方面进行。在分析创业环境的过程中，创业者首先要了解创业的相关限制因素，可以通过逆向思维将其转化成创业机会，但更多的则是从细致的分析中发现很多正面的机会。

### 4.2.1 创业环境的构成要素

关于环境和创业环境概念的相关研究已日趋成熟，并且在创业研究领域中已基本形成共识，即认为环境是各种自然因素和社会因素的总和。在创业过程中，创业环境是创业主体在创建新的企业、开展创业活动的过程中，所有对这一过程进行影响的外部要素的总和。

根据对创业环境构成的相关研究综述，创业环境主要包括技术环境、融资环境、人才和教育环境、文化环境、基础设施环境和政策环境等对创业者的创业活动产生影响的外部因素，这些环境因素构成了影响创业者创业过程的创业环境整体。

GEM中所提出的创业环境构成要素以其权威性和广泛性，在很大程度上统一了人们对于创业环境构成的研究认识。我们根据GEM的报告，将创业环境构成要素划分为宏观环境与微观环境两大类进行分析。

### 4.2.2 宏观环境分析

宏观环境又称为一般环境，是指影响一切行业和企业的各种宏观力量。对宏观环境因素做分析，不同行业和企业根据自身特点和经营需要，分析的具体内容会有差异，但一般都应对政治与法律（Political）、经济（Economic）、社会文化（Sociocultural）和技术（Technological）这四大类影响企业的主要外部环境因素进行分析，这通常称为PEST分析法。PEST分析模型如图4-1所示。

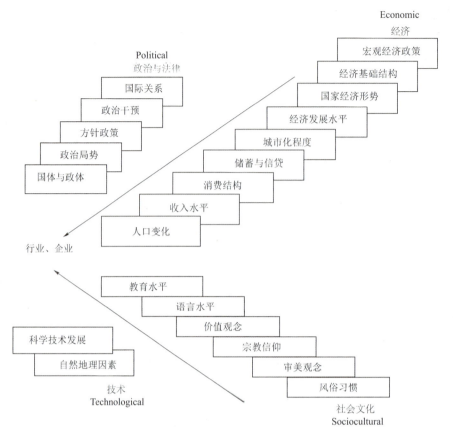

图 4-1 PEST 分析模型

**1. 政治与法律因素**

政治与法律是影响企业创业环境的重要宏观环境因素。政治因素像一只无形之手，调节着企业活动的方向；法律则为企业规定商贸活动行为准则。政治与法律相互联系，共同对企业各项活动发挥影响和作用。

政治因素包括一个国家的社会制度，执政党的性质，政府的方针、政策和法令等。不同的国家有着不同的社会性质，不同的社会制度对组织活动有着不同的限制和要求。即使社会制度不变的同一国家，在不同的时期，由于执政党不同，其政府的方针特点、政策倾向、对组织活动的态度和影响也是不断变化的。

国家在不同时期，根据不同需要颁布一些经济政策，制定经济发展方针。这些方针和政策不仅要影响本国企业的发展，而且要影响外国企业在本国市场的营销活动。例如，我国在产业政策方面制定的《关于当前产业政策要点的决定》，明确提出了当前生产领域、基本建设领域、技术改造领域及对外贸易领域各主要产业的发展序列。还有诸如人口政策、能源政策、物价政策、财政政策、金融与货币政策、税收政策等，都给企业研究创业环境提供了依据。就对本国企业的影响来看，一个国家制定的经济与社会发展战略、各种经济政策等，企业都是要执行的，而执行的结果必然要影响市场需求，改变资源的供给。扶持和促进某些行业的发展，同时又限制另一些行业和产品的发展，这是一种直接的影响。

对企业来说，法律是评判企业营销活动的准则，只有依法进行的各种活动，才能受到国家法律的有效保护。因此，进行创业活动必须了解并遵守国家或政府颁布的有关经营、贸易、投资等方面的法律和法规。近几年来，我国在发展社会主义市场经济的同时，也加强了市场法治方面的建设，陆续制定、颁布了一系列有关的重要法律法规，如《中华人民共和国公司法》《中华人民共和国广告法》《中华人民共和国商标法》《中华人民共和国经济合同法》《中华人民共和国反不正当竞争法》《中华人民共和国消费者权益保护法》《中华人民共和国产品质量法》及《中华人民共和国外商投资企业法》等。

政府干预也是影响企业活动的重要因素，这里主要指东道国政府为迫使外国企业的经济、政治和策略发生变化的有关决策。干预措施主要有：进口限制、税收政策、价格管制、外汇管制、国有化政策等。即使对国内企业，也有很多行业存在准入限制，一方面提高行业准入门槛，使很多创业者知难而退；另一方面通过登记注册前复杂的行政审批程序进行限制，创业者必须充分了解这些准入限制条件，否则费尽心力最终却不得其门而入，浪费了精力和财力。相关限制和审批规定可以查阅国家《企业登记前置审批目录》。重要的政治法律变量如表4-1所示。

表4-1 重要的政治法律变量

| 执政党性质 | 政治体制 |
| --- | --- |
| 经济体制 | 政府的管制 |
| 税法的改变 | 各种政治行动委员会 |
| 专利数量 | 专利法的修改 |
| 环境保护法 | 产业政策 |
| 投资政策 | 国防开支水平 |
| 政府补贴水平 | 反垄断法规 |
| 与重要大国关系 | 地区关系 |
| 对政府进行抗议活动的数量、严重性及地点 | 民众参与政治行为 |

**2. 经济因素**

经济因素主要包括宏观和微观两个方面的内容。宏观经济环境主要指一个国家的人口数量及其增长趋势，国民收入、国民生产总值及其变化情况，以及通过这些指标能够反映的国民经济发展水平和发展速度。微观经济环境主要指企业所在地区或所服务地区的消费者的收入水平、消费偏好、储蓄情况、就业程度等因素。这些因素直接决定着企业目前及未来的市场容量。需要关注的关键经济变量如表4-2所示。

表4-2 需要关注的关键经济变量

| GDP及其增长率 | 中国向工业经济转变 |
| --- | --- |
| 贷款的可得性 | 可支配收入水平 |
| 居民消费（储蓄）倾向 | 利率 |
| 通货膨胀率 | 规模经济 |
| 政府预算赤字 | 消费模式 |
| 失业趋势 | 劳动生产率水平 |
| 汇率 | 证券市场现状 |
| 外国经济状况 | 进出口因素 |
| 不同地区和消费群体间的收入差别 | 价格波动 |
| 货币与财政政权 | |

### 3. 社会文化因素

社会文化是指一个社会的民族特征、价值观念、生活方式、风俗习惯、伦理道德、教育水平、语言文字及社会结构等的总和。它主要由两部分组成：一是全体社会成员所共有的基本核心文化；二是随时间变化和外界因素影响而容易改变的社会次文化或亚文化。人类在某种社会中生活，必然会形成某种特定的文化。不同国家、不同地区的人民，处在不同的社会文化中，代表着不同的生活模式，他们对同一产品可能持有不同的态度，直接或间接地影响产品的设计、包装、信息传递方法、产品被接受程度、分销和推广措施等。社会文化因素通过影响消费者的思想和行为来影响企业的市场营销活动，关键的社会文化因素如表4-3所示。

表4-3 关键的社会文化因素

| | |
|---|---|
| 妇女生育率 | 特殊利益集团数量 |
| 结婚数、离婚数 | 人口出生、死亡率 |
| 人口移进移出率 | 社会保障计划 |
| 人口预期寿命 | 人均收入 |
| 生活方式 | 平均可支配收入 |
| 对政府的信任度 | 对政府的态度 |
| 对工作的态度 | 购买习惯 |
| 对道德的关切 | 储蓄倾向 |
| 性别角色 | 投资倾向 |
| 种族平等状况 | 节育措施状况 |
| 平均教育状况 | 对退休的态度 |
| 对质量的态度 | 对闲暇的态度 |
| 对服务的态度 | 对老外的态度 |
| 污染控制 | 对能源的节约 |
| 社会活动项目 | 社会责任 |
| 对职业的态度 | 对权威的态度 |
| 城市、城镇和农村的人口变化 | 宗教信仰状况 |

### 4. 技术因素

现代科学技术是社会生产力中最活跃的和决定性的因素。它作为重要的创业环境因素，不仅直接影响企业内部的生产和经营，而且与其他环境因素相互依赖、相互作用，影响创业活动。科学技术的进步和发展，必将给社会经济、政治、军事以及社会生活等各个方面带来深刻的变化，这些变化也必将深刻地影响企业的营销活动，给企业造成有利或不利的影响，甚至关系到企业的生存和发展。因此，企业应特别重视科学技术这一重要的环境因素能够抓住机会，避免风险。技术的影响因素和重要的技术信息分别如表4-4和表4-5所示。

表4-4 技术的影响因素

| | |
|---|---|
| 新行业、新市场的诞生 | 旧行业、旧市场的衰落 |
| 更新换代速度的加快 | 产品生命周期的变化 |
| 生活方式的改变 | 消费模式的改变 |
| 消费需求结构的变化 | 对效率的提升 |
| 成本的降低 | |

表4-5 重要的技术信息

| 国家对科技开发的投资和支持重点 | 该领域技术发展动态和研究开发费用总额 |
| --- | --- |
| 技术转移和技术商品化速度 | 专利及其保护情况 |

### 4.2.3 微观环境分析

微观环境分析主要由企业的供应商、营销中介人、公众和竞争者组成。其中，客户与竞争者又居于核心地位。

**1. 供应商**

供应商是影响企业营销的微观环境的重要因素之一。供应商是指向企业及其竞争者提供生产产品和服务所需资源的企业或个人。供应商所提供的资源主要包括原材料、设备、能源、劳务和资金等。如果没有这些资源作为保障，企业根本无法正常运转，也就无法提供给市场所需要的商品。因此，社会生产活动的需要，形成了企业与供应商之间的紧密联系。这种联系使企业的所有供货单位构成了对企业营销活动最直接的影响和制约力量。供应商对企业营销活动的影响主要表现在：供货的稳定性与及时性、供货的价格变动以及供货的质量水平。

企业在寻找和选择供应商时，应特别注意两点：第一，企业必须充分考虑供应商的资信状况。要选择那些能够提供品质优良、价格合理的资源，交货及时，有良好信用，在质量和效率方面都信得过的供应商，并且要与主要供应商建立长期稳定的合作关系，保证企业生产资源供应的稳定性。第二，企业必须使自己的供应商多样化。企业过分依赖一家或少数几家供货商，受到供应变化的影响和打击的可能性就大。为了减少对企业的影响和制约，企业就要尽可能多地联系供货商，向多个供应商采购，尽量注意避免过于依靠单一的供应商，以免与供应商的关系发生变化时，使企业陷入困境。

**2. 营销中介人**

营销中介人是指协助企业促销、销售和配销其产品给最终购买者的企业或个人，包括中间商、实体分配机构、营销服务机构和财务中间机构。这些都是市场营销不可缺少的环节，大多数企业的营销活动，都必须通过它们的协助才能顺利进行。例如，生产集中与消费分散的矛盾，就必须通过中间商的分销来解决；资金周转不灵，则须求助于银行或信托机构等。正因为有了营销中介所提供的服务，才使企业的产品能够顺利地到达目标客户手中。随着市场经济的发展，社会分工越来越细，这些中介机构的影响和作用也越来越大。因此，企业在市场营销过程中，必须重视中介组织对企业营销活动的影响，并处理好同它们的合作关系。

**3. 公众**

公众是指对企业实现其目标的能力感兴趣或发生影响的任何团体或个人。一家企业的公众主要有以下几类。

（1）金融公众，指那些关心和影响企业取得资金能力的集团，包括银行、投资公司、证券公司和保险公司等。

（2）媒介公众，指那些联系企业和外界的大众媒介，包括报纸、杂志、电视台和电台等。

（3）政府公众，指负责企业的业务、经营活动的政府机构和企业的主管部门，如主管有关经济立法及经济政策、产品设计、定价、广告及销售方法的机构；国家经委及各级经委、工商行政管理局、税务局、各级物价局等。

（4）公民行动公众，指有权指责企业经营活动破坏环境质量、企业生产的产品损害消费者利益、企业经营的产品不符合民族需求特点的团体和组织，包括消费者协会及环境保护团体等。

(5) 地方公众,主要指企业周围居民和团体组织,他们对企业的态度会影响企业的营销活动。

(6) 一般公众,指并不购买企业产品,但深刻地影响着消费者对企业及其产品看法的个人。

(7) 内部公众,指企业内部全体员工,包括董事长、经理、管理人员及职工。处理好内部公众关系是搞好外部公众关系的前提。

公众对企业的生存和发展产生巨大的影响,公众可增强企业实现其目标的能力,也可能会产生妨碍企业实现其目标的能力。所以,企业必须采取积极适当的措施,主动处理好同公众的关系,树立企业的良好形象,促进市场营销活动的顺利开展。

### 4. 客户

企业的一切营销活动都是以满足客户的需要为中心的,因此,客户是企业最重要的环境因素。客户是企业服务的对象,是企业的目标市场。客户可以从不同角度以不同的标准进行划分。

按照购买动机和类别分类,客户市场可以分为:

(1) 消费者市场,指为满足个人或家庭需要而购买商品和服务的市场。

(2) 生产者市场,指为赚取利润或达到其他目的而购买商品和服务来生产其他产品和服务的市场。

(3) 中间商市场,指为利润而购买商品和服务以转售的市场。

(4) 政府集团市场,指为提供公共服务或将商品与服务转给需要的人而购买商品和服务的政府和非营利机构。

(5) 国际市场,指国外买主,包括国外的消费者、生产者、中间商和政府等。

上述每种市场都有其独特的客户。而这些市场上客户的不同需求,必定要求企业以不同的服务方式提供不同的产品(包括劳务),从而制约着企业营销决策的制定和服务能力的形成。因此,企业要认真研究所服务的不同客户群,研究其类别、需求特点和购买动机等,使营销活动能针对客户的需要,满足客户的愿望。

### 5. 竞争者

竞争是商品经济的基本特性,只要存在商品生产和商品交换,就必然存在竞争。企业在目标市场进行生产经营活动的过程中,不可避免地会遇到竞争者的挑战。只有一家企业垄断整个目标市场的情况是很少出现的,而且即使一家企业已经垄断了整个目标市场,竞争对手仍然有可能参与进来。同时,只要存在着需求向替代品转移的可能性,潜在的竞争对手就会出现。竞争者的战略和活动的变化,会直接影响企业的经营策略。例如,最为明显的是竞争对手的价格、广告宣传、促销手段的变化,新产品的开发,售前售后服务的加强等,这都将对企业造成直接威胁。因而,企业必须密切注视竞争者的任何细微变化,并采取相应的对策。

## ■ 案例分析

### 竞争分析工具——波特五力分析模型

波特五力分析模型(Michael Porter's Five Forces Model),又称波特竞争力模型,由迈克尔·波特(Michael Porter)于20世纪80年代初提出,其对企业战略制定产生了全球性的深远影响。波特五力分析模型可以有效地分析企业的竞争环境,而这里的五力分别是供应商的讨价还价能力、购买者的讨价还价能力、潜在竞争者进入的能力、替代品的替代能力、行业内竞争者现在的竞争能力。五种力量的不同组合变化最终影响行业利润潜力的变化,如图4-2所示。

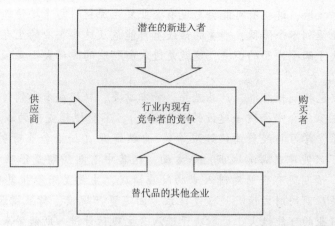

图 4-2 波特五种力量

波特五力分析模型详解：

五种力量模型将大量不同的因素汇集在一个简单的模型中，以此分析一个行业的基本竞争态势。五种力量模型确定了竞争的五种主要来源，即供应商和购买者的讨价还价能力、潜在进入者的威胁、替代品的威胁，以及来自目前在同一行业的企业间竞争。一种可行战略的提出首先应该包括确认并评价这五种力量，不同力量的特性和重要性因行业和企业的不同而变化。

1. 供应商的讨价还价能力

供方主要通过提高投入要素价格与降低单位价值质量，来影响行业中现有企业的盈利能力与产品竞争力。供方力量的强弱主要取决于他们所提供给购买者的是什么投入要素，当供方所提供的投入要素价值占购买者产品总成本比例较大，对购买者产品生产过程非常重要或者严重影响购买者产品质量时，供方对于购买者的潜在讨价还价力量就大大增强。一般来说，满足如下条件的供方集团会具有比较强大的讨价还价力量：

（1）供方行业为一些具有比较稳固的市场地位而不受市场激烈竞争困扰的企业所控制，其产品的购买者很多，以至于每一单个购买者都不可能成为供方的重要客户。

（2）供方各企业的产品具有一定特色，以至于购买者难以转换或转换成本太高，很难找到可与供方企业产品相竞争的替代品。

（3）供方能够方便地实行前向联合或一体化，而购买者难以进行后向联合或一体化。

2. 购买者的讨价还价能力

购买者主要通过压价与要求提供较高的产品或服务质量，来影响行业中现有企业的盈利能力。一般来说，满足如下条件的购买者可能具有较强的讨价还价力量：

（1）购买者的总数较少，而每个购买者的购买量较大，占了卖方销售量的很大比例。

（2）卖方行业由大量相对来说规模较小的企业所组成。

（3）购买者所购买的基本上是一种标准化产品，同时向多个供方购买产品在经济上也是完全可行的。

（4）购买者有能力实现后向一体化，而供方不可能实现前向一体化。

3. 新进入者的威胁

新进入者在给行业带来新生产能力、新资源的同时，将希望在已被现有企业瓜分完毕的市场中赢得一席之地，这就有可能会与现有企业发生原材料与市场份额的竞争，最终导致行业中现有企业盈利水平降低，严重的话还有可能危及这些企业的生存。竞争性进入威胁的严重程度取决于两个方面的因素，这就是进入新领域的障碍大小与预期现有企业对于进入者的反应情况。

进入障碍主要包括规模经济、产品差异、资本需要、转换成本、销售渠道开拓、政府行为与政策（如国家综合平衡统一建设的石化企业）、不受规模支配的成本劣势（如商业秘密、产供销关系、学习与经验曲线效应等）、自然资源（如冶金业对矿产的拥有）、地理环境（如造船厂只能建在海滨城市）等方面，这其中有些障碍是很难借助复制或仿造的方式来突破的。预期现有企业对进入者的反应情况，主要是采取报复行动的可能性大小，这取决于有关厂商的财力情况、报复记录、固定资产规模、行业增长速度等。总之，新企业进入一个行业的可能性大小，取决于进入者主观估计进入所能带来的潜在利益、所需花费的代价与所要承担的风险这三者的相对大小情况。

4. 替代品的威胁

两家处于同行业或不同行业中的企业，可能会由于所生产的产品是互为替代品，而在它们之间产生相互竞争的行为，这种源自替代品的竞争会以各种形式影响行业中现有企业的竞争战略。第一，现有企业产品售价以及获利潜力的提高，将由于存在着能被客户方便地接受的替代品而受到限制；第二，由于替代品生产者的侵入，现有企业须提高产品质量，或者通过降低成本来降低售价，或者使其产品具有特色，否则其销量与利润增长的目标就有可能受挫；第三，源自替代品生产者的竞争强度，受产品购买者转换成本高低的影响。总之，替代品价格越低、质量越好、客户转换成本越低，其所能产生的竞争压力就越强；而这种来自替代品生产者的竞争压力的强度，可以具体通过考察替代品销售增长率、替代品厂家生产能力与盈利扩张情况来加以描述。

5. 行业内现有竞争者的竞争

大部分行业中的企业，相互之间的利益都是紧密联系在一起的，作为企业整体战略一部分的各企业竞争战略，其目标都在于使自己的企业获得相对于竞争对手的优势。所以，在实施中就必然会产生冲突与对抗现象，这些冲突与对抗就构成了现有企业之间的竞争。现有企业之间的竞争常常表现在价格、广告、产品介绍和售后服务等方面，其竞争强度与许多因素有关。

一般来说，出现下述情况将意味着行业中现有企业之间竞争的加剧，这就是：行业进入障碍较低，势均力敌竞争对手较多，竞争参与者范围广泛；市场趋于成熟，产品需求增长缓慢；竞争者企图采用降价等手段促销；竞争者提供几乎相同的产品或服务，客户转换成本很低；一个战略行动如果取得成功，其收入相当可观；行业外部实力强大的企业在接收了行业中实力薄弱的企业后，发起进攻性行动，结果使刚被接收的企业成为市场的主要竞争者；退出障碍较高，即退出竞争要比继续参与竞争代价更高，在这里，退出障碍主要受经济、战略、感情以及社会政治关系等方面因素的影响，具体包括：资产的专用性、退出的固定费用、战略上的相互牵制、情绪上的难以接受、政府和社会的各种限制等。

行业中的每一家企业或多或少都必须应付以上各种力量构成的威胁，而且经营者必须面对行业中的每位竞争者的举动。除非认为正面交锋有必要而且有益处，如要求得到很大的市场份额，否则经营者可以通过设置进入壁垒，包括差异化和转换成本来保护自己。当确定了优势和劣势时，必须进行定位，以便因势利导，而不是被预料到的环境因素变化所损害，如产品生命周期、行业增长速度等，然后保护自己并做好准备，以有效地对其他企业的举动做出反应。

根据上面对于五种竞争力量的讨论，企业可以采取尽可能地将自身的经营与竞争力量隔绝开来、努力从自身利益需要出发影响行业竞争规则、先占领有利的市场地位再发起进攻性竞争行动等手段，来增强自己的市场地位与竞争实力。

（资料来源：百度文库）

### 4.2.4 创业环境对创业机会的影响

创业机会源于创业环境，创业机会同时又作用于创业环境，对创业环境进行影响。

创业机会源于创业环境：外部环境的不确定性正是创业机会的主要源泉。创业者通过在环境中获得的不同种类的信息对机会进行识别，通过搜索环境中的那些可以导致创业的信息进行创业。同时，创业机会受到许多环境因素的影响，如外界环境中的情景因素、部分重要资源的可用性以及个体的创新性等。

针对环境对创业机会的影响方面的研究要包括以下几个方面。

**1. 环境对创业机会产生的影响**

动态环境可以为企业创造更多的机会。首先，调查活动能够创造更加适宜的创业环境来制造创业机会，通过对先前不是创业的机会进行系统搜索，可以创造出创业机会更加可能产生的环境。其次，研究表明，发生在行业内的变化越大，创业机会就越多，而且随后形成的新企业也就越多。创业机会的产生很大程度上来自外界环境的改变。因为行业或地区间创业环境的差异，某些行业和某些地区产生的创业机会比其他行业或地区多，当环境改变时，机会产生的概率将大大提升。

**2. 环境对创业机会识别的影响**

技术、市场、政府政策和社会价值被认为是影响创业机会识别的主要环境因素。个人特征、文化价值观以及社会背景会影响创业者对创业机会的认知，而外在环境会影响创业者建立新企业的方式及新企业成长的倾向。

**3. 环境对创业动机的影响**

文化价值观和社会背景都影响着创业者的认知，而潜在的创业者对于文化和制度环境的预期，决定了他们是否愿意将潜在的商业机会和可能获得的资源结合起来，从而付诸真正的创业行动。

**4. 环境性质差异对创业机会的影响**

影响创业机会形成的关键环境因素来自行业成长空间、政府政策以及对手竞争威胁等。在转型经济中，制度因素是创业更为重要的环境因素。环境对抗性越强，企业越容易进行创业活动。通常，在多变的、对抗性的环境中，创业型企业比较多见，因为这些企业的经理人会更倾向于采用快速成长策略，并进行机会捕捉，而这些机会往往是高风险、高收益的。

### 4.2.5 我国创业环境概况

创业环境不仅是创业机会的来源，其对创业活动的影响也是绝对不容忽视的。我国的创业环境近几年来逐步改善，越来越多的国内创业者投身创业活动中，也吸引了大批国外投资者的关注。下面,从七个方面对我国目前的创业环境进行简单概述。

**1. 金融支持**

金融支持即创业资金来源问题。目前,我国创业资金主要有四个方面的来源:第一是创业者的自有资金;第二是非正式投资(主要包括从亲戚朋友处的借款所得、私人股权募集资金等);第三是创业投资;第四是IPO(首次公开募投)。通常,在创业活动的前期,金融支持主要来自前三种方式。

尽管我国金融支持力度逐步提高,但就世界范围来看还是相对较弱的,远低于世界平均水平。我国创业活动的金融支持主要来自创业者的自有资金。除创业者的自有资金外,非正式投资也是我国创业者的主要资金来源,其中家庭是创业者获得资金的主要来源,其次是来自朋友的投资。

尽管调查显示,很多创业者期望得到金融机构的资金支持,但真正能够得到金融机构的资金支持的创业者还是极少数的。因此,我国的创业金融支持环境亟待改善。

**2. 政府政策支持**

政府政策对创业活动的支持主要表现为对创业活动的激励方面,主要包括中央政策和地方政策等。政府对创业活动的支持政策主要包括:关于创业活动的政策、关于企业成长的政策、关于就业的政策、关于环境的政策、关于安全问题的政策、关于企业组织形式的政策、关于税收的政策等。

我国在政府政策对创业活动的支持方面还是较为突出的,对创业活动起到了一定的推动作用。与其他国家相比,我国的创业企业在税收方面有一定的优惠政策,使创业企业在这方面的负担较小,政府对创业企业的扶持意愿是较为明显的。但是,我国对新建企业的审批复杂、审批效率较低,相关费用较高,这在某种程度上削弱了对创业企业的扶持作用。

目前,在金融政策、税收政策、所有制政策和产业政策等方面,我国正逐步加大对创业活动的扶持力度,给予创业企业,特别是生存型创业企业税收上的减免,减轻了创业企业的负担。

**3. 教育培训**

创业教育是在基础教育的基础上,面向全民,特别是潜在创业群体的关于创业知识、创业技能的教育培训活动。创业教育是创业者开展创业活动的基础,是促进创业、扩大就业的有效手段。

随着对创业教育认识的逐步提高,我国正在完善创业教育培训体系,并且已经逐步在中小学和大学教育阶段加设了创业教育的相关内容,加强了对创业精神的培育和对创业素质的培养,从根本上对创业活动起到了促进和推动作用。

**4. 研究开发转移**

在互联网技术日新月异的今天,新产品和新技术在现代企业运营过程中的应用已经屡见不鲜。利用这些新型技术所进行的创业活动,无论是对行业技术的进步,还是对扩大就业,都具有深远的现实意义。新产品和新技术往往出现在大学等科研机构中,这些新的产品和技术如何能够在生产生活的实践中得以应用,特别是在创业活动中得以应用,是推动科技型创业活动的关键。促进新的研发项目转移到创业活动中,主要依靠三个方面的支持,第一是技术来源,第二是资金支持,第三是技术转化,这三个方面缺一不可。研究开发转移的过程,实际上就是将新技术引入创业实践的过程,其成功与否是衡量创业活动效率高低和创业者创业技能强弱的主要标志。

结合我国的创业实际，目前对于科研成果在创业过程中的转化，政府还是给予创业企业一定的支持的，但在实际操作过程中，政府所提供的资金支持还是有限的。企业本身对研究成果转化过程中所需要的费用承担能力不足，影响了研究开发转移的效率和效果。值得一提的是，近年来，我国加大了对知识产权保护的力度，使创业企业在新技术、新专利的使用过程中更加有保障。

### 5. 商务环境和有形基础设施

商务环境主要指创业活动的软环境，如咨询服务、法律服务和金融服务等环境。目前，各国的商务环境水平普遍较高，相比之下，尽管近年来政府已经采取了多项措施来优化商务环境，但我国的商务环境整体水平还是具有一定差距的。

### 6. 进入壁垒方面

随着世界经济的高速发展，国际市场变化剧烈，我国国内市场也处于高增长、高变化的阶段，产品更新换代的速度加快，产业的生命周期不断缩短。高速变化的市场在给创业企业带来不确定性的同时，也带来了大量的机会。对于大多数行业，我国的进入成本较低，这更加有利于创业企业对于市场机会的把握。但在某些行业中，垄断现象十分严重，这无形中增加了创业企业的进入成本，为创业企业设置了较高的进入壁垒。

### 7. 文化和社会规范方面

与其他国家相比，我国的传统文化和社会规范对创业精神具有一定的支持作用。在我国的传统文化中，有很多内容都是鼓励个人勤奋努力、独立自强、富有创造精神、具有风险意识的，而这些精神特质都是创业精神的精华，对于创业活动起到了促进作用。

综上所述，近年来我国的创业环境整体较好，在基础设施建设、文化与社会规范等方面具有一定的优势。但在金融支持、研究开发转移、商务环境和创业教育等方面还存在着一定的差距，这些方面都制约着创业活动的开展。

积极营造和谐的创业环境，通过改善创业环境，能够进一步提高创业者的创业热情，从而促进创业活动的开展。应该在政府提供资金支持的基础上，不断刺激资本市场的投资热情，提高创业投资在创业融资中的比重；应该继续加大政府政策对创业活动的支持力度，杜绝空泛的口号，将政府政策落到细节之处；应该不断加强政府项目对创业活动的带动作用，培育和扶持创业企业；应该构建完善的创业教育体系，从创业精神的培养，到整体创业技能的提高进行全面覆盖；应该促进新产品、新技术从科研机构向创业市场转移的科技型创业活动，在保证技术支持的前提下，加大资金的投入力度；应该加强相关商务环境的改善，为创业企业提供全方位的周到服务；应该继续推行反垄断措施，降低创业企业的进入壁垒；应该继续发扬中国传统文化对创业活动的引导作用；应该不断促进新的创业机会的产生，提高识别创业机会、利用创业机会的能力。

## 4.3　创业机会识别

创业机会是开展创业活动的前提，但只有当创业者识别及发现创业机会并将其付诸实践时，创业活动才能够得以开展，创业成功才能够成为一种可能性，这也是创业者能力的主要体现。

机会是创造出来的，企业家在不确定、变化以及技术剧变的过程中对均衡市场环境进行创造性破坏，在此过程中机会被创造出来。同时，机会是客观存在的，只是没有被发现而已，创业者凭借自身的知识和能力能够发现那些被忽视的创业机会。但机会对于每个人都是不一样的。不同的环境、背景、经历和知识能力，决定了一个人能看到和能拥有的机会种类与数量。时势造英雄，英雄不是天生的，机会环境比创业者性格更为重要，是机会塑造了创业者。机会的发掘不是偶然的机遇，创业者所拥有的知识与经验能力决定他所能发掘机会的数量与格局，以及这些机会可以被利用的程度。

创业机会识别是一种感知或发现的结果，这种感知或发现的行为是以创造或增加新的价值为目的的，感知或发现的对象则是新的产品、服务及组织方式等，而这种感知或发现的过程受到外部环境和创业者能力等因素的影响。创业者在搜寻、识别和利用创业机会的过程中，主要关注的就是创业机会的可行性和盈利性。其中，创业机会的可行性是开展创业活动的必要条件，而创业机会的盈利性则是开展创业活动的主要驱动力。

### 4.3.1 创业机会的发掘

创业机会无处不在、无时不在，但大千世界纷繁复杂，让人眼花缭乱，不是每个人走在大街上都能被创业机会砸中，如何有效处理各种信息从而发掘出创业机会，对创业者而言是一个首要的课题。以下提供了一些常见的发现创业机会的途径，帮助创业者更有针对性地选择信息和分析信息，增加发现有效商机的概率。

#### 1. 客户的问题和需求

创业的根本目的是满足客户需求，客户需求在没有得到满足前就是问题。这种问题和需求可能是被忽略客户群体的需求，也可能是新客户群体的需求，可能是特殊客户群体的需求。寻找创业机会的一个重要途径是擅于发现和体会自己和他人在需求方面的问题或生活中的难处。

> **案例分析**
>
> 　　胡润，1970年出生在卢森堡，就读于英国杜伦大学，学的是中文专业。1990年的时候到中国留学，后来就留在安达信会计师事务所上海分部工作，成为一名会计师。但是，胡润遇到了一件麻烦事，每次休假回到英国，大家都会很好奇地问他，中国什么样？这个问题看似简单，不过还真是难以回答，关键是没有标准，偌大一个中国，5000年历史，13亿人口，给你说什么呢？
>
> 　　胡润为了这个事特别烦恼，你一个在中国留学的人，连这么简单的问题都回答不了，你这个学上到哪里去了。每次回国，胡润都要受这种刺激。1999年，当时正好是中华人民共和国成立50周年，我给你介绍50个中国特别成功的人，不就可以让你知道中华人民共和国成立50年来的变化吗？基于这样的想法，胡润后来推出了胡润富豪榜。
>
> 　　　　　　　　　　　　　　　　　　　　　　　　　　　　　（资料来源：豆丁网）

#### 2. 变化

创业的机会大都产生于不断变化的环境。环境变化了，市场需求、市场结构必然发生变化。著名管理大师彼得·德鲁克将创业者定义为那些能"寻找变化，并积极反应，把它当作机会充分利用起来的人"。这种变化主要来自时政大局的变化、产业结构的变动、消费结构升级、城市化加速、思想观念的变化、政府政策的变化、人口结构的变化、居民收入水平的变化、全球化趋势等诸方面。如居民收入水平提高、智能手机的普及、5G 网络的应用、网上购物的比重在逐年增加，会派生出直播购物、网络短视频、智能手机销售、5G 电话号码卡等诸多创业机会。

**3. 未发展、发展中或退化的市场**

这主要指那些发展程度较低的市场，如空缺或空档市场、行业边缘或交叉的市场、刚刚起步但竞争水平低的市场、辉煌过后陷入停滞亟须革新的市场。

### 案例分析

作为寻找机会的创业者，如果能重视被别人忽视的机会，也许你会比别人更出色。2012 年夏，张军被一张贴到自家门上的广告单吸引住了，这是一家私营送菜公司招揽客户的宣传单。读着读着，张军有些心动：在杭州人们忙着赚钱，家庭成员简单，没有时间去采购蔬菜、水果等生鲜品去调理自己的饮食生活。这种按客户要求送菜上门的服务，投入小，利润不薄，操作性较强。

张军觉得这是个很好的商机，便坐车来到产品批发市场找到一个菜贩子，讨教蔬菜配送的相关经验。通过菜贩子指点，张军认定下游环节利润额高，进入容易。微信上接订单，不需要实际的经营门店，只少量进货，便可开业。对于刚走出校门的张军来说，这无疑是一个投入小、可实现的创业机会。

张军开始行动起来，第一件大事就是开发客户。那时张军没有门店，就以自己居住的小区为核心，向四周小区进行扩散。手持印有二维码送货上门的宣传单，在小区门口派发传单，在一个个高级住宅小区"洗楼"。

几周后，终于有几十家住户下了订单，他的配送业务开始上路。经过苦心经营，以及张军真诚地对待客户和乐于助人，他获得的客户订单越来越多，开始有了"包月"的配送服务，他开始小有盈利。这段时间，张军只要有空就向蔬菜配送行业或是快递物流同行请教、取经，还到图书馆借阅一些与物流配送相关的书籍，在网上查阅相关资料。短短几年的时间，他通过学习认为自己创业的时机已经成熟，于是开始注册公司、办理营业执照、招聘员工等，成立了属于自己的民生用品社区配送公司。

把诚挚待人当作座右铭的张军，凭着诚信慢慢赢得了客户和员工的尊重。张军就是这样在抓住了一个小小的商机之后，在蔬菜配送这个不起眼的行当里，创造了一份属于自己的事业。

（资料来源：豆丁网）

**4. 创造发明**

创造发明提供了新产品、新服务，更好地满足了客户需求，同时也带来了创业机会。比如随着计算机的诞生，计算机维修、软件开发、计算机操作的培训、图文制作、信息服务、网上开店等创业机会随之而来。即使不发明新的东西，你也能成为销售和推广新产品的人，从而给你带来商机。

## 案例分析

美国的丹·斯鲁特和拉赛尔·斯鲁特兄弟正是依靠一个被别人忽视的新发明而取得了创业成功的。在1997年的商品展览会上,他们抓住了一个人人都未曾留意的机会,成功地推出了新产品,创立了自己的事业。

斯鲁特兄弟介绍,他们参加1997年在芝加哥举行的宠物商品展时,在一个几乎没人注意的小展台前,看到一个很好的实物示范——将三四杯的水倒进碗里,在里面放入数量很少的小球,结果小球吸光了所有的水。

斯鲁特兄弟发现这种由硅砂做成的神奇的小球具有很强的吸收功能,是做小猫褥袋最合适的材料。于是,他们同中国一家硅胶企业签订了生产合同。由此,这种小球走上了生产线。

事实证明斯鲁特兄弟是正确的。现在,美国的杂货店和大卖场里被称为"水晶珍珠"的完全透明的小球褥垫卖得很好。而且,兄弟俩还因此获得了全美宠物协会颁发的杰出技术进步奖和1999年度《小猫咪》杂志所颁发的奖励。

其实,这种成功也是在经历了许多艰辛之后才获得的。在商品展览会后,这对兄弟咨询了工业专家,来确定人们是否会认可这种新产品的潜在价值。他们为那些养猫的人免费赠送了样品,在得到正面的信息反馈后,才决定上马这个项目。

斯鲁特兄弟还制定了具有竞争力的价格。2000年,兄弟俩已经将"水晶珍珠"推介到遍及美国的杂货店和大卖场中了。斯鲁特兄弟无疑具有成为企业家的潜质。他们认为:为了达到事业的成功,必须时刻睁大眼睛,瞄准机会,遵从适合于新产品开发的指导方针,抢在人家发现你的"财富"之前就行动。

(资料来源:淘豆网)

5. 竞争

如果能弥补竞争对手的缺陷和不足,这也将成为创业机会。看看周围的企业,能比他们更快、更可靠、更便宜地提供产品或服务吗?能做得更好吗?若能,也许就找到了机会。

## 案例分析

### 错位竞争,差异化竞争

元祖蛋糕,是由一位我国台湾地区的女性张秀琬创立的。走在大城市的街头,人们会不时地被一些鲜艳的粉红色招牌所吸引,走进去后,乍一看,似乎与一般的西饼店没有什么区别,但细看下来,才会发现这里有一些普通西饼店不会卖的东西,比如红蛋、年糕、喜饼等,但这里也没有普通西饼店常见的面包饮料等食品。张秀琬告诉记者:"元祖食品从一开始就定位在'民俗食品创新'上。元祖既然要做民俗产品的创新以及定位在精致礼品名家,我就没有考虑自(己)食(用)的市场。所以我们产品的功能是:买的人不吃,吃的人不买。"

目前,元祖在大陆已经拥有多家工厂和多家门店。随着人们消费观念的改变,张秀琬的经营思维也在不断调整,她希望元祖能由民俗食品上升为礼品的代言人。

(资料来源:豆丁网)

### 一颗螺丝的作用

奥普是什么？绝大多数人会回答是"浴霸"，而事实上，它是一家企业的名称。之所以会出现这种情况，是因为奥普的浴霸在品牌认知度上以64.6%的比例遥遥领先于其他对手。在奥普流行一句话：可以被仿冒，不可以被超越。这种自我的良好感觉源于它的核心竞争力——强大的技术优势。传统的浴霸灯罩与灯头间的连接主要靠胶泥粘住，时间一长就容易脱落乃至爆炸，质量堪忧。奥普却将灯罩与灯头的连接处换成螺丝。如此一个小小的改动给它的产品带来的是10年来没有一次脱落或爆炸事件发生。

（资料来源：豆丁网）

**6. 差异**

差异是商业产生的根本原因之一，如寻求产品和服务差异、利用地区差异和季节的差异，都可以发现商业机会。

## ■ 案例分析

### 过生日送份当天的老报纸

"你想拥有一份你出生当天的原版报纸吗？那天世界是什么样子的？发生了哪些大小事情？快用一份精心包装的老报纸，送给他/她过生日吧。"2017年6月3日，记者在青岛大学海报栏里看到这样一份海报。据了解，如今大学生过生日创意越来越新，像"生日报"这类文化味浓、纪念意义大的生日礼物逐渐流行起来。

青岛大学学生王超是创办"生日报"的发起人。"经常有朋友过生日，想来想去，送一个记录了朋友出生那天国家、世界曾发生的大事的礼物不是挺有意思的吗？结果就想到了旧报纸。"此后，他和很多人聊这一想法，大家对自己出生那天的报纸刊载什么内容都很感兴趣，于是青岛大学的"生日报"应运而生。

王超表示，可以收购某一年份整年的报纸，然后按照"客户"的要求，将旧报纸放进新包装，这就成了"生日报"礼品。从订购的情况来看，地方报纸较受欢迎，比如有山东的朋友过生日，就可以送给他出生那天出版的《大众日报》。

业务开展还不到两个星期，每天就有30余人打电话咨询。王超说："买报送朋友的，多是高校学生等年轻人，他们知识丰富，时尚前卫，喜欢独具一格。"记者发现，很多接受采访的年轻人都很喜欢这一新兴的生日礼物。还有一个意想不到的收获是，在高校从事"生日报"业务的人大多是高校学生，这也成了大学生创业的一种新形式。

"'生日报'作为礼物不仅体现友情，更体现文化品位。"青岛大学教授齐揆一认为，"生日报"还有收藏价值，可以永远珍存，不仅避免了落进送吃送喝等礼品的俗套，还契合了青年学生送礼物要"低价位、高品质"的要求。

（资料来源：新浪网）

### 出租"最糟糕电影"

当吉姆·麦凯布作为一名心理学家的生活结束时，他和他做辩护律师的妻子简决定开创一项新事业。麦凯布夫妇喜欢电影，因而办一家录像带出租商店似乎是很自然的。由于他们那一地区的大部分商店出租同样的电影录像带，他们特意去查找电影目录，以看看到时出租什么为好，结果发现有不少不同寻常的电影，其中一些只能说是"演出的大失败"。这对夫妻喜欢这些在一般商店看不到的电影录像带,并认为别人也可能喜欢。

当他们的"录像天地"在弗吉尼亚开张时,除了在柜台内摆放了常见的好莱坞电影外,还储备了许多稀奇古怪的电影,并打出了"保证供应城内最糟的电影"的招牌。结果顾客蜂拥而至,来租电影院通常不愿上演的电影录像带。

麦凯布夫妇通过免费电话向全美出租电影录像带,一年的生意达500万美元。吉姆·麦凯布说:"我们发现了一个活动空间,并在竞争中获胜。我们的经验是,小经营者必须使自己与别人有所不同。"

(资料来源:道客巴巴)

### 7. 模仿、延伸与结合

着眼已有的产品和服务,创造性地模仿,蚕食市场垄断者的市场份额,或者从广度和深度上延伸,或者将两种或多种产品和服务结合,都可以产生创业机会。

### 8. 新知识、新技术的产生

新知识和新技术的应用,必将导致原有的产品和服务更新换代,这就为有眼光和有条件的创业者提供了难得的创业机会。例如,随着互联网的普及应用,网上商店成为一个迅猛发展的创业方式。

### 9. 以我为主

充分挖掘自身资源、特长和现有条件,在自己最擅长的领域发挥到极致,超越一切对手,也不失为一种明智的选择。

## 案例分析

"牛奶奶""娃宝宝",在上海联合产权交易所项目交易库中,经常可见一件件名称诙谐的商标叫卖。这些起价5万元的商标挂牌不久,就被人买走。

这些商标的设计者都是一些刚毕业的大学生,擅长画图设计,创意新点子层出。曾设计并高价卖出一个地板商标的小黄介绍:商标买卖正成为新的致富途径,一些职业炒标手看到一个立意巧妙、读起来朗朗上口、让人过耳不忘的商标,就一掷千金买下,再转手高价出售。小黄无意做炒标者,宁愿少赚钱,做商标设计。

设计一个商标,注册等费用不超过2000元,但挂牌出卖,起码5万元。巨大的差价,让小黄的创业路走得轻松而快乐。在短短一年中,他就赚了近百万元。

(资料来源:创业加盟网)

## 4.3.2 创业机会识别的方法

### 1. 新眼光调查

注重二级调查:阅读某人的发现和出版的作品、利用互联网搜索数据、浏览寻找包含你所需要信息的报纸文章等都是二级调查的形式。

开展初级调查:通过与客户、供应商、销售商交谈,直接与这个世界互动,了解正在发生什么以及将要发生什么。

记录你的想法:瑞士最大的音像书籍公司的创始人说他就有一本记录想法的笔记本,当记录到第200个想法时,他坐下来,回顾所有的想法,然后开办了自己的公司。

## 2. 通过系统分析发现机会

实际上，绝大多数的机会都可以通过系统分析来发现。人们可以从企业的宏观环境（政治、法律、技术、人口等）和微观环境（客户、竞争对手、供应商等）的变化中发现机会。借助市场调研，从环境变化中发现机会，是机会发现的一般规律。

## 3. 通过问题分析和客户建议发现机会

问题分析从一开始就要找出个人或组织的需求以及他们所面临的问题，这些需求和问题可能很明确，也可能很含糊。一个有效并有回报的解决方法对创业者来说是识别机会的基础。这个分析需要全面了解客户的需求，以及可能用来满足这些需求的手段。

从客户那里征求想法。一个新的机会可能会由客户识别出来，因为他们知道自己究竟需要什么。由此，客户就会为创业者提供机会。客户建议多种多样，最简单的，他们会提出一些诸如"如果那样的话不是会很棒吗"这样的非正式建议，留意这些，会有助于你发现创业机会。

## 4. 通过创造获得机会

这种方法在新技术行业中最为常见，它可能始于你想要满足某些市场需求，从而积极探索相应的新技术和新知识，也可能始于一项新技术发明，进而积极探索新技术的商业价值。通过创造获得机会比其他任何方式的难度都大，风险也更高。但是，如果能够成功，其回报也更大。这种情况下所产生的创新在人类具有重大影响的创新中，居于压倒性的主导地位。

## 4.4 创业评估

一个好的创业机会意味着成功的一半。但并不是每一个创业机会都适合于创业，都能创业成功。只有科学的识别和筛选创业机会，才能为创业管理的进行奠定良好的基础。

### 4.4.1 创业机会的价值因素

不同的创业机会为创业者带来的利益大小是不一样的，即不同创业机会的价值具有差异性。为了在千变万化的市场环境中找出有价值的创业机会，创业者需要对创业机会的价值进行更为详细具体的分析。

创业机会的价值大小由创业机会的吸引力和可行性两方面因素决定。

#### 1. 创业机会的吸引力

创业机会对创业者的吸引力是指创业企业利用该创业机会可能创造的最大利益。它表明了创业企业在理想条件下充分利用该创业机会的最大极限。反映创业机会吸引力的指标主要有市场需求规模、利润率和发展潜力。

（1）市场需求规模。

市场需求规模表明创业机会当前所提供的潜在市场需求总量的大小，通常用产品销售数量或销售金额来表示。事实上，创业机会提供的市场需求总量往往由多家企业共享，特定创业企业只能拥有该市场需求规模的一部分，因此，这一指标可以由创业企业在该市场需求规模中可能达到的最大市场份额代替。尽管如此，若提供的市场需求总量规模大，则该创业机会使每家企业获得更大需求份额的可能性也大一些，该创业机会对这些创业企业的吸引力也在不同程度上更大一些。

（2）利润率。

利润率是指创业机会提供的市场需求中单位需求量可以为创业企业带来的最大利益（这里主要是指经济利益）。利润率反映了创业机会所提供的市场需求在利益方面的特性。

它和市场需求规模一起决定了创业企业当前利用该创业机会可创造的最高利益。

(3) 发展潜力。

发展潜力反映创业机会为创业企业提供的市场需求规模、利润率的发展趋势及其速度情况。发展潜力同样也是确定创业机会吸引力大小的重要依据。即使创业者当前面临的某一创业机会所提供的市场需求规模很小或利润率很低，但由于整个市场规模或利润率有迅速增大的趋势，则该创业机会对创业者来说仍可能具有相当大的吸引力。

### 2. 创业机会的可行性

创业机会的可行性是指创业者把握住创业机会并将其转化为具体利益的可能性。从特定创业者角度来讲，只具有吸引力的创业机会并不一定能成为创业企业实际上的发展良机，具有吸引力的创业机会必须同时具有强可行性才会是创业者高价值的创业机会。例如，某创业企业在准备进入数据终端处理市场时，意识到尽管该市场潜力很大（吸引力大），但企业缺乏必要的技术能力（可行性差），所以创业机会对该企业的价值不大，无法进入该市场。后来，企业吸纳了其他创业者或创业企业具备了应有的技术（此时可行性增强，创业机会价值增大），这时企业可正式进入该市场。

创业机会的可行性是由创业者（创业企业）自身条件、外部环境状况两方面决定的。

(1) 创业者（创业企业）自身条件。

创业者自身条件是能否把握住创业机会的主观决定因素。它对创业机会可行性的决定作用有三：首先，创业者是否有足够的经验和资源去把握创业机会。例如，一个具有很大吸引力的饮料产品的需求市场的出现，对主要经验为非饮料食品的创业者来说，可行性可能就会小一些，同时，一个吸引力很大的创业机会很可能会导致激烈的竞争，实力较差的创业者，可能无法参与竞争。其次，创业企业是否能够获得内部差别优势。所谓创业企业的内部差别优势，是指该创业企业比市场中其他企业拥有更优越的内部条件，通常是先进的工艺技术、先进的生产设备、产品或创业者已建立强势形象等。创业者应对自身的优势和弱点进行正确分析，了解自身的内部差别优势所在，并据此更好地弄清创业机会的可行性大小，创业企业也可以有针对性地改善自身的条件，创造出新的差别优势。最后，创业企业团队的整体能力也影响创业机会可行性的大小，针对某一创业机会，只有当创业团队成员的能力、经验构成和协作程度都与之相匹配时，该创业机会对创业者才会有较大的可行性。

(2) 外部环境状况。

创业企业的外部环境从客观上决定着创业机会对创业企业的可行性。外部环境中每个宏观、微观环境要素的变化都可能使创业机会的可行性发生很大的变化。例如，某创业企业试图进入一个吸引力很大的市场。原来的判断是：由于该市场的产品符合创业者的经营特长，并且创业企业在该产品生产方面有工艺技术和生产规模上的优势，创业企业可获得相当可观的利润。然而在很短的时间内，许多外部环境要素已发生或即将发生一些变化，随着原有的竞争对手和潜在的竞争者逐渐进入该产品市场，并采取了相应的工艺革新，该创业企业的差别优势在减弱；比该产品更低价的替代品已经开始出现，客户因此对创业企业拟推出产品的定价的接受度在下降，但降价意味着利润率的锐减；环保组织在近期的活动中已经表明该创业企业产品使用后的废弃物将被视为造成地区污染的因素之一；政府即将通过的一项关于国民经济发展的政策可能会使该产品的原材料价格上涨，这也将意味着利润率的下降。这表明，尽管创业者的自身条件即决定创业机会可行性的主观因素没变，但由于决定可行性的一些外部因素发生了重要变化，该创业机会对创业企业的可行性大为降低。同时，利润率的下降又导致了市场吸引力的下降。吸引力与可行性的减弱最终使原创业机会的价值大为减小，以至于创业企业不得不重新考虑创业项目或调整创业方案。

### 4.4.2 创业机会价值的评估

**1. 创业机会价值评估矩阵**

确定了创业机会的吸引力与可行性，就可以综合这两个方面对创业机会进行评估。按吸引力大小和可行性强弱组合可构成创业机会价值评估矩阵，如图4-3所示。

**图4-3 创业机会价值评估矩阵**

（1）区域Ⅰ为吸引力大、可行性弱的创业机会。

一般来说，该种创业机会的价值不会很大。除了少数好冒风险的创业者，一般创业者不会将主要精力放在此类创业机会上。但是，创业者可时刻注意决定创业机会可行性大小的内、外环境条件的变动情况，并做好当其可行性变大进入区域Ⅱ时迅速反应的准备。

（2）区域Ⅱ为吸引力、可行性俱佳的创业机会。

该类创业机会的价值最大。通常，此类创业机会既稀缺又不稳定。创业者的一个重要任务就是要及时、准确地发现有哪些创业机会进入或退出了该区域。该区域的创业机会是创业活动最理想的选择。

（3）区域Ⅲ为吸引力、可行性皆差的创业机会。

通常，创业者不会注意该类价值最低的创业机会。该类创业机会不大可能直接跃居到区域Ⅰ中，它们通常需经由区域Ⅰ、Ⅳ才能向区域Ⅰ转变。当然，有可能在极特殊的情况下，该区域的创业机会的可行性、吸引力突然同时大幅度增加。创业者对这种现象的发生也应有一定的准备。

（4）区域Ⅳ为吸引力小、可行性大的创业机会。

该类创业机会的风险低，获利能力也小，通常稳定型创业者、实力薄弱的创业者以该类创业机会作为其创业活动的主要目标。对该区域的创业机会，创业者应注意其市场需求规模、发展速度、利润率等方面的变化情况，以便在该类创业机会进入区域Ⅱ时可以有效地把握。

需要注意的是，该矩阵是针对特定创业企业的。同一创业机会在不同创业企业的矩阵中出现的位置是不一样的。这是因为对不同经营环境条件的创业企业，创业机会的利润率、发展潜力等影响吸引力大小的因素状况以及可行性均会有所不同。

在上述矩阵中，创业机会的吸引力与可行性大小的具体确定方法一般采用加权平均估算法。该方法对决定创业机会吸引力（或可行性）的各项因素设定权值，再对当前创业企业这些因素的具体情况确定一个分数值，最后的加权平均值即从数量上反映了该创业机会对创业企业的吸引力（或可行性）的大小。

**2. Timmons 创业商机评价模型**

美国著名的创业管理专家 J. A. Timmons 提出的创业商机评价模型是目前国际上比较流行的，风险投资者、创业者所普遍使用的创业商机评价方法，该方法总结了8大类53项指标来评价一个创业企业的表现和未来发展情况。尽管现实中成千上万的创业机会未必能与这个评价模型相契合，但这个评价模型总体看来还是比较系统的。

### 思考与分享

1. 结合自己专业所在的领域，想一想有没有新的创业机会。

2. 想到新的创业机会后，如何对其进行评估？

## 拓展阅读

### PEST 分析的变形

PEST 是进行宏观环境分析的重要方法，但有时也会用到 PEST 分析的扩展变形形式，如 SLEPT 分析、STEEPLE 分析。STEEPLE 是以下因素英文单词的缩写：社会/人口（Social/Demographic）、技术（Technological）、经济（Economic）、环境/自然（Environmental/Natural）、政治（Political）、法律（Legal）和道德（Ethical）。此外，地理因素（Geographical Factor）有时也可能会有显著影响。

### Niche Marketing——利基市场

利基市场指那些被市场中的统治者或具有绝对优势的企业忽略的某些细分市场，指企业选定一个很小的产品或服务领域，集中力量进入并成为领先者，从当地市场到全国再到全球，同时建立各种壁垒，逐渐形成持久的竞争优势。

Niche 来源于法语。法国人信奉天主教，在建造房屋时，常常在外墙上凿出一个不大的神龛，以供放圣母玛利亚，它虽然小，但边界清晰，洞里乾坤，因而后来被用来形容大市场中的缝隙市场。在英语里，它还有一个意思，即悬崖上的石缝，人们在登山时，常常需要借助这些微小的缝隙作为支点，一点点向上攀登。

20 世纪 80 年代，美国商学院的学者们开始将这一词引入市场营销领域。Niche Marketing——利基市场，是指在市场中通常被大企业所忽略的某些细分市场。利基战略，则是指企业根据自身所特有的资源优势，通过专业化经营来占领这些市场，从而最大限度地获取收益所采取的竞争战略。选择一个细分的消费群体，获得最大的边际收益。

### 德鲁克提出的创业机会七大来源

(1) 从意外情况中捕捉创新动机。
(2) 从实际和设想不一致性中捕捉创新动机。
(3) 从过程的需要中捕捉创新动机。
(4) 从行业和市场结构变化中捕捉创新动机。
(5) 从人口状况的变化中捕捉创新动机。
(6) 从观念和认识的变化中捕捉创新动机。
(7) 从新知识、新技术中捕捉创新动机。

# 项目5
# 商业模式的设计

## 导入案例

### 新零售浪潮中一家连锁便利店的梦想

小杨是某职业技术学院商学院连锁经营管理专业毕业的学生,2017年,他找到几个志同道合的朋友,开始走上了自己的创业之路。

生活家便利店(连锁分店)于2017年在商场楼下开业了,面积不大,灰黄的配色还算抢眼,其他也没什么不同,里面卖着同样的水,标着同样的价格,给人的是同样的购物体验。唯一不同的是,小杨团队一直在思考:便利店的未来在哪里?

便利店要想发展壮大,只能连锁,可是传统便利店的连锁需要大量的人力与资本,而市面上有那么多成熟的已经初具规模的便利店品牌,资本为何要选择一个普普通通的小店呢?2017年7月,淘宝首家无人便利店开业,从此拉开了国内无人零售的序幕。无人零售是不是下一个风口?2017年11月,为了寻找答案,小杨团队去了一趟重庆,参观了关于零售行业的展会。小杨也想借此机会来看看无人零售究竟是什么样的。当他参观完一圈却发现,参展的企业所提供的技术并不符合一个消费者正常的使用逻辑,例如,入门前需要注册账号才可以开门,买货品需要自己去扫描货品,一次只能放置五件货品等。这些虽然是很小的细节,但是对于消费者来说体验是十分糟糕的,他们不想一瓶水先注册账号才能购买。

参观完后,小杨团队得出结论,无人零售能做,但是现有的技术十分不符合落地运营的要求。那怎么办?自己干。不懂技术怎么办?找有技术的合作。在一个月的时间里,小杨走遍了半个中国,通过朋友介绍终于在上海找到了一个和自己有同样志向与同样想法的创业团队,他们一拍即合,共同打造全新的无人零售便利店,起名为"生活家",由上海的技术团队开发系统与技术,小杨的团队负责运营维护。

在系统开发前期,小杨的团队就按照一个用户正常进入便利店购物的方式进行设计,并且通过自己便利店的运营经验去真正优化用户体验,让便利店给人一种无感化购物的体验感。

2018年2月,生活家桃源路店正式改造完成,和其他只侧重资产的无人零售便利店不同,它在资产上的投入很少,而更注重用户体验,打破了无人零售一味追求更高更新科技、脱离用户需求的局面,通过全新的设计,基于用户体验与运营经验的结合,从传统有人零售便利店变为了一家无人零售便利店。而用户只需要像在普通便利店购物一样,进入店面，无须注册，拿取商品，进入结算通道，系统自动识别商品，屏幕立即出现总价，用户利用支付宝或微信扫码付款，就可出门，真正做到了无感化购物体验。

  这一模式迅速获得了市场的认可，在大量无人零售店倒闭的情况下，生活家桃源路店获得了傲人的销售业绩。小杨团队于同年7月开了第二家生活家无人零售便利店。小杨表示，有信心在未来将这一模式推广到更多的地方，并且会不断优化无人零售模式。

（资料来源：人人文库网）

## 知识点精讲

## 5.1　商业模式

  过去数十年，计算机和通信技术的革命性突破，使信息化、网络化、虚拟化、数字化、全球化成为知识经济时代的基本特征，全球化商业平台的构筑不仅为企业运作模式提供了革命性的新功能，还全面降低了交易成本，削弱了传统企业的业务结构，使企业商业模式由此发生了根本转变。新经济时代涌现出来的一大批明星企业，如微软、英特尔、戴尔、雅虎等，迅速崛起的主要原因就在于，它们在各自的业务领域中创造和运用了一种与众不同的新商业模式。在成功企业的示范作用下，商业模式创新已成为国内外普遍关注的焦点，商业模式被视为统领技术、品牌、资本等内部资源，推动企业发展的核心。大量企业试图谋求商业模式创新以提供差异化的产品和服务，为客户创造更多价值，尤其是在高技术产业领域，商业模式创新被赋予了比技术创新更重要的地位。那么，什么是商业模式呢？

### 5.1.1　商业模式的含义

  商业模式是一个比较新的名词，虽然它第一次出现是在20世纪50年代，但直到20世纪90年代才开始被广泛使用和传播。尽管商业模式在国内外得到了学术界和企业界的高度重视，但目前对商业模式的含义和本质尚未达成广泛的共识。莫里斯等通过对30多个商业模式定义的关键词进行内容分析，指出商业模式的定义可分为三类，即经济类、运营类、战略类。

  商业模式是企业在一定的动态环境中，为实现企业价值最大化，把能使企业运行的内外各要素整合起来，形成一个完整的、高效率的、具有独特核心竞争力的运行系统，并通过最优实现形式满足客户需求、实现客户价值，同时使系统达成持续赢利目标的整体解决方案，它包含特定企业的一系列管理理念、方式和方法。

  商业模式是企业赖以生存的灵魂，通过识别、分析、评价企业的商业模式，可以较为系统、严格、全面地对一个企业的运营健康状况和赢利能力进行整体性的考察。

  商业模式是一个企业创造价值的核心逻辑，描述了企业如何创造价值、传递价值、获取价值的基本原理。价值的内涵不仅只是创造的利润，还包括为客户、员工、合作伙伴、股东提供的价值，以及在此基础上形成的企业竞争力与持续发展力。

  创造价值就是企业提供的产品或服务为特定消费群体带来的核心价值。例如，星巴克针对的消费人群是咖啡爱好者和白领，那么，星巴克的烘焙咖啡豆的醇香就是带给咖啡爱好者的价值，免费Wi-Fi和轻松的氛围是给白领提供的价值。传递价值就是通过各种渠道让目标消费群体知道产品或服务的价值。例如，Nike赞助体育明星，蒙牛赞助"超级女声"，

999感冒灵少儿感冒药赞助"爸爸去哪儿"……通过赞助，这些品牌都成功、有效地吸引了目标消费群体的注意。

获得价值是指尽可能地从为客户创造的价值中获取最大的回报。例如，吉列（Gillette）的剃须刀不贵，但需替换的一次性刀片价格很高，拥有剃须刀的人必须持续购买特定的刀片，厂家因而从中获取了利益。

总之，商业模式是连接客户价值与企业价值的桥梁，商业模式为企业的各种利益相关者（如供应商、客户、其他合作伙伴、企业内的部门和员工等）提供了一个将各方交易活动相互链接的纽带。一个好的商业模式最终能够成为获得资本和产品市场认同的独特企业价值。企业必须选择一个适合自己的、有效的商业模式，把各种有形和无形的资源都整合其中，并且随着客观情况的变化不断对其加以创新，这样才能获得持续的竞争优势。

### 5.1.2　商业模式创新的价值

商业模式建立在对外部环境、自身的资源和能力的假设之上，不同规模的企业、不同状态的企业、不同行业的企业、不同类型的企业有着不一样的商业模式，但这些商业模式又遵守着许多共同的商业规律。因此，没有一个商业模式适用于任何企业，也没有一个商业模式永不过时。市场竞争的日趋激烈，行业内的企业对成功商业模式的相互模仿造成的"趋同"现象等，都要求企业对商业模式不断地进行创新。

2004年，美国管理协会通过开展的一项研究发现，在改变世界的全球50家企业中，生存和发展依靠商业模式创新的有31家，占62%，靠技术创新立足的有14家，另有5家创新的贡献不明。经济学人信息部2005年进行的一项调查表明，半数以上的企业高管认为，企业要获得成功，商业模式创新比产品创新和服务创新更为重要；IBM 2008年对一些企业的CEO进行的调查结果表明，几乎所有接受调查的CEO都认为其企业的商业模式需要调整，2/3以上的人认为有必要进行根本性的变革。由此可见，越来越多的企业家、CEO以及企业高管认为，商业模式创新对于企业获得成功具有非常重要的作用。

商业模式创新的商业价值，通常首先体现为收入的高速增长，并逐步过渡到利润高速增长阶段，我国很多上市企业都具有这样的特征，这些企业的收入和利润的几何增长率都创造了商业奇迹。

### 案例分析

#### 开一家"德洲汉堡"加盟店

廖文是某职业技术学院商学院市场营销专业（营销与策划方向）学生。毕业一年半以后，他和同学一起开了一家"德洲汉堡"加盟店。

廖文出身于普通家庭，他和身边的同学都特别希望通过自己的努力来改变家庭状况。其实，"开小店"这个念头，廖文在校时就已经萌发。2015年年底实习时，廖文在一家办理分期贷款的公司工作，工资除了解决自己的温饱还有些节余。毕业之后他就直接进了这家公司工作。到了2017年年底，他工作满两年，由于中途没有更换工作，比较稳定，廖文因此有了些许积蓄。此时，廖文便想着在工作之余，花些精力来做另外一份工作，进而触发了开小店的念头。众人拾柴火焰高，在行动之前，廖文向几个同学说出了开店的想法，大家一拍即合，决定一起出钱，共同谋划开一家自己的小店。

那么，开什么样的小店呢？

因为大家都是年轻人，所以想做一个自己喜欢且熟悉的领域，于是瞄准了餐饮类小店。通过调查分析，团队认为，餐饮类小店中，最受年轻人欢迎的无非就是奶茶店、炸鸡店等快餐式小店，这类小店以"方便快捷""味道好""品质佳"为吸引年轻人的主要卖点，如果在一个人流较为密集的社区附近开小店，应该会有不错的收益。

由于大家自身都没有相关的餐饮技术，因此大家考虑加盟一家知名连锁品牌餐饮店。当时在市面上比较受消费者欢迎的品牌连锁店有"益禾堂""乐多多炸鸡""德洲汉堡"等。通过深入调查，廖文团队发现，"益禾堂""乐多多炸鸡"比较成熟且在市区的店面分布较多，加盟难度大，于是决定放弃，转而将目光投向"德洲汉堡"。

瞄准目标后，他们用一周时间考察了三家"德洲汉堡"的加盟店。围绕门店选址、门店销量、产品类型、市场分布情况等内容，通过蹲点观察、亲身体验、访谈店员等方式，再结合一手资料、二手资料开展综合分析，廖文团队获得了较为丰富的信息。不久，他们便通过官方的微信公众号与"德洲汉堡"取得了联系，了解了加盟的具体流程和费用情况。

那么，如何把店铺开起来呢？

1. 选址

经过多次考察，廖文团队把地址定在了小区生活圈。

为什么选择这里？因为店面右边100米就有一所小学，左边不远处有两所中学，汉堡类食品比较受学生喜欢，每天中午12点和下午5点，都是学校放学时间，这里是学生们回家的必经之路，人流量方面不用愁。

这个店铺，面积55平方米，租金是5000元/月，转让费50000元。廖文他们看过很多店铺，在市区地段好的地方，50平方米大小的店铺要20000元/月的租金，对于廖文团队而言简直是天价了。他们把第一次创业当作学习，稳扎稳打为好。

2. 加盟

根据加盟程序，廖文团队完成了"德洲汉堡加盟计划书"，并提交给总部，总部一天就审批了下来。审批下来两天后就派指导老师来指导开店。

加盟费是五年19800元，同时，还需要另外购买设备，大约3万元，还有一小部分费用用来向品牌商购买原料。只要店铺一直开下去，品牌商的盈利也就在原料和设备这里。其实，加盟成本不多，5万元的店铺转让费都跟加盟成本相当了。在市里，很难找到无转让费的空铺，即使是一手铺面，如果是好的地带，也会加收"进场费"。

3. 制定实施方案

廖文团队把流程里面的每一个内容进行细化，形成实施方案，具体包括装修方案、开业活动方案、外卖营销方式、开店预算、利润分析等。以前在大学的专业学习期间，廖文写过很多企业真实项目的营销策划方案，对方案类的文档并不陌生，可以说是游刃有余。但是，在选址、加盟、装修、利润分析等方面，廖文团队是第一次接触，并且身边没有什么人指导，写得较为辛苦。

按照"选址—加盟—装修—开业"的流程，经过一个多月的精心筹备后，廖文团队开起了自己的"德洲汉堡"小店。

开业期间活动主要以"买赠"和"吸收会员"为主。会员只需要支付3元成为会员,即可享受折扣,而且享受范围是全国的"德洲汉堡"加盟店。

开业当天,廖文团队的五个人都在附近派发单页,进店购买的人数很多,活动持续了3天,日营业额接近4000元。

开业当月营业额不错,每天有2000~3000元,利润在50%左右。如果保持下来,大约需要两年左右就可以回本。

因为是首次创业,廖文的小店存活了八个月。闭店时,小店还处于盈利状态,并不是因为亏损而退出,因为团队成员又看好了另一位同学的创业项目,决定将精力转移,同时又找不到适合的人来经营和接盘,所以只能忍痛放弃。

（资料来源：淘豆网）

## 5.2　商业模式画布

### 5.2.1　认识商业模式画布

我们相信,在创造可持续的利润增长和创新市场和业务上,商业模式创新是用得最少但最有用的方法。但是好的商业模式不是一拍脑门就可以想出来的,更多的是通过运用科学的工具和正确的方法进行分析和拆解,多次整合优化后才得出的结果。

虽然商业模式可以用不同的工具与形式来表达,但是我们需要一种用来描述商业模式、可视化商业模式、评估商业模式以及改变商业模式的通用语言,而商业模式画布就是一个通用的描述商业活动的参考模型。那么,商业模式画布是什么呢?

商业模式画布是一组战略管理和创业工具,能够描述、设计、质疑、发现和定位商业模式。对于企业家与创业者来说,这个由四百多位实践者共同开发的设计模板非常简单易用。

一个好的商业模式,必须能够较好地回答以下四个基本问题,如表5-1所示。

表5-1　四个基本问题

| 如何提供 | 提供什么 | 为谁提供 |
| --- | --- | --- |
| 成本、收益各是多少 | | |

（1）我们能为哪些客户提供产品和（或）服务？（客户细分）

（2）我们能为客户提供什么样的产品和（或）服务？提供什么（独特的）价值？（产品或服务）

（3）我们如何为客户提供这些产品和（或）服务？（基础设施）

（4）我们能够从为客户创造的价值中获取多少利润？收入多少？成本多少？（金融能力）

### 5.2.2　商业模式画布的九大模块

上一小节的四个问题涵盖了一个商业体的四个主要部分：客户、产品和服务、基础设施以及金融能力。一个完整的商业模式画布由九大模块构成,这九大模块可以展示一家企业寻求利润的逻辑过程,如表5-2所示。

表5-2  商业画布九大模块

| 重要伙伴 | 关键业务 | 价值主张 | 客户关系 | 客户细分 |
|---|---|---|---|---|
| | 核心资源 | | 渠道通路 | |
| 成本结构 | | | 收入来源 | |

### 1. 客户细分

客户细分这一模块描绘了一个企业想要获得的和期望服务的不同目标人群或机构。客户目标群体即企业所瞄准的使用服务或购买产品的消费者群体。这些群体具有某些共性,从而使企业能够针对这些共性创造价值。定义消费者群体的过程也称为市场细分。商业模式从"为谁做"开始,先要明确:我们正在为谁创造价值?谁是我们最重要的客户?

### 2. 价值主张

价值主张这一模块描述的是企业通过其产品和服务为某一客户群体提供的独特价值。

价值主张是客户选择一家企业而放弃另一家的原因,它能够解决客户的问题或满足其需求。每一个价值主张就是一个产品和(或)服务的组合,这一组合迎合了某一客户群体的要求。从这个意义上说,价值主张就是一家企业为客户提供的利益的集合或组合。

客户定位清晰后,需要回答关于价值主张的一系列问题。我们要向客户传递怎样的价值?我们需要帮助客户解决哪一类难题?我们需要满足客户的哪些需求?面向不同的客户群体,我们应该提供什么样的产品和服务的组合?

> **案例分析**
>
> **纸尿布的"价值主张"**
>
> 第二次世界大战之后,日本的尼西奇公司把纸尿布推广到美国市场。原本尼西奇公司以为美国的年轻妈妈不习惯做家务活,讲究生活品质,希望拥有更多的闲暇时间。所以一开始,广告用语强调使用纸尿布更方便,可以省掉洗尿布的麻烦,结果该公司的纸尿布却无人问津。经过调查,原因很快弄清楚了。年轻的妈妈们说,如果我用了方便的纸尿布,邻居和家人就会小看我,认为我是一个懒人,因为我偷懒,才让孩子用纸尿布。经过研究后,尼西奇公司终于弄清楚了:母爱是天性,关爱孩子是乐趣,顾客认为纸尿布有价值的地方并不是方便,而是它可以保护婴儿的皮肤。于是,尼西奇重新调整了价值主张,这次强调"关爱":公司提高了纸尿布的吸水性,用以保护婴幼儿的皮肤。最终尼西奇公司的纸尿布赢得了市场青睐,还曾一度占据美国纸尿布市场70%的份额。
>
> (资料来源:知网)

客户在购买产品与服务的时候依赖其思维判断。客户生活在社会当中,其思维判断不但取决于其本身愿望,还受到所处环境与社会关系的影响。虽然有时客户会明确表达其需求,但有时客户需求是只可意会而不可言传的,因此在构建价值主张的时候,我们可以从客户"五色思维"的角度来分析其需求特性,特别是其内心深处的需求特性,进而推出满足客户需求的产品或服务价值,如图5-3所示。

表 5-3 从客户"五色思维"导出价值主张

| 思维 | 需求特征 | 产品或服务的价值 |
|---|---|---|
| 生命思维 | 健康 | 有利于人的身心健康发展 |
| | 尝试 | 满足客户从未感受和体验过的全新需求 |
| | 可持续 | 能源资源节约与环境友好 |
| | 低风险 | 帮助客户抑制风险也可以创造客户价值 |
| 批评思维 | 真实 | 依据事实进行判断与决策 |
| | 改变 | 不断改善产品和服务性能 |
| | 颠覆 | 对旧有模式的根本改变 |
| 设计思维 | 新颖 | 形式活泼而有力 |
| | 简单 | 外观与形式简单明快 |
| | 设计 | 产品因优秀的设计脱颖而出 |
| 经济思维 | 便利性 | 使用起来更方便,也可以创造可观的价值 |
| | 适用性 | 操作起来更简单 |
| | 回报 | 能够帮助客户获得更高回报 |
| | 价格 | 以更低的价格满足客户需求 |
| | 成本低 | 帮助客户消减成本是创造价值的重要方法 |
| | 可达性 | 让客户容易掌握、理解并可以用之来完成目标 |
| 美学思维 | 感人 | 能够让客户产生感动与共鸣 |
| | 定制化 | 以满足客户个体或细分群体的特定需求 |
| | 品牌 | 客户通过使用和显示某一特定品牌而展示身份 |
| | 自然 | 产品服务自然并让客户感觉舒适亲切 |

**3. 渠道通路**

要将一种价值主张推向市场,找到正确的渠道组合并以客户喜欢的方式与客户建立起联系显得至关重要。

渠道通路这一模块描述的是一家企业如何同它的客户群体达成沟通并建立联系,以向对方传递自身的价值主张。

与客户的交流、分销和销售渠道构成了一个企业的客户交互体系。每一个渠道都可划分为五个相互独立的阶段。每一个渠道都覆盖了其中几个或全部五个阶段。我们可以将渠道划分为直接渠道和间接渠道,或者划分为自有渠道和合作方渠道,如表 5-4 所示。

表 5-4 渠道类型

| 渠道类型 | | | 渠道阶段 | | | | |
|---|---|---|---|---|---|---|---|
| | | | 知名度 | 评价 | 购买 | 传递 | 售后 |
| 自有渠道 | 直接渠道 | 销售人员 | 我们如何扩大公司产品和服务的知名度 | 我们如何帮助客户评价我们的价值主张 | 客户如何能够购买到我们的某项产品和服务 | 我们如何向客户传递我们的价值主张 | 我们如何向客户提供售后支持渠道 |
| | | 网络销售 | | | | | |
| | | 自有商铺 | | | | | |
| 合作方渠道 | 间接渠道 | 合作方商铺 | | | | | |
| | | 批发商 | | | | | |

20世纪90年代以前，我们获得客户的唯一渠道是实体渠道，你需要到实体店铺接触销售人员。但是20世纪90年代中期开始，我们有了虚拟渠道，如网络、移动电话、云端等，面对这些渠道，你需要考虑的是如何去销售和运输你的产品。

**4. 客户关系**

客户关系模块描述的是一家企业针对某一个客户群体所建立的客户关系的类型。良好的客户关系是企业立足的根本。企业在其商业模式当中必须解决如何建立诚信的客户关系的问题。

**5. 收入来源**

收入来源这一模块代表企业从每个客户群体中获取的现金收益（须从收益中扣除成本得到利润）。

如果说客户构成了一个商业模式的心脏，那么收入来源便是该商业模式的动脉。一家企业需要自问，每个客户群体真正愿意为之买单的究竟是什么？成功地回答这个问题可以使企业在每一个客户群体中获得一两个收入来源。收入来源有以下几种方式。

（1）资产销售。

最普遍被认知的收入来源就是实物产品所有权的出售。例如，淘宝网、京东平台通过网站销售电器、服装、床上用品等商品，汽车4S店销售汽车给消费者。

（2）使用费。

这一收入来源是因对某种具体服务的使用而产生的。对该服务使用得越多，消费者支付的费用就越多。例如，电信运营商根据用户通话时间进行收费；宾馆根据客人房间使用天数进行收费；快递公司把包裹从某地投送到另一地，根据包裹的质量和运送距离向客户征收每个包裹的费用。

（3）会员费。

这种收入来源是通过向用户销售某项服务持续的使用权限来实现的。例如，一个健身厅向用户销售月卡或年卡以限定会员对健身器材的使用时限；腾讯视频的用户通过缴纳会费获得VIP视频的观看权。

（4）租赁。

这种收入来源是将某一特定资产在某一个时期专门供给某人使用并收取一定费用。对出租者而言，这种做法提供的是经常性收入。对于租赁者而言，只需要承担一定的费用而无须承担整个所有权所耗费的成本。例如，天天租车公司为客户提供以小时计算的租车服务，这种服务使许多人决定租车而不再购买汽车。

（5）许可使用费。

这种收入来源产生于向用户授予某种受保护知识产权的使用权，并向其收取许可使用费。许可使用费使资源持有者无须生产产品或进行任何商业化操作，而仅凭其对资源的所有权获得收益。在科技产业中，专利持有者将专利使用权提供给其他企业使用并收取专利使用费。

（6）经纪人佣金。

这一收入来源产生于向双方或多方提供的中介服务。例如，银行发放信用卡，对每一笔交易向商家和持卡人按交易额度的一定百分比收取费用。房产中介或房产经纪人会因每次成功地促成了一对买家和卖家的房产交易而获得佣金。

（7）广告费。

这种收入来源产生于为某种产品、服务或品牌做广告的费用。传统的传媒业和活动策划的收入很大程度上依赖于广告上的收入。近年来其他产业，如软件业和服务业，也开始更多地依赖于广告收入。

**6. 核心资源**

核心资源也称为关键资源，这个模块描述的是保证一个商业模式顺利运行所需要的最重要的资产。核心资源决定了我们能够做什么，哪些可以做，哪些不可以做。

每种商业模式都需要一些核心资源。这些资源使企业得以创造并提供价值主张，获得市场，保持与某个客户群体的客户关系并获得收益。不同类型的商业模式需要不同的核心资源。例如，一个微芯片制造商需要的是资本密集型的生产设备，而做微芯片的设计则更多地聚焦于人力资源。

核心资源可包括实物资源、金融资源、知识性资源以及人力资源。核心资源可以是自有的，也可以通过租赁获得，或者从重要合作伙伴处获得。

**7. 关键业务**

关键业务这个模块描述的是为保障其商业模式正常运行所需做的最重要的事情。

每个商业模式都有着一系列的关键业务。这些业务是一个企业成功运营所必须采取的最重要的行动。同核心资源一样，它们是企业为创造和提供价值主张、获得市场、维系客户关系以及获得收益所必需的。并且，同核心资源一样，关键业务也因不同的商业模式类型而不同。例如，对于软件供应商微软公司而言，其关键业务就是软件开发。对于个人计算机生产商戴尔（Dell）而言，其关键业务还包含供应链管理。

**8. 重要伙伴**

重要伙伴这个模块描述的是保证一个商业模式顺利运行所需要的供应商和合作伙伴网络。

有很多原因使一家企业需要构建重要伙伴关系，而重要伙伴在许多商业模式中逐渐承担起基石的作用。企业通过建立联盟来优化自身的商业模式，以降低风险或获得资源。我们将重要伙伴分为以下四种不同的类型。

（1）非竞争者之间的战略联盟；

（2）竞争者之间的战略联盟；

（3）为新业务建立合资公司；

（4）为保证可靠的供应而建立的供应商和采购商的关系。

**9. 成本结构**

成本结构描述的是运营一个商业模式所发生的最重要的成本总和。创造和传递价值、维护客户关系以及创造收益都会产生成本。在确定了核心资源、关键业务以及重要合作伙伴的情况下，成本核算就会变得相对容易，尽管有些商业模式相对于其他商业模式而言更加成本导向化。例如，所谓的廉价航空就是以低成本为核心建立了整个商业模式。

诚然，成本最小化是每个商业模式的诉求，但低成本结构在某些商业模式中会显得尤为重要。因此，可以将商业模式的成本结构宽泛地分为两个等级——成本导向型和价值导向型。

（1）成本导向型。

成本导向型的商业模式聚焦于最大限度地将成本最小化。这种方式的目标在于创造并维持极精简的成本结构，采取的是低价的价值主张、自动化生产最大化以及广泛的业务外包。例如，廉价航空（如西南航空、易捷航空）、经济型酒店（如宜家连锁酒店、七天连锁酒店）都是成本导向型商业模式的典型代表。

（2）价值导向型。

有些企业在商业模式设计中，不关注成本，而更多地关注价值创造。通常更高端的价值主张以及高度的个性化服务是价值导向型商业的特点。例如，海底捞倡导为客户提供极致服务，豪华酒店的奢华的设施及专属的服务，都属于此范畴。

## 5.3 商业模式的类型

> **案例分析**
>
> **社群电商模式探索**
>
> 　　小黄，2017 级某职业技术学院商学院电子商务专业学生。在校期间，他与好友三人共同创立了××电子商务有限责任公司。
>
> 　　网购进入了流量时代，小黄他们同时发现了社群电商的商机，在老师的鼓励下创办了自己的公司。公司主要基于大数据技术在农村经济产业中的应用，通过对海量数据进行捕捉和管理，对有意义的数据进行专业化的加工处理，结合各地方的生鲜农产品资源优势，以及各地中高职院校自身的资源和实际需求，搭建一个链接产地和消费者的平台，通过"农产品电商＋校园电商＋社区团购"等模式运营，再引入大数据技术，可实现精确到某个小区范围内的精准营销。这样既能帮助学校开展电子商务项目实训，实现职教扶贫，又能帮助本地的生鲜农产品厂家、种植/养殖户解决销售难题。
>
> 　　说干就干，几位同学在学校小范围内开始尝试运营，在几位同学的努力下，很快这一模式受到了同学们的欢迎，这让他们看到了社群电商未来的前景。
>
> 　　一个商业模式可由多种商业模式类型组成。在商业模式画布的标准格式下，我们将那些有着相似特征、相似商业模式模块设置或相似商业行为方式的商业模式归为一类，常见的商业模式类型有：长尾商业模式、多边平台商业模式、免费的商业模式和开放式的商业模式。当然，随着时间的推移，基于其他商业概念的新商业模式类型还会不断出现。
>
> （资料来源：百度文库）

### 5.3.1 长尾商业模式

**1. 长尾的定义**

　　长尾概念是由克里斯·安德森（Chris Anderson）首次提出的，是用来描述如亚马逊公司、网飞（Netflix）之类的网站的商业模式。长尾是指那些原来不受重视的销量小但种类多的产品或服务由于总量巨大，累积起来的总收益超过主流产品的现象，如图 5－1 所示。

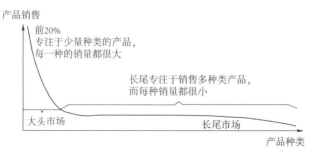

图 5－1　长尾理论

　　在互联网领域，长尾效应尤为显著。例如，在线录像租赁公司 Netflix 提供了大量小众电影的点播服务。虽然单个小众电影的出租次数相对较少，但 Netflix 的大量小众电影获得的总收益与大片租赁收益相当。再如，在线拍卖网站 eBay 的成功就是基于大量的参与者对少量的"非主流"单品的交易。

**2. 适用长尾理论的企业需要具备的特征**

（1）该企业依托于网络技术，且网络技术使企业的产品或服务的存储成本和传播流通的成本大大降低，即边际成本较低，甚至趋于零。

（2）企业的成功要建立在庞大的用户群的个性化需求的基础之上。

（3）个性化的需求定制和不断创新占据业务的主导地位。

## 5.3.2 多边平台商业模式

多边平台被经济学家称作多边市场，它是一个重要的经济现象，它们存在了相当长的时间，近些年因为信息科技的崛起而数量激增。Visa 信用卡、微软视窗操作系统、《金融时报》、谷歌及脸书（Facebook）都是成功的多边平台的例子。那么多边平台到底是什么呢？

**1. 认识多边平台**

多边平台是将两个或两个以上独立但相互依存的客户群体连接起来的平台。

这样的平台对于平台中某一群体的价值在于平台中其他客户群体的存在，它们通过充当连接这些群体的媒介而创造价值。以 Visa 信用卡为例，它们将商家与持卡人连接；微软操作系统将硬件生产商、应用程序开发商与用户连接；亚马逊将书商和读者连接起来；大众点评网将商家与用户连接在一起。这些平台的关键在于同时吸引并服务所有的群体，以创造价值。平台对于单个用户群体的价值本质上取决于平台中"另一群体"的用户数量。一个电子游戏设备之所以会吸引人购买是因为在该平台上可获得足够多的游戏。另外，游戏开发商之所以会为某一个电子游戏设备开发新游戏也是因为已经有大量的玩家在使用它。因此，多边平台经常会面临一个"先有鸡还是先有蛋"的两难困境。

多边平台解决这个问题的一种方式就是向某一个客户群体发放补贴。尽管一个平台的运营成本来自向平台中的所有群体提供的服务，但运营者经常需要决定以低廉的或免费的价值主张来吸引某一个群体加入平台，以达到吸引平台的"另一群体"用户跟随着加入平台的目的。多边平台运营者面临的一个困难就是，弄清楚多边平台的众多"边"中，哪一"边"是需要给予补贴的，如何以合适的价格吸引他们。

举一个例子，*Metro Daily*（《都市日报》）是一份免费的日报，发源于斯德哥尔摩，我们可以在全世界很多大城市里看到它。它发行于 1995 年，一开始发行就立即吸引了大量的读者，因为它是在斯德哥尔摩的地铁站和巴士站向城市上班族免费发放的，这使它很快吸引了广告商并迅速开始盈利。另一个例子就是微软，它将 Windows 的软件开发套装免费发放以鼓励与其操作系统兼容的新的应用软件的开发。大量的应用软件吸引了更多的用户使用 Windows 平台，从而增加了微软的收益。另外，索尼的 PlayStation 3 游戏机是多边平台策略失败的例子。索尼为每一台游戏机提供补贴以期获得更多的游戏版权费。这一策略的效果很不理想，因为 PlayStation 3 中游戏的售出量要低于索尼公司的预期。

因此，多边平台的运营者需要问自己几个问题：我们能够为我们平台的各个"边"的群体吸引足够数量的用户吗？哪一"边"对价格更敏感？如果对该群体施以补贴是否可以吸引到他们？另一"边"群体的加入创造的收益是否足以覆盖补贴的成本？

### 2. 谷歌的商业模式分析

谷歌商业模式的核心就是它的价值主张：在全球网络发布精准定位的文字广告。通过一项叫作关键词竞价广告（Adwords）的服务，广告商可以发布广告并将链接放进谷歌的搜索页面。当人们使用谷歌的免费搜索时，这些广告就呈现在搜索结果的旁边。谷歌要确保只有与搜索关键词相关的广告才会呈现出来。这项服务对于广告商非常有吸引力，因为它使他们得以针对搜索内容和某一特殊人群量身打造在线广告语，尽管该模式只在许多人都选择使用谷歌搜索引擎的前提下有效。越多的人用谷歌搜索，越多的广告将被呈现出来，从而能为广告商创造的价值就越大。

谷歌对广告商的价值主张是否能实现，很大程度上依赖于网站吸引的用户数量。因此，谷歌为这个消费客户群体推出了强大的搜索引擎服务和日益增多的工具，如网络邮箱（Gmail）、谷歌地图和在线照片集（Picasa）等。为了进一步拓展搜索功能，谷歌设计了一项新的服务，使谷歌广告商的广告可以在第三方网站的网页上呈现。这项服务叫作第三方内容变现服务（AdSense），即第三方在自己的网站上发布来自谷歌的广告，并从谷歌的广告收益中分得一部分。AdSense会自动地分析第三方的网站内容并为浏览者提供与内容相关的文字和图像广告。谷歌将第三方网站的价值主张定位为谷歌的第三方客户群体，并帮助他们利用自己的网站内容赚钱。

作为一个多边平台，谷歌有着非常独特的收入模式。它从广告商这一客户群体中赚钱，对于另外两个客户群体——上网浏览者和内容提供者，则给予补贴。这是合乎逻辑的，因为广告呈献给浏览者的次数越多，从广告商处赚取的收益就越多。反过来，增加的广告收入会鼓励更多的内容提供商与 AdSense 合作。广告商不会直接从谷歌购买广告位，他们在第三方网站上进行与广告关键词相关的搜索词条或搜索内容竞价。竞价通过关键词竞价拍卖服务实现：越热门的关键词，广告商竞价成功就需要付出越高的价格。谷歌从关键词竞价广告服务中获得的大量收益，使谷歌有能力持续改进搜索引擎和针对 AdSense 用户提供免费的服务。也就是说，谷歌有一个主收入来源，并用它来补贴其他的价值主张（因此，这些价值主张是免费的）。

谷歌的核心资源是搜索平台，该平台的强大之处在于三项不同的服务：网络搜索、广告以及第三方内容变现服务。这些服务的实现基于一套具有搜索和配对功能的高度复杂的专利算法，以及强大的IT硬件支持。谷歌的三个关键业务可以概括为：①建立并维护搜索引擎的基础设施；②三项主要功能的管理；③将平台推广给新用户、新的内容提供商和新的广告合作商。

## 5.3.3 免费的商业模式

在免费商业模式中，至少有一个关键的客户群体是可以持续免费地享受服务的。新的模式使免费提供服务成为可能。不付费的客户所得到的财务支持来自商业模式中另一个客户群体。

### 1. 为什么要免费

能够免费获得一些东西永远是一种极具吸引力的价值主张。任何一个营销专家或经济学家都会肯定地说，价格为0的商品产生的需求要远远高于价格为1分钱或者其他定价的商品产生的需求。近几年，免费的商品数量呈爆炸式增长，特别是在互联网上。那么问题来了，就一个体系而言，你如何做到免费提供一些东西，而最终仍然盈利呢？答案就是：一家提供免费产品或服务的企业必须从其他方面创造收益。

让免费产品和服务在商业模式中可行，有三种不同的方式，每一种都有一套不同的潜在经济逻辑，但这三种方式都有一个共同点：至少有一个客户群体会持续获得免费的商品。这三种方式是：

（1）基于多边平台的免费模式（基于广告的）；
（2）免费增值模式，免费的基本服务，可选的增值服务；
（3）诱饵模式，以一个免费或很便宜的初始价格吸引客户，并引诱客户使其进入重复购买的状态。

### 2. 基于多边平台的免费模式

这是之前讨论过的多边平台商业模式，这里不再赘述。

### 3. 免费增值模式

免费增值模式即对于基础服务部分免费，而对于增值服务部分收费。随着网络提供的数字化的商品和服务越来越多，这种模式也逐渐流行起来。

免费增值模式的特点是，大量的用户从免费的、无附加条件的服务中获益。这其中的大多数人永远也不会变成付费用户；只有其中的一小部分人，通常不到全部用户数的10%，会为增值服务付费，也就是这一小部分付费用户补贴了免费用户。这种模式之所以成为可能，原因在于向免费用户提供的服务的边际成本很低。在一个免费增值模式中，有两个关键的数字需要关注：免费用户的平均服务成本及免费用户向增值（付费）用户的转化率。

Flickr是雅虎于2005年收购的一个非常受欢迎的照片分享网站，它就是免费增值模式的一个很好的例子。Flickr的用户可以免费获得一个基本账户，他们可以在其中上传和分享照片。

免费服务有一些限制条件，如有限的存储空间以及每月可上传的图片数量有限。但只要支付少量的年费，用户就可以买到一个"专业"账户，并享受无限量的上传图片数量和存储空间，以及一些额外功能。

### 4. 诱饵模式

这一模式也被称作"剃刀和刀片"模式，其特点是起初以不贵的或者免费的价格提供有吸引力的商品，意图通过后续消费获得利润。

"剃刀和刀片"模式是因一个美国商人金·吉列（King C. Gillette）而风靡的商业模式，1904年，金·吉列首次向市场推出了可替换刀片的剃刀组合，他决定以大力度的折扣销售，甚至在顾客购买其他产品的时候免费搭送剃须刀柄，以期为他的可替换刀片创造需求。这一模式的关键在于所提供的或低价或免费的初始商品是否紧密连接后续消费品——通常是紧密连接的，企业可以从后续消费品中获取较高的收益。而且控制这种"锁定关系"对该模式的成功至关重要。通过专利阻断，吉列确保了竞争者无法以更便宜的价格提供吉列剃须刀适用的刀片。

诱饵模式在商界十分流行，并在包括喷墨打印机在内的多个行业中得到应用。如惠普、爱普生和佳能这样的生产商的典型做法就是以很低的价格销售打印机，却从墨盒的后续销售中获得较高的利润。

### 5.3.4 开放式的商业模式

开放式的商业模式适用于通过与外部合作伙伴系统地配合而创造和获取价值的企业。这种模式可以是"由外而内"地在企业内部尝试来自外部的理念,或者"由内而外"地向外部合作伙伴输出企业无用的理念或资产。

"开放式的创新"和"开放式的商业模式"是由亨利·切萨布鲁夫提出的两个术语。它们意指将企业的研发流程向外界敞开。

亨利·切萨布鲁夫主张,在一个以发散的知识为特征的世界中,组织可以通过将外部的知识、知识产权和产品整合进自身的创新流程,进而创造更大的价值并更好地利用自己的研发能力。此外,他还指出,对某家企业而言无用的产品、技术、知识和知识产权可以通过同意许可、合资或者剥离的方式提供给外部团体使用,从而实现变现。亨利·切萨布鲁夫将"由外而内"的创新和"由内而外"的创新区分开来。"由外而内"的创新发生于当组织将来自外部的理念、技术或知识产权引入自身的发展和商业流程时。"由内而外"的创新发生于当组织同意许可或出售其知识产权或技术,尤其是闲置资产时。

#### 1. 网络时代的特征

2020年第47次《中国互联网络发展状况统计报告》显示:截至2020年12月,我国网民规模达9.89亿,较2020年3月增长8540万,互联网普及率达70.4%。手机网民规模达9.86亿,较2020年3月增长8885万,网民使用手机上网的比例达99.7%,较2020年3月提升0.4个百分点。

其中,网络支付用户规模达8.54亿,较2020年3月增长8636万,占网民整体的86.4%。手机网络支付用户规模达8.53亿,较2020年3月增长8744万,占手机网民的86.5%。

报告指出,网络支付彰显出巨大发展潜力,助力我国中小企业数字化转型,推动数字经济发展。移动支付与普惠金融深度融合,通过普及化应用缩小我国东西部和城乡差距,提升金融服务可得性。

数据显示,从2011—2018年,移动支付正打破传统的"黑河—腾冲分割线",东西部金融服务可得性差距缩小15%。截至2020年12月,我国东部地区移动支付在手机网民中的使用率为86.5%,较2020年3月提升了1.1个百分点;西部地区移动支付在手机网民中的使用率为85.9%,较2020年3月提升了2.2个百分点,东西部地区移动支付使用率差距进一步缩小了1.1个百分点。

城乡差距方面,截至2020年12月,我国城镇地区移动支付在手机网民中的使用率为89.9%,较2020年3月提升了0.5个百分点;农村地区移动支付在手机网民中的使用率为79.0%,较2020年3月提升了4.2个百分点。城乡地区移动支付使用率差距缩小了3.7个百分点。

此外,报告还提及数字人民币借助移动支付技术进行了试点运行。2020年,数字人民币在深圳、苏州等多个试点城市开展红包测试,并取得阶段性成果。测试内容集中在零售支付场景,兼容条码支付、近场支付等多元化支付方式。

#### 2. 网络模式与传统模式的区别

网络销售是一种新型的、以信息技术为依托的、全过程整合的一体化销售渠道。它与传统企业的市场营销组织结构及其智能性有着相当的不同,见表5-5,在这个新经济时代,一些新的虚拟销售渠道正在被建立,某些旧的营销组织结构正在被取消或被改革之中。

## 商业模式的设计 项目5

表 5-5 网络销售与传统销售的对比

| 销售模式 | 网络模式 | 传统模式 |
|---|---|---|
| 客户群体 | 庞大（所有的网络用户） | 固定客户 |
| 成本 | 大大降低采购成本和广告成本 | 成本费用高 |
| 地域 | 无国界、无地域界限 | 受店铺店面限制 |
| 营业时间 | 全天候经营 | 一般到点关闭 |
| 沟通客户量 | 可以同时为多个客户服务 | 只能一对一服务 |

## 5.4 新商业模式的设计方法

### ■ 案例分析

#### 国内的成功模式可以复制到国外

梁天神，2014级南宁职业技术学院商学院市场营销专业毕业，2017年年初开始创业，现为广大驾校副校长、广大匠心改装俱乐部总经理。其公司经营范围包括：一级普通机动车驾驶员培训（B2/C1/C2）、汽车改装等。

独立生活，自己赚钱养活自己，这就是梁天神进入大学的第一个目标。刚开始什么都不懂，他就先从兼职做起，利用课余时间去派单、代理等。后来，他感觉兼职做得很枯燥，也没实质的挑战性，关键还不能改变现状。后来在一次兼职中，梁天神偶然看到大学生创业当老板的宣传报，心中便有了创业的想法。在校时，他便通过选修课学习了市场营销并自主学习了客户关系管理等相关知识。通过大半个学期的努力学习，梁天神对销售这一行业有了较深的了解。为了把所学知识运用到实践当中，在大二的时候，梁天神就去卖电车。因为在学习和兼职当中积累到一定的经验和资源，他上手非常顺利，从一个月卖十几台到一个月卖一百多台。那时候的他平均每个月能拿到8000元左右的薪水。

赚到人生第一桶金后，他并没有满足于现状。在不断突破自我的过程中，梁天神才发现，有想法且要另有一番作为的大学生并非自己一人。于是九位志同道合的大学生一起走上了创业的道路。2016年9月，他们与永兴驾校合作，在八个月的时间里为驾校招了6000多名学员。学习了驾校的一些经营模式并积累了一定的资金后，他们在毕业后入股广大驾校，实现了大学生创业当老板的梦想。同年，他们新开发两个广大驾校训练场，目前已经发展到五个训练场。2018年，广大驾校招生量超过16000人，广大驾校也从他们接手时只有120多辆教练车发展到拥有近400辆教练车，成为南宁数一数二的大驾校。

在"一带一路"倡议背景下，梁天神想到，他们的团队曾经到柬埔寨周边考察，发现那边的矿产资源十分丰富，但是由于当初没有相关政策出台，他们便没再继续挖掘这一产业。我国矿产和能源消耗量快速增加，尽管中国是资源大国，但多种重要矿产资源的人均占有量低。在这一契机下，他觉得可以把自己已经拥有的业务扩张延伸，"走出去"开发新的资源供应基地。加上柬埔寨人口的明显特点是年轻化，在东南亚地区柬埔寨工人的工资水平很低，这样充裕而廉价的劳动力吸引着他。团队经过反复的讨论、勘探后，便陆续购买设备、招工，2018年12月便前往柬埔寨投资广大龙威矿业有限公司，跨国项目总投资 1500 万元。2019 年 3 月，成立了匠心改装俱乐部。

（资料来源：南宁职业技术学院商学院官网）

新商业模式的设计方法：客户洞察、构思商业模式、视觉化思考和模型构建。

### 5.4.1　客户洞察

要想设计好的商业模式，必须站在客户的视角来观察商业模式，这样就有可能发现全新的机会。当然，这并不意味着客户的思维是创新的唯一起点。但我们必须强调，评估商业模式的时候一定要从客户的视角考虑。成功的创新有赖于对客户的深入理解，包括他们的生活环境、日常工作、担忧和渴望等。

苹果公司的 iPod 播放器就是一个很好的用客户洞察设计商业模式的例子。苹果公司站在客户的角度思考，认为人们实际上对数字媒体播放器并不感兴趣。他们认为，消费者想要的是能够无缝地搜索、下载和收听数字内容，这其中包括音乐。而且，消费者也愿意为这样的解决方案付费。当时，苹果公司的这种观点是很独特的。那时候盗版内容在网上盛行，大多数企业都认定没有人愿意付费购买在线数字音乐。苹果公司摒弃了这些观点，为客户创造了一种无缝的音乐体验。它将 iTunes 中的音乐媒体、iTunes 在线商店和 iPod 媒体播放器整合在了一起。凭借以这一价值主张为核心的商业模式，苹果公司很快主宰了在线数字音乐市场。

客户洞察的一个难点在于对客户透彻的理解。而商业模式的设计必须基于这种理解。在产品和服务设计领域，很多业界领先的企业都通过与社会学家一起合作来加深企业对客户的理解。这种方法也能够催生更新、更好的商业模式。

很多领先的消费品企业都会安排高管实地会见客户，与销售团队交流，或者参观店铺。在其他行业，尤其是那些重资产投资型的行业，与客户的交谈更是每天的必修课。但是，创新的真正挑战在于深入理解客户，而不是简单地去问他们要什么。

汽车工业的先驱者亨利·福特就曾经说："要是我去问客户他们想要什么，他们会说要一匹更快的马。"

另一个难点在于企业是否清楚需要关注哪些客户和忽略哪些客户。在很多情况下，能够拉动未来业务增长的那些客户往往并不是今天的"金牛"客户。因此，商业模式的创新不能仅仅聚焦现有的客户群体，必须着眼于新客户群体。很多成功的商业模式创新恰好满足了新客户未被满足的需求。

例如，英国的易捷航空公司就使很少坐飞机的中低收入客户能够坐得起飞机。Zipcar 公司使城市居民免去了在大都市养车的烦恼，客户只要支付一定的年费就可以按小时租用汽车。以上两种新商业模式正是针对传统航空业和传统汽车租赁业的边缘客户群体所设计的。

**注意：** 客户视角是商业模式设计的指导性原则。客户的观点决定了我们选择怎样的价值主张、渠道、客户关系和收益来源。

### 5.4.2　构思商业模式

画出现有的商业模式是一回事，设计出一个全新的商业模式又是另外一回事。我们需要一个创造性的流程来产生大量的商业模式创意，并且要能从中成功地识别出最佳的创意。这个创造性的流程被称为构思。当需要我们设计出可行的新商业模式时，掌握构思的艺术就显得至关重要。

商业模式创新不是要回首过去，因为通过过去的事情很少能推测出未来可能的商业模式。商业模式创新也不是去看竞争对手，因为商业模式创新不是抄袭或对照标杆，而是创造新的机制来创造价值和获取回报。或者说，商业模式创新是在挑战正统思维，设计出原创的模型，来满足那些未被满足的、新的或者隐藏在背后的客户需求。

在找到新的或更好的创意之前，你必须想出一大堆的创意，然后才能从中挑出一个可实现的短名单。因此，构思的过程有两个主要阶段：生成创意阶段，这个阶段创意的数量是重点；整合创意阶段，在这个阶段要对创意进行讨论、合并组合并从中甄选出少数可行的创意。

**注意**：可行的创意并不一定是颠覆性的商业模式，它们也可以是能通过扩展你当前商业模式的领域来提升你的竞争力的创意。

### 5.4.3 视觉化思考

#### 1. 视觉化思考的价值

对商业模式的讨论离不开视觉化思考。因为商业模式是由许多模块组成的复杂概念，而且模块之间又有复杂的关系，所以不把它画出来是很难真正地理解一个商业模式的。所以，我们可以通过图片、草图、结构图和便利贴等视觉化工具或形式来构建和讨论商业模式。

事实上，通过视觉化描述一个商业模式，可以将其中的隐含假设变成具体的信息。这将使商业模式变得很明确，也使更具体的讨论和变更成为可能。视觉化思考让商业模式变得鲜活起来，也便于人们共同创造新的商业模式。

一般来说，如果你要改进现有的商业模式，把它视觉化地描绘出来能够帮助你发掘出商业模式中的逻辑缺陷，有助于对其进行讨论。同样，如果你在设计一个全新的商业模式，那么把它画下来之后你也能更容易地添加、删除和挪动相关的图片。

#### 2. 通过便利贴来实现视觉化

在思考商业模式时应该把便利贴放在手边，因为它是一个不可或缺的工具。很多的便利贴贴在一起就成了一个创意池，你可以随意地添加或移除每个"创意"，或者在商业模式各模块之间挪动每个"创意"。

使用便利贴有三个简要的指导方针：①用粗的马克笔；②每张便利贴只写一个元素；③每张便利贴上只用很少的字来抓住关键点。用粗的马克笔可不仅仅是一个执行细节，它能避免你在单张便利贴上写过多的信息，同时也更便于你阅读和概览。

**注意**：在用便利贴呈现最终商业模式图景前的讨论过程和结果同样重要。参与者会讨论在画布上贴上哪张纸、移除哪张纸，辩论某个元素如何影响其他元素。这些讨论过程都能让参与者深入地理解该商业模式和它的动态变化过程。最终，这些便利贴不仅代表了商业模式中的某个模块，它们还引导了商业模式讨论的方向。

#### 3. 通过绘画来实现视觉化

绘画与便利贴相比能更为直接地传递信息。一张简图，即使是最简陋的素描也能使要表达的内容更加具体和易于理解。总之，绘画要比文字表述的抽象概念更容易理解。用绘画的方式来解释和沟通商业模式，比用文字更能激发具体、深入的讨论，从而促使新的商业模式创意产生。

### 5.4.4 模型构建

**1. 模型构建的价值**

模型构建是一个很有力的工具，可以用它开发出创新的商业模式。和视觉化思考一样，模型构建可以让抽象的概念具体化，有助于新创意的探索。

我们这里讲的"模型"不同于产品设计师、架构师和工程师所理解的"模型"。我们把模型看成未来潜在的商业模式，是一个可用于讨论、探究或概念验证的工具。一个商业模式模型可以是一张简单的草图，也可以是一张充分思考过的商业模式画布，或是一叠模拟新商业模式财务状况的数据表格。

要知道，商业模式模型并不一定要看起来很像实际的商业模式。相反，模型是一个帮助我们探索不同的商业模式方向的工具。如果我们增加一个客户群体将意味着什么？移除一种成本高昂的资源会有什么结果？如果我们免费供应一些东西并用其换取一些更具创新性的收入来源，那会怎么样？创造和巧妙地处理一个商业模式模型会迫使我们发现商业模式在结构、关系和逻辑方面的问题，这是仅仅通过思考和讨论发现不了的问题。为了真正理解各种可能方案的优劣势，更深层次地探究商业模式，我们需要构建多种商业模式模型以展示商业模式不同层面的细节信息。构建商业模式模型本身能激发深层次的探究，只有经过深层次的探究，我们才能真正找到一个值得优化和执行的模型。

**2. 构建不同规模的模型**

一个商业模式模型可以是一个草图、一个细节丰富的商业模式画布，或可以实地验证的商业模式。你可能会想，这和平常商业人士或企业家所画的简单的商业想法有什么不同？我们为什么还要将这个过程称为"构建模型"呢？有两个原因：第一，二者的思维模式不同；第二，简单的商业想法只为模型构建提供了框架。

## 思考与分享

1. 请简要阐述如何进行商业模式的设计。

2. 请结合自身实际情况说一说网络时代的商业模式有什么现象和特点。

## 拓展阅读

### 创业名言

以零的价格产生的需求将远远多于以低价产生的需求。

——卡蒂克·霍桑纳格（沃顿商学院教授）

长久以来，我们习惯了关起门来完成所有的事情，如今我们开始搜寻企业内部的或企业外部的任务渠道，以获得创新成果。

——雷富礼（宝洁公司前CEO）

雀巢清晰地认识到,要想实现其增长目标,就必须扩展其内部实力以建立起大量战略伙伴关系。雀巢采取了开放式创新,并与战略伙伴积极合作,共同开拓重要的新市场,抓住产品机遇。

——赫尔穆特·茂赫(雀巢公司前CEO)

# 项目6
# 创业风险管理

## 导入案例

### 核心员工辞职，亡羊补牢犹未晚

刘勃，曾就读于鲁东大学艺术设计专业和中央美术学院艺术系。2007年毕业后，被国内一家知名的装饰公司看中，担任设计师和培训老师，2010年已成为公司主力，收入也很稳定。2010年3月1日，他毅然开始了自己的创业之旅。

创业之初，适逢一家艺术学校装修，这家学校已经找了20多家公司选择设计方案，但都不满意。刘勃第一时间联系了学校，学校答复说："要是你愿意的话就过来看看吧！"他赶紧跑过去实地查看。用同行的话说，那房子很"变态"，700多平方米，本身形状就不规则，中间还密集地分布着十几根柱子，歪歪扭扭的。房型本身就是块"难啃的硬骨头"，经过反复认真测量，刘勃才获得了最精准的数字。在20多家设计公司提供的方案中，学校比较看好的一个方案是将靠窗户的一侧设计成走廊，这样每个刚走进学校的人都会觉得十分明亮，但这样一来，30多间琴房就要全部做成"暗房"。而刘勃做的设计却完全相反，他把琴房安排在靠近窗户的一侧，把走廊放在内侧，琴房与走廊之间的门可以采用磨砂玻璃，增加走廊的透光率。他给对方算了一笔账，琴房做成"暗房"，每个房间都需要开灯。如果每个房间安一盏20瓦的灯，每天8小时，30个房间一年需要1000多度电，长年累月下来电费不是个小数目。不仅站在客户的位置上去考虑问题，刘勃甚至还多管闲事，他听说学校要买一个2.5米长的前台，便找到学校负责人，分析学校能招收1000多名学生，接电话、收款、接待等，至少需要3个人，2.5米的前台太挤了，建议买3米的前台。刘勃接二连三地多管闲事，让艺术学校的负责人感叹："你比我想得还多呀！"但也正是这些"多管闲事"，让刘勃顺利拿到了这笔大业务。

企业在运营过程中，刘勃可谓是一身兼多职，作为公司的负责人，从跑项目到做设计，从选工人到施工监督都亲力亲为。随着企业逐步步入正轨，刘勃考虑找个得心应手的员工负责项目实施，而自己可以集中精力在外跑项目。刘勃从公司物色了一名较为优秀的员工李强，手把手地对他进行辅导栽培，当李强能在项目施工管理上独当一面时，刘勃便放心地将项目施工等业务交给李强打理，而自己则专门在外跑业务，争取项目。刘勃专攻客户，加上公司"主人翁式的装修责任感、管家式的装修服务"的好口碑，使公司的发展"如日中天"。此时，他的得力助手李强却提出了辞职。刘勃极力挽留无果。核心员工突然辞职，让刘勃措手不及，对于公司目前运营的业务也感到无所适从。

**1. 问题诊断**

通过案例可以看出，刘勃的个人能力很强，懂设计，又有从业经验，样样事情都亲力亲为，在工程进度上每个环节都严格把控，确保施工质量。刘勃善于开拓市场，在客户中的口碑非常好，而且也讲诚信，但是刘勃的劣势也很明显，欠缺团队建设意识，缺少相应的企业内部管理制度和员工晋升通道。

**2. 解决途径**

首先，找出"病因"。针对刘勃在创业过程中出现的问题，目前首先要解决的就是明确员工辞职的真正原因，再做改进方案。在创业指导师的指导下，刘勃开始反省以往的管理行为，一些片段在脑海中闪过：想起李强曾说他的梦想是当一名优秀的设计师；想起在安排他到现场协调工人施工时他的不悦；想起他在帮客户选材后的牢骚……这些小细节刘勃都忽略了，认为能者多劳，像李强这样优秀的员工，应该多多锻炼，为以后的发展打下基础，为此刘勃和李强之间并没有进行更多深入性的沟通。由此可见，李强辞职的真正原因是：不满意任务分工，认为琐碎的工作分散了他设计工作的时间和精力。其实刘勃的本意是好的，是把李强作为管理层人员来培养的，但是由于与员工沟通得少，因此失去了一名核心员工。

其次，改变管理方式。一是注重与员工的沟通，建立例会制度。定期组织公司聚会，举办丰富多彩的联谊活动，让员工畅所欲言，加强彼此的沟通交流。二是换位思考，尊重员工意愿，让自己站在员工的立场上考虑问题，而不是简单地以个人主观意志来决定员工的发展。三是实施高层留人战略，制定奖励办法，对工作两年以上已经成长的员工采取股份奖励、分红奖励的办法，做到长期留住员工的人和留住员工的心。

优秀稳定的创业团队是成功的一半。创业之初，选好人，选对人，组建得心应手的队伍很重要；步入正轨后，如何管理团队，如何留住好员工，尤其是核心员工则更加重要。通过以上制度的改进举措，刘勃的公司运转良好，员工也慢慢找到了企业归属感，流失率很低，公司业绩自然也大幅度提升，第二年的营业额就达到了300余万元。

（资料来源：网易）

## 知识点精讲

### 6.1 创业风险管理

#### 6.1.1 风险与创业风险

一提起风险，很多人马上和失败、亏损联系在一起。其实，这是不全面甚至是错误的看法。对于风险的理解，一般有两个角度，一个角度强调了风险表现为结果的不确定性，另一个角度则强调为损失的不确定性。前者属于广义上的风险，说明未来利润多寡的不确定性，可能是获利（正利润）、损失（负利润）或者无损失也无获利（零利润）；后者属于狭义上的风险，只能表现为损失，没有获利的可能性。

中文"风险"一词，相传起源于远古的渔民。渔民出海前都要祈求神灵保佑自己出海时能够风平浪静、满载而归。现代意义上的"风险"一词,已经大大超越了"遇到危险"的狭窄含义。无论如何定义风险一词的由来,其基本的核心含义是"未来结果的不确定性或损失"。如果采取适当的措施使破坏或损失不会出现,或者说凭借智慧的认知、理性的判断,继而采取及时有效的防范措施,那么风险可能带来机会,由此进一步延伸的意义不仅仅是规避了风险,可能还会带来比例不等的收益,有时风险越大、回报越高、机会越大。因此,如何判断风险、选择风险、规避风险继而运用风险,在风险中寻求机会创造收益,意义更加深远而重大。

创业风险是指企业在创业过程中存在的各种风险。由于创业环境的不确定性,创业机会与创业企业的复杂性,创业者、创业团队与创业投资者的能力和实力的有限性而导致的创业活动结果的不确定性,就是创业风险。

### 6.1.2 创业风险的共同特征

创业风险种类繁多,贯穿并交织于整个创业过程中,但是这些风险具有一些共同的特征。

(1) 客观性。创业本身就是一个识别风险和应付风险的过程,风险的出现是不以人的意志为转移的,所以创业风险的存在是客观的。

(2) 不确定性。由于创业所依赖和影响的因素具有不确定性,这些因素是不断变化、不断发展的,甚至是难以预料的,因此造成了创业风险的不确定性。

(3) 双重性。创业有着成功或失败的两种可能性,创业风险具有盈利或亏损的双重性。

(4) 可变性。随着影响创业因素的变化,创业风险的大小、性质和程度也会发生变化。

(5) 可识别性。根据创业风险的特征和性质,创业风险是可以被识别和划分的。

(6) 相关性。创业风险与创业者的行为紧密相连。同一风险,采取不同的对策,将会出现不同的结果。

### 6.1.3 创业风险的类型

**1. 按创业风险产生的原因划分**

按风险产生的原因进行划分,可分为主观创业风险和客观创业风险。

(1) 主观创业风险,是指在创业阶段,由于创业者的身体与心理素质等主观方面的因素导致创业失败的可能性。

(2) 客观创业风险,是指在创业阶段,由于客观因素导致创业失败的可能性,如市场的变动、政策的变化、竞争对手的出现、创业资金缺乏等。

**2. 按创业风险产生的内容划分**

按创业风险产生的内容划分,可分为技术风险、市场风险、政治风险、管理风险、生产风险和经济风险。

(1) 技术风险,是指由于技术方面的因素及其变化的不确定性而导致创业失败的可能性。

(2) 市场风险,是指由于市场情况的不确定性导致创业者或创业企业损失的可能性。

(3) 政治风险,是指由于战争、国际关系变化或有关国家政权更迭、政策改变而导致创业者或创业企业蒙受损失的可能性。

（4）管理风险，是指因创业企业管理不善而产生的风险。

（5）生产风险，是指创业企业提供的产品或服务从小批试制到大批生产的风险。

（6）经济风险，是指由于宏观经济环境发生大幅度波动或调整而使创业者或创业投资者蒙受损失的风险。

### 3. 按创业风险对资金的影响程度划分

按风险对所投入资金即创业投资的影响程度划分，可分为安全性风险、收益性风险和流动性风险。

创业投资的投资方包括专业投资者与投入自身财产的创业者。

（1）安全性风险，是指从创业投资的安全性角度来看，不仅预期实际收益有损失的可能，而且专业投资者与创业者自身投入的其他财产也可能蒙受损失，即投资方财产的安全存在危险。

（2）收益性风险，是指创业投资的投资方的资本和其他财产不会蒙受损失，但预期实际收益有损失的可能性。

（3）流动性风险，是指投资方的资本、其他财产以及预期实际收益不会蒙受损失，但资金有可能不能按期转移或支付，造成资金运营的停滞，使投资方蒙受损失的可能性。

### 4. 按创业过程划分

按创业过程划分，可分为机会的识别与评估风险、准备与撰写创业计划风险、确定并获取创业资源风险和新企业管理风险。

创业活动须经历一定的过程，一般而言，可将创业过程分为四个阶段：识别与评估机会；准备与撰写创业计划；确定并获取创业资源；新企业管理。

（1）机会的识别与评估风险，指在机会的识别与评估过程中，由于各种主客观因素，如信息获取量不足，把握不准确或推理偏误等使创业一开始就面临方向错误的风险。另外，机会风险的存在，即由于创业而放弃了原有的职业所面临的机会成本风险，也是该阶段存在的风险之一。

（2）准备与撰写创业计划风险，指创业计划的准备与撰写过程带来的风险。创业计划往往是创业投资者决定是否投资的依据，因此创业计划是否合适将对具体的创业产生影响。创业计划制定过程中各种不确定性因素与制定者自身能力的限制，也会给创业活动带来风险。

（3）确定并获取创业资源风险，指由于存在资源缺口，无法获得所需的关键资源，或即使可获得，但获得的成本较高，从而给创业活动带来一定风险。

（4）新企业管理风险，主要包括管理方式，企业文化的选取与创建，发展战略的制定和组织、技术、营销等各方面的管理中存在的风险。

### 5. 按创业与市场和技术的关系划分

按创业与市场和技术的关系划分，可分为改良型风险、杠杆型风险、跨越型风险和激进型风险。

（1）改良型风险，是指利用现有的市场、现有的技术进行创业所存在的风险。这种创业风险最低，经济回报有限，虽然风险低，但要想生存和发展，获取较高的经济回报也比较困难，一方面会遭遇已有市场竞争者的排斥或进入壁垒的限制，另一方面即便进入，想要占有一定的市场份额也非常困难。

（2）杠杆型风险，是指利用新的市场、现有的技术进行创业存在的风险。该风险稍高，对一个全球性企业来说，这种风险往往是地理上的，常见于挖掘未开辟的市场，如彩电行业，利用原有技术进入农村市场。

（3）跨越型风险，是指利用现有市场、新的技术进行创业存在的风险。该风险稍高，主要体现在创新技术的应用方面，往往反映了技术的替代，是一种较常见的情况，常见于企业的二次创业，领先者可获得一定的竞争优势，但模仿者很快就会跟上。

（4）激进型风险，是指利用新的市场、新的技术进行创业存在的风险。该风险最大，如果市场很大，可能会带来巨大的机会，对于第一个行动者而言，其优势在于竞争风险较低，但是知识产权保护力度很弱，市场需求不确定，确定产品性能有很大的风险。

**6. 按创业中技术因素、市场因素与管理因素的关系划分**

按创业中技术因素、市场因素与管理因素的关系划分，可分为技术风险、市场风险和代理风险。

代理风险，是指高级经营管理人才、组织结构以及生产管理等能否适应创业的快速增长或战胜创业企业危机阶段的动态不确定性因素的风险。

这三类风险之间相互作用，使创业企业运作的各个层面上诸多因素的不确定性更加复杂，并且在创业企业不同的发展阶段上，各因素的风险性质也将产生一定的变化。

## 6.1.4　创业风险的识别

既然创业风险是创业过程中不可避免的现象，那么直面风险并化解之，是创业过程中的重要任务。

风险识别是应对一切风险的基础，只有识别了风险才可能有化解的机会。同时风险也是一种机会，应该开拓、提高它的积极作用。

创业风险的识别是创业者依据企业活动，对创业企业面临的现实以及潜在风险运用各种方法加以判断、归类并鉴定风险性质的过程。创业者必须掌握风险识别的能力，并不断提高这种能力。

## 6.1.5　树立风险识别的基本理念

作为创业者，要正确树立识别创业风险的基本理念，应主要具备以下意识。

1. 有备无患的意识

创业风险的出现是正常的，带来一些损失也是正常的，既不能怨天尤人，也不能骄兵轻敌。关键的问题是要密切监视风险，减少损失，化解不利，甚至转化为盈利的机会。

2. 识别风险的能力

发现和识别风险，是为了防范和控制风险。如果创业者在企业发生损失之前就能够识别风险发生的可能性，那么这个风险是可以被管理的，因此，风险识别是进行风险管理的基点。

3. 未雨绸缪的观念

创业风险需要创业者通过创业活动的迹象、信息归类，认知风险产生的原因和条件，不仅要识别风险所面临的性质及可能带来的后果，更重要的（也是最困难的）是识别创业过程中各种潜在的风险，为采取有效措施提供依据。

4. 持之以恒的思想

由于创业风险伴随着整个创业过程，同时风险具有可变性和相关性的特点，所以创业者必须要做好"打持久战"的准备。风险的识别工作应该连续地、系统地进行，并成为企业一项持续性、制度化的工作。

5. 实事求是的精神

虽然风险识别是一个主观过程，但是必须遵循客观规律。风险识别是一项复杂而细致的工作，要按特定的程序、步骤，选用适当的方法逐层地分析各种现象，为企业实事求是地做出评估。

### 6.1.6 掌握风险识别的基本途径

创业风险的识别途径，重点从风险的来源上入手，即自然因素和人为因素两大方面。

1. 自然因素。

比如，地震多发区、台风多发区和炎热地区，这与企业的选址、项目有着密切关系。又如，对于许多行业来说，必须注意到影响原材料供应的矿产、能源、农产品以及交通问题。

2. 人为因素。

主要应了解一个国家或地区的政经制度、法律政策、民情民俗以及企业周边的营运环境等。

### 6.1.7 了解识别风险的方法和步骤

在风险识别之后，必须进行风险评估，这需要一定的专业知识，并根据不同性质与条件，按照一定的途径，运用一定的方法，或者借助一定的工具来实施。

1. 基本方法

一般而言，风险识别的方法包括：信息源调查法、数据对照法、资产损失分析法、环境扫描法、风险树分析法、情景分析法、风险清单法。

有能力的企业也可以自行设计识别的方法，比如专家调查法、流程图分析法、财务报表分析法、SWOT 分析法等。

2. 实施步骤

（1）信息收集。首先，要通过调查、问讯、现场考察等途径获得。其次，需要敏锐的观察和科学的分析对各类数据及现象做出处理。

（2）风险识别。根据对信息的分析结果，确定风险或潜在风险的范围。

（3）重点评估。根据量化结果，运用定量分析、定性分析、假设、模拟等方法，进行风险影响评估，预计可能发生的后果，提出选择方案。

（4）拟定计划。提出处理风险的方法和行动方案。

3. 实施中要注意的问题

（1）信息收集要全面。收集信息可以通过两个途径，一是内部积累或专人负责；二是借助外部专业机构的力量。后者可获得足够多的信息资料，有助于较全面、较好地识别面临的潜在风险。

（2）因素罗列要全面。根据企业在运营过程中可能遇到的风险，逐步找出一级风险因素，然后再进行细化，延伸到二级风险因素，再延伸到三级风险因素。例如，管理风险属于一级风险因素、管理者素质属于二级风险因素。

（3）最终分析要进行综合。既要进行定性分析，也要进行定量分析。

## 6.2 创业风险防范

市场经济的残酷决定了创业没有零风险。如果创业者试图消除所有风险，那么产品或服务就永远也无法推向市场。很多时候，你就像一个技术不熟练的司机要开始上路了，从一开始你就带着不同程度的风险开始创业了。比如，创业素质和能力不完全具备就开始创业了，本身创业资源不足就开始创业了等等。也就是说，如果创业有风险，那么创业的人——也就是你自己才是最大的风险起源点。既然我们了解了创业风险，我们就不要害怕风险，在创业前和创业中都必须对风险做出分析和判断，根据创业项目特点制定风险防范措施，把风险考虑得越周全，防范措施越扎实，创业途中的风险就越低，损失就越小，创业成功率就越高。防范和控制风险是每个创业者都必须面对的一个难题。一个优秀的创业者不会被动地承担风险，而是积极地防范和控制风险。优秀的创业者都拥有一项能力。那就是他们都能以正确的方法，运用合理的资源迅速并系统性地防范和控制风险，使自己成功的概率大为提高。

防范和控制创业风险的方法主要有分散法、转移法、降低法、自我保险法和回避法。

### 6.2.1 分散法

分散法即通过企业之间联营、多种经营以及对外投资多元化等方式分散风险。比如，对于风险较大的投资项目，企业可以与其他企业共同投资，以实现收益共享，风险共担，从而分散投资风险，避免因企业独家承担投资而产生的风险。

### 6.2.2 转移法

转移法即通过某种手段将部分或全部风险转移给他人承担的方法，包括保险转移和非保险转移。采用转移风险的方式将风险部分或全部转移给他人承担，可以大大降低企业的风险。

### 6.2.3 降低法

降低法即面对客观存在的风险，努力采取措施降低风险的方法。一是在估计创业者具有风险承担能力的基础上，通过支付一定的成本减少风险损失出现的可能性，降低损失程度；二是针对可能的各种风险建立各项管理制度来减少损失出现的可能性；三是采取应对措施增强风险主体抵御风险损失的能力。例如，企业制度决定企业命运，这句耳熟能详的话真正运用起来并不那么容易，特别是在创业初期，企业股东要么是朋友、同学，要么是亲人，所以往往碍于情面而没有事先严格制定企业制度，结果为企业日后经营管理留下了很大的隐患，仅依靠道德的力量来约束股东或经营者，注定要以失败告终。因此，创业者在创业初期，就要加强管理，建立健全企业的各种规章制度，依靠制度防范和控制各种风险。要在充分分析可能发生的风险的基础上，制定公司章程，完善法人治理结构，建立科学民主的决策机制，建立合理的激励和约束机制，建立健全财务管理、生产管理、市场营销管理、知识产权保护、人力资源管理等各项管理制度。

### 6.2.4 自我保险法

自我保险法即企业自身承担风险。比如,企业预先提留风险补偿资金,实行分期摊销,以此降低风险损失对企业正常生产经营的影响。

### 6.2.5 回避法

回避法即通过放弃或停止业务活动来回避风险源的方法。虽然潜在的或不确定的损失能就此避免,但获得利益的机会也会因此丧失。

创业的过程都是在市场经济的环境中完成的,市场经济的内容就是经济交易,有交易就有风险,风险必定是和交易活动相伴而生的,风险的大小直接决定着交易目的能否实现。

交易是使个人追求利润的活动得以实现的重要步骤,它可以满足交易双方的利益,同时交易风险的存在,也在刺激交易者的交易积极性。当人的利己心增加时,交易就会走向互惠互利的反面,通过转嫁风险,交易者可以避免自己受到损失。因此,交易风险无疑就成为创业过程中的一个核心问题。

为了确保企业交易的安全,在交易之前对交易对象进行资信调查是防范风险的重要环节。创业者可以自行或委托信用服务机构开展资信调查,以获取交易对象的真实信息,这是有效防范和控制风险的重要前提。

**1. 资信调查的途径**

根据交易对象、内容、性质以及目的的不同,资信调查的内容有所不同,信息的来源渠道也各有不同。

(1) 采集政府机构管理企业部门的各类信息,包括通过工商部门、税务部门、劳动人事部门、质量检验检疫监督管理、商务、卫生、环保、海关以及司法等部门获得的相关信息。

(2) 采集交易对象的经济和社会宣传信息,包括其在各银行等金融机构的业务信息、在新闻媒体的宣传报道和广告信息。

(3) 采集交易对象与管理综合信息,包括其经营战略、方针、组织管理机构、制度规章、产品定位、生产、创新、设备技术状况、营销技术、方法、手段、市场占有率等信息。

**2. 资信调查的方法**

(1) 利用政府管理部门及相关社会团体协会组织的网站(或采取其他方式)进行信息调查与核实,主要有工商、税务、质量检验检疫、海关、卫生、环保、劳动保障、司法、协会等部门机构。

(2) 利用宣传媒体的报道进行信息收集和核实,主要有广播、电视、报纸、杂志、行业内参、相关出版物(书籍)、户外广告等。

(3) 利用企业参与的市场经营活动进行信息收集与核实,主要有各种展示展销活动及相关印刷品介绍等。

(4) 与相关服务机构合作进行信息收集与核实,主要有金融机构、信用管理服务机构、担保机构以及信息咨询等各类中介服务机构等。

(5) 与企业正面接触,直接在现场进行资信调查。

(6) 与企业非正面接触,对该企业邻近住家、地区管理者、该企业的客户进行侧面调查。

**3. 资信调查实地访谈工作步骤**

（1）初步收集、整理、核对被调查对象的相关资料；

（2）制定实地调查访谈提纲，准备好各类调查报表资料；

（3）重点约定实际经营者为访谈对象，妥善安排调查时间、空间；

（4）根据访谈提纲，力求全面调查所确定的信息；

（5）通过相关渠道查证核实征信信息；

（6）全面整理分析，完成资信调查报告。

**4. 资信调查报告**

根据不同需要，资信调查报告有多种类型，主要包括以下几种。

（1）注册报告。其主要内容包括：企业注册资料、股东及出资情况。主要提供企业的注册及股东信息，判断企业的合法性，了解企业概貌，适用于小额贸易和初次合作。

（2）标准报告。标准报告在注册报告的基础上，重点对股东及管理层的背景、销售经营情况、信用记录、一年财务报表及财务比率分析，以及综合以上因素对企业进行的信用评级。

其作用是帮助创业者全面了解企业的经营管理情况，分析其偿债盈利能力，适用于为客户确定结算方式和信用额度，同时也是对供应商和竞争对手进行基本调查分析的良好途径。

（3）深度报告。深度报告是在标准报告的基础上，详细记录企业的发展历史，着重对企业经营管理层个人信誉的调查，强调企业生产、销售情况，提供连续三年的财务报表及财务比率分析，同时辅以不同角度的行业资料，从经营管理、经济实力、经营效益、发展前景等方面对企业进行综合评价。

其作用是帮助创业者全面了解企业的生产、经营、管理情况，可作为扩大业务、赢得客户或争取银行贷款的重要参考依据，也适用于大型投资项目可行性分析和企业重大经营活动的决策参考。

**5. 企业信用风险**

企业信用风险是指在以信用关系为纽带的交易过程中，交易一方不能履行给付承诺而给另一方造成损失的可能性，其最主要的表现是企业的客户到期不付货款或者到期没有能力付款。企业最大的、最长远的财富是客户，然而企业最大的风险也来自客户。很多企业由于应收账款回收不力，轻则造成流动资金紧张，重则造成大笔坏账损失，甚至经营困难。

信用风险产生的原因不外乎内部和外部两方面原因，外部原因包括：交易双方产生的贸易纠纷；交易伙伴客户经营管理不善，无力偿还到期债务；交易对象有意占用企业资金；交易对象蓄意欺诈。

内部原因包括：所掌握交易对象的信息不全面、不真实；对交易对象的信用状况没有准确判断；对交易对象信用状况的变化缺乏了解；财务部门与销售部门缺少有效的沟通；企业内部人员与交易对象相互勾结；没有正确地选择结算方式和结算条件；企业内部资金和项目审批不严格；对应收账款监控不严；对拖欠账款缺少有效的追讨手段；企业缺少科学的信用管理制度。

在当今买方市场的氛围下，市场竞争日益白热化，企业始终面临着这样的两难困境：一方面，必须不断扩张信用以扩大市场份额；另一方面，又必须最大限度地减少坏账以减小成本，提高盈利能力。解决这个难题的关键是借鉴国内外成熟经验，在企业中建立起有效的信用管理系统，解决好客户选择、授信政策和授信额度以及应收账款管理等各方面问题，从而实现扩大销售和降低成本的预期目标。

可见，信用风险防范是指通过制定信用政策，指导和协调各机构业务活动，对从客户资信调查、付款方式的选择、信用限额的确定到款项回收等环节实行全面的监督和控制，以保障应收款项的安全及时回收。

（1）制定合理的信用政策。

创业者要有效保护自身的利益，必须制定切实可行的信用政策。首先，要确定适当信用标准，谨慎选择客户。其次，要制定和完善信用政策，包括现金折扣政策、确定信用期限、实行信用额度制度等。

（2）加强应收账款的日常管理。

第一，要在内部合理分工、明确职责；第二，要强化对赊销业务的授权和控制；第三，要建立应收账款坏账准备制度，及时进行赊销业务的账务处理；第四，要落实责任制；第五，要加强收账管理。

（3）建立信用报告制度。

企业应定期召开不同层次的信用报告会议，相互沟通，以便及时掌握情况，将信用风险降至最低。

（4）实行资金融通，加速应收账款的变现。

企业为尽早回笼资金，可将未到期的应收账款向银行或其他融资公司抵借或出售。

（5）开展债务重组，盘活资金。

有时，客户会出现资金周转困难或经营陷入困境的状况，致使发生财务困难，在此情况下，如果企业对客户采取立即求偿的措施，那么有可能对客户造成较大的困难，使客户永久无法摆脱债务，企业遭受坏账损失，特别是对于双方有长期合作关系的客户，企业的损失将更大。因此，当客户发生暂时财务困难时，双方应寻求以重组方式来清偿债务。

## 6.3 新企业危机管理

企业在生产经营中面临着多种危机，并且无论哪种危机发生，都有可能给企业带来致命的打击。对于企业来说，危机管理迫在眉睫，它不再局限于处理突发性事件，注重挖掘企业管理的深层次原因日渐成为企业管理必不可少的组成部分。那么，新企业如何进行科学的危机管理呢？法国管理学家费尧曾说，管理不是一个点，而是一条线，是相互联系的运动过程。危机管理也是这样，它的过程是消除企业危机因素的系列活动，主要包括三个阶段，即危机预防、危机处理、危机总结。

### 6.3.1 危机预防

危机管理的重点就在于危机预防，而不在于危机处理。出色的危机预防管理不仅能预测可能发生的危机情境，积极采取预控措施，而且能为可能发生的危机做好准备，拟好计划，从而自如应付危机。危机的预防措施主要有以下几种。

**1. 树立强烈的危机意识**

危机管理的理念就是居安思危、未雨绸缪。在企业经营形势不好的时候，人们容易看到企业存在的危机，但在企业如日中天的时候，居安思危则并非易事，然而危机往往会在不经意的时候到来。所以，企业进行危机管理首先应树立一种"危机"理念，营造一种"危机"氛围，使企业经营者和所有员工面对激烈的市场竞争，充满危机感，理解企业有危机，产品有危机。用危机理念来激发员工的忧患意识和奋斗精神，不断拼搏、不断改革和创新、不断追求更高的目标。

### 2. 引入危机管理框架结构

以前人们总是在危机发生时建立一个危机管理小组来协调和控制危机及其产生的影响，但这种小组是临时组建的，不具备行使一些特定任务所必备的各种技能，同时用来挑选小组成员也要花费大量时间。因此，我们可以尝试建立危机管理组织结构框架，它主要由三部分组成，第一部分是信息系统，第二部分是决策系统，第三部分是运作系统。

（1）信息系统。

信息系统主要负责对外工作，由信息整合部、信息对外交流部和咨询管理部组成。信息整合部对外派出信息侦察兵来收集信息，并对所收集的信息进行整理和评估鉴定；信息对外交流部负责应付公众、媒体、利益团体和危机之外的人；咨询管理部主要负责分析危机的影响和危机管理造成大众及相关利益集团对企业组织的看法，并提出改善的建议，把一些重要的信息及时向企业高层报告。

（2）决策系统。

决策系统由危机管理者统率，负责处理危机的全面工作，他必须有足够的权威进行决策，一般由首席危机管理者，如公司的经营决策层担任，也可由中级或基层管理者担任，但是这时必须由高级决策层授予其较大的权限。

（3）运作系统。

运作系统由部门联络部和实战部组成，其中部门联络部负责联络企业内部受危机影响的部门与不受影响的部门，是正常经营地区与受危机影响地区的联系纽带，而实战部则负责将危机管理者的策略计划翻译成实战的反应策略和计划，并通过专业知识来实施这些计划。这种危机管理框架结构，不管应付何种类型、规模与性质的危机，都清楚地限定了每个部门的工作和目标。将组织内部的信息沟通和提供给外部团体的信息分开，减少了误解和对抗，降低了对企业信誉所造成的影响。

### 3. 建立危机预警系统

危机预警系统就是运用一定的科学技术方法和手段，对企业生产经营过程中的变数进行分析及在可能发生危机的警源上设置警情指标，及时捕捉警讯，随时对企业的运行状态进行监测，对危害自身生存、发展的问题进行事先预测和分析，以达到防止和控制危机爆发的目的。

危机预警系统主要包括以下几方面内容：一是危机监测，指对可能引起危机的各种因素和危机的表象进行严密的监测，搜集有关企业危机发生的信息，及时掌握企业危机变化的第一手材料。二是危机预测和预报，指对监测得到的信息进行鉴别、分类和分析，使其更有条理、更突出地反映危机的变化，对未来可能发生的危机类型及其危害程度做出估计，并在必要时发出危机警报。危机监测与预测是相辅相成的，它们是企业进行危机预控和处理危机的基础与依据，其中最重要的是收集和整理信息，选择适宜的方法做出判断，以赢得危机处理的时间。三是危机预控，指企业应针对引发企业危机的可能性因素，采取应对措施和制定各种危机预案，以有效地避免危机的发生或尽量使危机的损失降低到最小。

## 6.3.2 危机处理

危机预防管理只能使危机爆发次数或程度降到最低值，而无法阻止所有危机的到来，那么企业面临危机时应如何应对呢？企业可以从以下几方面来应对危机。

（1）以最快的速度启动危机处理计划，如果初期反应滞后，将会造成危机的蔓延和扩大。当然不能照本宣科，由于危机的产生具有突变性和紧迫性，任何防范措施都无法做到万无一失，因此应针对具体问题，随时修正和完善危机处理对策。

（2）应把公众的利益放在首位。要想取得长远利益，企业从危机爆发到危机化解应更多地关注客户的利益而不仅仅是企业的短期利益，拿出实际行动表明企业解决危机的诚意，尽量为受到危机影响的公众弥补损失，这样有利于维护企业的形象。

（3）开辟高效的信息传播渠道。危机发生后，应尽快调查事情原因，弄清真相，尽可能地把完整情况告知新闻媒体，避免公众的各种无端猜疑。诚心诚意才是企业面对危机最好的策略。企业应掌握宣传报道的主动权，通过召开新闻发布会以及使用互联网、电话、传真等形式向公众告知危机发生的具体情况，企业目前和未来的应对措施等内容，信息应具体、准确，随时接受媒体和有关公众的访问，以低姿态、富有同情心和亲和力的态度来表达歉意、表明立场。

（4）选择适当的危机处理策略，如危机中止策略、危机隔离策略、危机排除策略、危机利用策略。

危机隔离策略。危机的发生往往具有连锁效应，一种危机爆发常常引发另一危机，为此，企业在发生危机时，应设法把危机的负面影响隔离在最小范围内，避免殃及其他非相关生产经营部门。

危机中止策略就是要根据危机发展趋势，主动承担危机造成的损失，如停止销售，收回产品，关闭有关工厂、部门等。

危机排除策略。需要企业根据既定的危机处理措施，迅速有效地消除危机带来的负面影响。要善于利用正面材料，冲淡危机的负面影响，如通过新闻界传达企业对危机后果的关切、采取的措施等，并随时接受媒体的访问。

危机利用策略。这一策略是变"危机"为"生机"的重要一环，越是在危机时刻，越能昭示出一个优秀企业的整体素质和综合实力。只要采取诚实、坦率、负责的态度，就有可能将危机化为生机。处理得当，就会收到坏事变好事的效果。

（5）充分发挥公证或权威性的机构对解决危机的作用。利用权威机构在公众心目中的良好形象，处理危机时，最好邀请公证机构或权威人士辅助调查，以赢取公众的信任，这能够对企业危机的处理起到决定性的作用。例如，雀巢公司的"奶粉风波"恶化后，成立了一个由10人组成的专门小组，监督该公司执行世界卫生组织规定的情况，小组成员中有著名医学家、教授、大众领袖乃至国际政策专家，此举大大提升了雀巢公司在公众心中的可信性。

## 6.3.3 危机总结

危机总结是危机管理的最后一个重要环节，它对制定新一轮的危机预防措施有着重要的参考价值，所以，应对危机管理进行认真而系统的总结。

### 1. 调查分析

对引发危机的成因、预防和处理措施的执行情况进行系统的调查分析。

### 2. 评价

对危机管理工作进行全面的评价,包括对预警系统的组织和工作程序、危机处理计划、危机决策等各方面的评价,要详尽地列出危机管理工作中存在的各种问题。

### 3. 修正

对危机涉及的各种问题综合归类,分别提出修正措施,改进企业的经营管理工作,并责成有关部门逐项落实,完善危机管理内容,并以此教育员工,警示同行。

### 4. 前瞻

危机并不等同于企业失败,危机中往往孕育着转机。企业应将危机产生的沉重压力转化为强大的动力,驱使自己不断谋求技术、市场、管理和组织制度等一系列创新,最终实现腾飞与发展。

大学生创业者要认真分析自己在创业过程中可能会遇到的风险,这些风险中哪些是可以控制的,哪些是不可以控制的,哪些是需要极力避免的,哪些是致命的或不可管理的。一旦这些风险出现,应该如何应对和化解。特别需要注意的是,一定要了解最大的风险是什么,最大的损失可能有多少,自己是否有能力承担并渡过难关。

## 6.4　大学生创业面临的风险

### 6.4.1　创业初期的主要风险

初次涉足商海的人到处都找不到项目,觉得自己创业晚了,好像什么发财机会都让别人占了;而已经做了几年生意的人则处处看到赚钱机会,只恨自己精力不济、财力有限做不开。这两者的差异根本上在于对市场了解的深度,只要仔细去了解市场、调查市场、研究市场,不愁没有创业的机会,所谓"处处留心皆商机"。大学生创业者在选择项目时,应该注意以下几点。

#### 1. 不要大量借贷投资

普通大众大多是小本投资,由于经济相对比较拮据,又希望用手中这点钱能赚钱,在投资过程中只能赢,不能输。因此,在开始投资时,要根据自身的情况量力而行,不能借贷太多。因为大量借贷风险大,创业的心理压力大,极不利于创业者能力的正常发挥。

#### 2. 不要盲目去做热门生意

在创业初期,很多人由于不熟悉市场,往往是跟着感觉走,而不考虑自身情况,看到别人做什么生意赚钱了,盲目仿效跟风,因为市场供过于求或不适合做这个项目,常常血本无归。因此,在投资时要学会钻空子、找冷门,做到"人无我有"。

#### 3. 起步不要贪大求全

有的人刚投资创业时,由于心中没底,见别人开公司办企业很赚钱,心就痒痒,总想一口吃个大胖子,到头来很有可能吃大亏。因此,对于手中没有较多资金又无经营经验的投资者,不妨先从小生意做起。小生意虽然发展慢,但用不着为亏本担惊受怕,还能积累做生意的经验,为下一步做大生意打下基础。以较少的资本做小生意,先了解市场,等待时机成熟，再大量投入做大生意，是很多小本投资者的经验之谈。

#### 4. 学门技术稳当赚钱

交一些学费，学一门专业技术，也不失为一种稳当的投资方式。21世纪是知识经济时代，要想跟上时代步伐，就必须重视智力投资，结合自身情况学好一门手艺，就不愁找不到赚钱的路子。

#### 5. 不要轻信致富广告

现在，一些吹嘘"投资少，见效快、回报高"等能一夜暴富的广告铺天盖地。其实，投资的利润率一般处于一个上下波动但相对稳定的水平。投资项目的利润有高低，但不会高得离谱。因此，投资者在选择项目时，最好先到当地技术部门、工商部门进行咨询。

#### 6. 选择遗忘的"角落"

小本投资者由于势单力薄，经不起市场竞争的大风大浪。因此，在选择投资项目时就应审时度势，既不要向市场强大的对手挑战，也不要白费精力紧随其后。要选择别人不愿意干或尚未顾及的那部分市场，采取补缺填空策略。这样既可以开发属于自己有利可图的"角落"市场，又能最大限度地避免与强手直接较量。但是，必须做好三方面的工作：一是要善于把握市场和紧跟市场；二是要善于在市场上捕捉商机；三是要善于创造新市场。背靠"大树"好乘凉，小本投资者选择依附大企业，走"寄生型"发展之路，也不失为一条回避风险的良策。

#### 7. 集中优势联手协作

小本投资由于规模小实力弱，不可能四面出击，收到规模效益。通过几个小投资者联手，集中优势攻入目标市场，力争在一个小小的领域里形成相对优势，创出自己的特色，从而使势力得到发展壮大。

当然，这种联合应当做到以下几点：一是集中优势，每个合作者都将自己的优势贡献出来，形成一个统一的核心优势；二是相互信任，坦诚相待，效益共享，风险共担；三是不必长期联合，有机会则聚，任务完成则散，协作对象不固定，通过合作获利来壮大各自的实力。

### 6.4.2 创业团队风险

在创业阶段，企业的人力资源储备以及团队协作都是核心问题，运营管理中最大的风险就是团队协作之间的风险。

既然是创业团队协作就不得不考虑一些禁忌问题。经过研究，我们发现企业团队协作如果能规避如下九大禁忌，就可以避免很多不确定的风险。

#### 1. 要聚焦，而不要分散

所谓聚焦就不只是注意，而且是排除干扰。

在立项的时候，不要主次不分，要在事件上聚焦，在解决问题的特定时候聚焦。不仅在自己工作的时候聚焦，更需要在开会协调的时候聚焦。

每次开会都要有前期准备，直至达成既定成果。设定会议商讨机制，提出所商议的问题并在会议中必须有一个结果。时间周期的设定与考量、工作内容规划与落实、会议沟通的议题，由执行团队制定，并由内部会议讨论。

把要讨论的内容聚焦，相关议题在开始之前就罗列出来，通常议题均须至少提前三天进行公示，让每个人都有时间充分考虑所涉及的各方面因素与内容。

与会的决策人不单纯是一个表决器，而且需要为以后的一切相关执行亮绿灯，提供便利条件。力求将达成一致的东西形成文字，并确定下次会面商谈的时间、地点和议题，让沟通更有连续性。

简单地说，开会有开会的约法三章，事情没有解决就不能停下来。对形成结论的东西允许申辩，允许反复讨论，甚至推倒重来，但不能议而不决。

### 2. 注重全局性与战略性，不要因小失大

这需要在方向性上与委托人达成共识，决策要充分尊重执行者的意见。因为执行者所面对的困难、所承受的压力是决策制定者难以想象的。

所以在特定项目上，执行团队拥有无可争辩的话语权，特别是在目标设定、关键环节的技术性把握方面，执行者的意见都需要得到优先尊重。

### 3. 在推进的时候，不要求全责备

只有在推进的过程中，才会发现自己所做的事情不仅不完美，甚至可谓千疮百孔、体无完肤。总是会有一些自己事先没考虑到的因素阻碍前进，所以如果希望在万事俱备的时候再去推进，那么那仅有的一点东风也会消失，并让自己前功尽弃，精心进行的前期准备也会毁于一旦。

阻碍一件事情成功的因素已经太多了，如果在内部再自行设定门槛，那么内斗将耗费巨大的精力，这无异于自杀。只有在自己能掌控节奏的事情上积极推进，才能尽量把主动权掌握在自己手中。

在做取舍的时候，可多问自己一些自己冲动的强烈程度的问题。不要在如下这些层面上的事情上有所混淆：应该（Should）、需要（Need）、必须（Must）、不得不（Have to）、愿意（Will）。不同层级的迫切程度自然有所不同，所以在企业成员之间制定目标、方案和关键节点的任务管理的时候，更重要的是工作内容与层级的划分。

### 4. 在利益面前不要执行双重标准

其实每个人都有双重标准的倾向性。从别人那里算计利益的时候，总是倾向于多算并先行支付；而自己需要给别人出让利益的时候，却是倾向于少算，而且拖延支付时间。

趋利避害是人的本能，不是劣根性。解决方法是换位思考，多从对方的利益角度考虑，在利益面前多为别人考虑。

### 5. 不要在成本上划分彼此

所有成本都是共同担当的，所以推卸责任是让彼此疏远的行为。

### 6. 不要把预期利益模糊化，而要把目标与预期目标的实现周期清晰化

需要有数量上的描述，有关键的时间节点，有承担主要责任的人，有负责执行与冲锋的团队。

利益是必须放在明面上说的，所涉及的主要因素包括：争取的目标，达成的结果，在其中取得的合理份额，支付和分配的时间与比例，提前支取会导致哪些方面的损失，如不提前支取，共同面临的问题应如何解决。

### 7. 在协作的时候，不要紧盯伙伴的短板，要善于发现并发挥其所长

把人用错了地方，不仅是对对方的浪费，更是为自己埋下隐患。只有把人用在能发挥其最大价值之处，才是人力资源方面最为有效的投资。

### 8. 不要逃避争吵

没有任何两个人是完全志同道合的，更多的是求同存异。为了实现自身的利益而隐忍，隐而不发的害处更大，不发的忧患往往更值得恐惧。只有把所有的事情、所有的不悦都放在

桌面上，透明、公开，矛盾才不会成为定时炸弹。

其实很多矛盾都源自误解，但误解不表达出来，就永远是误解，而且积重难返，到再试图补救的时候已经是危险的倒计时，无法回头了。

有意见不藏着掖着，也是给对方一个申辩与澄清的机会，于自己是得到缓解，于对方是给予宽容谅解，共同塑造一个坦率面对的环境。

## 案例分析

### 联想集团创造中国的国际品牌

联想集团是目前中国最大的信息企业，亚洲第二大计算机生产厂商，其属下联想集团有限公司（以下简称联想公司）于1994年在香港联交所上市，经过近7年的时间，取得了令人瞩目的业绩，公司股票市值以每年30%～40%的速度增长，成为香港证券市场发展最快，也最受香港经济实业界看重的内地企业之一。此外，联想公司在探索国有民营企业产权改制方面也敢为人先，率先推出管理者享有部分产权的改革方案。在新世纪之初，联想公司如何面对未来？中国加入世贸后所带来的机遇和挑战又是什么？媒体记者带着投资者关注的问题，采访了联想公司董事主席兼总裁柳传志。

1. 新世纪的十年战略规划

采访的话题自然首先切入"新世纪的打算"这个适时的主题。显然，柳总早有准备，他说，如果以十年为长期目标，联想希望成为一个国际品牌公司。公司做到最高层次就是能够在国际上形成自己的品牌。在21世纪的最初十年里，我们有条件也有信心实现这个目标。

成为国际品牌公司当然不是轻而易举的事，联想准备做些什么呢？柳总介绍说，早在创业之初，联想就立下要成为国际品牌公司的远大目标。为了实现这个目标，联想准备分三步走去。第一步是集中精力做好国内市场，首先使联想成为国内的著名品牌。这个目标在20世纪的短短几年里已经达到。第二步，在进入21世纪时，公司要努力做到规模设计和规模生产，这是计算机企业跻身国际市场必备的条件。第三步就是要真正创出为国际市场所认可的中国国际品牌。这就是联想力争在新世纪的头十年中实现的宏观战略计划。

谈到公司近期的发展计划时，柳总说，联想将集中精力经营以互联网为中心的两大业务领域。一个是互联网产品领域，包括入端和局端产品，使之形成一个全方位的计算机产品。另一个是信息服务领域，即资讯科技方面的业务。要力争在2～3年内，即到2003年形成联想公司自己的以互联网为中心的业务体系。

2. 充分利用国际资本，早日接受市场历练

投资者关心的另一个问题是，联想为什么要选择在香港上市？柳总介绍说，选择在香港上市是同联想的长远目标分不开的。我们要创造国际品牌，就必须从一开始就按照国际市场的要求规范自己，这就是与国际接轨的重要步骤。联想在香港上市后，需按国际通行的审计标准定期公布业绩报告，接受投资者的监督。香港已经形成了完善的、为国际市场所认可的监管制度。联想刻意将自己置身于这样的环境之中，就是要早日接受国际市场的历练。

公司在香港上市的另一个原因，是可以充分利用香港证券市场资本运作的机制，给公司创造更加灵活的发展空间。比如，1999年6月，联想出售了8%的股权换取了10亿元

现金，用这笔资金建立了联想研究所和两个生产基地，还为中国科学院提供了一笔科研管理基金。而国内证券市场暂时不能做到这点，企业的发展受到了一定的制约。

3. 面对入世挑战，联想早已胸有成竹

面对中国加入WTO后给联想带来的新挑战，柳总早已胸有成竹，他说，中国计算机业早在几年前就已经接受这种挑战的考验了。1991年中国大幅度降低计算机进口关税，并取消了计算机进口批文的限制，结果是外国产品如潮水般涌进。当时联想公司规模尚小，自然竞争不过。从那时起，可以说中国计算机业就已不再受关税的保护，开始经受激烈竞争的洗礼了。中国入关后，国产计算机更是同外国公司完全站在了同一条跑道上。中国企业在管理上有特殊优势，外国公司的优势则在核心技术方面，如何把核心技术集成产品，并满足中国市场需求，是中国企业的优势。中国企业对中国市场自然比外国企业了解得更多、更深刻，比较容易设计更符合国人需求，价格更适合国人消费水平的产品。所以，中国加入WTO对中国计算机业来说，机遇多于挑战。

4. 国有民营企业股权制改革的先驱

众所周知，联想在国有民营企业的产权改制上走在了前列，率先迈出了艰难而又关键的一步，当时受到海内外的广泛关注。如今，这产权改制的第一步究竟走得怎么样呢？柳总肯定了产权改制的成功。

他说，1984年中国科学院投资20万元创建了联想集团，下面成立了两个公司，一家是中科院的联想控股公司，另一家是联想有限公司。1993年公司进行产权改制，公司领导层享有35%的分红权，在这35%的股权中再分出35%给最初的创业者，20%给170位一般的创业者，45%留给公司的后来人。当时，这种做法被看成是国有民营企业在产权制度上的改革试点。柳总强调，对于中国公司来说，产权明晰，是企业发展的必要条件。特别是一个高科技企业要想站稳脚跟并获得发展，是要投入千般辛苦，承担万种风险的，没有利益关系的激励很难维持长久。实践已经证明，联想的产权改制开创了国有民营企业改制的先河。今天，产权改制这个既新又老的话题已经摆上了一批高科技企业的议事日程，联想的创业实践，无疑会给这些后来者提供一些可以借鉴的经验。

面对充满朝气，一开始就把自己放在高层次上来要求中国企业的创业者们，记者不无感慨，联想创业者们有勇气把公司推向国际舞台，并准备在这个舞台上大展身手，同国际计算机业巨子一搏高低。谁能怀疑他们会在不远的将来，使中国国产品牌立于世界名牌之林呢？

（资料来源：道客巴巴）

## 思考与分享

1. 请访谈学校中的创业者或创业团队，了解他们在创业过程中遇到的风险和应对策略。

2. 新企业应该如何处理危机？请简要说明方法。

## 项目6 创业风险管理

### 拓展阅读

创业要找最合适的人，不一定要找最成功的人。

——马云

给自己留了后路，相当于是劝自己不要全力以赴。

——王石

对所有创业者来说，永远告诉自己一句话：从创业的第一天起，你每天要面对的是困难和失败，而不是成功。我最困难的时候还没有到，但有一天一定会到。

——马云

我觉得真的是不缺钱，想法也满天都是。中国缺的是有一个想法，并且能够持之以恒把这个想法不断坚持做下去的人。

——马云

# 项目7
# 创业融资

## 导入案例

### 小米的融资过程

2018年7月,小米集团在香港证券交易所正式挂牌上市。据雷军透露,早期的第一笔风险投资为500万美元,其回报高达866倍。

2010年4月6日,在中关村银谷大厦一间很小的办公室里,一家名叫小米的小公司静悄悄地开业了,公司当时只有13名员工。当时,国际上有苹果和三星,国内有华为和联想,每一个都是可望而不可即的庞然大物。小米这样一个10多人的小公司,初期毫无硬件行业经验,全凭无畏的勇气和大胆的创新,用了不到三年的时间,就出人意料地在行业中名列前茅。小米成了全球排名靠前的智能手机厂商,通过生态链产品改变了100多个行业,全面推动了商业效率的提升,进入全球数十个国家和地区,建起了全球性的消费物联网平台。

资金的支持是小米成长的基础。在寻求融资的过程中,小米也在探索实践新的商业模式——与用户做朋友,实现商业价值与用户价值最大限度的统一。小米证明了靠锐意创新的勇气、持之以恒的勤奋、踏踏实实的厚道就能够成功的道理。

自2010年成立以来,小米进行了7轮融资,获得了12位投资人总额约409.56亿元人民币的融资。现梳理如下:

A轮——日期为2011年7月1日,融得资金4100万美元,投资方:创始团队、晨兴资本、启明创投。

B轮——日期为2011年12月1日,融得资金9000万美元,投资方:晨兴资本、启明创投、IDG。

C轮——日期为2012年6月1日,融得资金2.16亿美元,投资方未公布。

D轮——日期为2013年9月12日,融得资金1亿美元及以上,投资方:All-Stars、DST、GIC、厚朴投资、云峰基金等。

E轮——日期为2014年12月29日,融得资金11亿美元,投资方未公布。

战略投资——日期为2014年12月29日,金额和投资方未公布。

IPO上市——日期为2018年7月9日,金额为370亿港元,投资方未公布。

(资料来源:搜狐网)

## 知识点精讲

# 7.1 创业融资概述

### 7.1.1 创业融资的概念

创业融资是指创业企业根据自身发展的要求，结合生产经营、资金需求等现状，通过科学的分析和决策，借助企业内部或外部的资金来源渠道和方式，筹集生产经营和发展所需资金的行为和过程。

从狭义上讲，融资是一个企业筹集资金的行为与过程，是企业依据自身的生产经营状况、资金拥有状况以及未来经营发展的需要，通过科学的预测和决策，采用一定的方式，从一定的渠道向企业的投资者和债权人去筹集资金，组织资金的供应，以保证企业正常生产需要、经营管理活动需要的理财行为。

从广义上讲，融资也叫金融，也就是货币资金的融通，它不仅包括资金的融入，也包括资金的运用，即包括狭义金融和投资两个方面。

### 7.1.2 创业融资的重要性

对创业者来说，创业融资具有非常重要的意义，主要表现在以下四个方面。

（1）创业融资是创业者及时抓住创业机会的重要手段。很多大学生也认为"缺乏启动资金"是创业最大的障碍。

（2）创业融资是创业企业生存发展的基础。如果把企业比喻成一辆汽车，那么资金就是使企业这辆汽车开动起来的汽油。资金不仅是企业生产经营过程的起点，更是企业生存与发展的基础。企业资金链断裂很可能导致企业破产。

（3）合理融资有利于降低创业风险。创业企业使用的资金，是从各种渠道借来的，都有一定的资金成本。因此，合理选择融资渠道和融资方式，有利于降低资金成本，将创业企业的财务风险控制在一定范围之内。

（4）科学的融资决策有利于企业的可持续发展，为创业企业植入"健康的基因"，保证企业的健康持续发展。

### 7.1.3 创业融资的过程

（1）做好融资前的准备。在市场经济条件下，个人诚信是无形资产，它能有效拓展获取各种资源的渠道。此外，创业者需要广泛搭建人脉，与现实和潜在的资金提供者建立和发展良好的融资关系。

（2）计算创业所需资金。在筹集资金之前，要运用科学的方法测算出创业所需的资金量。

（3）编写创业计划书。编写好创业计划书不仅有助于企业通盘考虑创业启动阶段所需的资金量，还具有帮助其获得风险投资支持的不可替代的作用。

（4）选择合适的融资方式与融资渠道。

### 7.1.4 创业融资难的原因

（1）不确定性。根据清华大学中国创业研究中心 GEM（全球创业观察）项目的研究成果，市场变化大是我国创业环境的重要特征。市场变化大，一方面意味着有更多的创业机会，另一方面则意味着创业活动本身面临非常大的不确定性，因而创业过程中存在诸多风险。

（2）信息不对称。一般而言，创业者比投资者对市场创业项目、自身能力、创新水平与市场前景更加了解，处于信息优势地位。与创业者相比，投资者则处于信息劣势地位。银行借贷说到底是为了逃避风险，而风险的根源就是信息不对称。

## 7.2 创业所需资金的测算

正确测算创业所需资金有利于确定筹资数额，降低资金成本。在测算创业所需资金之前，先要了解创业资金的分类。

### 7.2.1 创业资金的分类

按照资金投入企业的时间可将创业资金分为投资资金和营运资金。

#### 1. 投资资金

投资资金发生在企业开业之前，是企业在筹办期间发生各种支出所需要的资金。投资资金包括企业在筹建期间为取得原材料、库存商品等流动资产投入的流动资金；购建房屋、建筑物、机器设备等固定资产，购买专利权、商标权、版权等无形资产投入的非流动资金；在筹建期间发生的人员工资、办公费、培训费、差旅费、印刷费、注册登记费、营业执照费、市场调查费、咨询费和技术资料费等开办费用所需资金。

#### 2. 营运资金

营运资金是从企业开始经营之日起到企业能够做到资金收支平衡为止的期间内，企业发生各种支出所需要的资金，是投资者在开业后需要继续向企业追加投入的资金。企业从开始经营到能够做到资金收支平衡为止的期间称为营运前期。营运前期投入的资金一般主要是流动资金，既包括投资在流动资产上的资金，也包括用于日常费用性支出所需的资金。

创业企业开办之初，企业的产品或服务很难在短期内得到客户的认同，企业的市场份额较小且不稳定，企业难以在开业之时就形成一定规模的销售额；而且，在商业信用极其发达的今天，很多企业会采用商业信用的方式开展销售和采购业务。赊销业务的存在，使企业实现的销售收入的一部分无法在当期收到现金，从而现金流入并不像预测的销售收入一样多。规模较小且不稳定的销售额，以及赊销导致的应收款项的存在，使销售过程中形成的现金流入在企业开业后相当长的一段时间内无法满足企业日常的生产经营需要，从而要求创业者追加对企业的投资，形成大量的营运资金。

营运前期的时间跨度因企业的性质而不同，一般来说，贸易类企业可能会短于一个月；制造类企业则包括从开始生产之日到销售收入到账这段时间，可能要持续几个月甚至几年；不同的服务类企业其营运前期的时间有所不同，可能会短于一年，也可能会长于一年。

在很多行业，营运资金的需求要远远大于投资资金的需求。创业者正确认识营运资金的重要性，有利于充分估计创业所需资金的数量，从而及时、足额筹集资金。

### 7.2.2　投资资金的测算

为了保证对创业投资资金进行准确的估算，创业者需要具备丰富的企业管理经验，需要充分了解市场行情。为了较为准确地估算出自己所需的创业投资资金，创业者需要分类列表，越详细越好。一个可靠的办法就是集思广益，想出创业企业所需要的一切，从有形的商品（如场地、库存、设备和固定设施）到专业的服务（如装潢、广告和法律事务等），分门别类，然后就可以开始逐项测算创业启动所需要支付的费用了，其范围包括新企业开业之前固定资产的投入、流动资金以及开办费用等。

### 7.2.3　营运资金的测算

广义的营运资金又称总营运资本，是指一个企业投放在流动资产上的资金，具体包括现金、有价证券、应收账款、存货等占用的资金；狭义的营运资金是指某时点内企业的流动资产与流动负债的差额。营运资金通常在一个运营周期内就可以收回，可以通过短期资金解决，创业者一般至少要准备企业开办初期6个月所需的营运资金。营运资金的测算步骤如下。

第一步：测算新企业的营业收入。

测算营业收入是制订财务计划、编制预计财务报表的基础，新企业无既往销售业绩可供参照，创业者只能依据市场调查、销售人员综合意见、专家咨询，甚至同类创业企业的销售量等，来预测月度、季度乃至年度的销售量，再根据定价估算出营业收入。

第二步：编制预计利润表。

利润表又称为损益表，是反映企业在一定时期内经营成果的会计动态报表。其编制依据是"收入－费用＝利润"。预计利润表中的"收入"来源于营销策略中对销售收入的估计；"营业成本"是指企业对所销售商品或者所提供劳务的成本的估算；"财务费用"来源于融资计划中负债资金的筹集金额及其利率；"销售费用"来源于营销策划中对于营销费用的估算；"管理费用"来源于费用预算。

第三步：编制预计资产负债表。

资产负债表也称财务状况表，是反映企业在一定时期内全部资产、负债和所有者权益的财务报表，是企业经营活动的静态体现。

资产负债表根据"资产＝负债＋所有者权益"这一会计等式，依照一定的分类标准和要求编制而成，是一种重要的财务报表。其最重要的功用在于确切地反映了企业的营运状况和企业需要外部融资的数额。

## 7.3　创业融资的方式

### 7.3.1　内部融资和外部融资

内部融资是指企业依靠其内部积累进行的融资，具体包括三种方式：资本金、折旧基金转化为重置投资和留存收益转化为新增资本。内部融资具有原始性、主动性、低成本性和抗风险性等特点。

外部融资是指企业通过一定方式从外部融入的资金，包括银行借款、发行债券、融资租赁、商业信用等负债融资方式，以及吸收直接投资、发行股票等权益融资方式。外部融资具有高效性、灵活性、大量性和集中性等特点。

### 7.3.2　直接融资和间接融资

直接融资是指资金供求双方直接融通资金的方式，是资金盈余单位在金融市场购买资金短缺单位发行的有价证券，如商业汇票、债券和股票等。另外，政府拨款、占用其他企业资金、民间借贷和内部集资也属于直接融资的范畴。直接融资具有直接性、长期性、不可逆性（股票融资无须还本）和流通性（股票和债券）等特点。

间接融资是指企业通过金融中介机构间接向资金供给者融通资金的方式。它由金融机构充当信用媒介来实现资金在盈余单位和短缺单位之间的流动，具体的交易媒介包括货币和银行存款及银行汇票等。另外，"融资租赁""票据贴现"也属于间接融资。间接融资具有间接性、集中性、安全性和周期性等特点。

### 7.3.3　股权融资和债权融资

股权融资包括创业者自己出资、争取国家财政投资、与其他企业合资、吸引投资基金投资及公开向市场募集发行股票等。创业者自己出资是股权融资的最初阶段，发行股票是股权融资的最高阶段。股权融资的特点在于引入资金无须偿还引入的资金，不需要支付利息且不必按期还本，但需按企业的经营状况支付红利。当企业引入新股东时，企业的股东构成和股权结构将会发生变化。

债权融资包括向政府、银行、亲友、民间借贷和向社会发行债券等。向亲友借贷是债权融资的最初阶段，发行债券是债权融资的最高阶段。债权融资的特点是融资企业必须根据借款协议按期归还本金并定期支付利息，债权融资一般不影响企业的股东及股权结构。

## 7.4　创业融资的渠道

融资渠道即企业筹措资金的方向和通道，体现了资金的来源。对于创业者来说，能否快速、高效地筹集资金，是创业企业能否站稳脚跟的关键，更是能否实现二次创业的动力。目前国内创业者的融资通道较为单一，主要是依靠银行等金融机构。而实际上，私人资本融资、机构融资、政府的创业扶持基金、风险投资和创业板上市融资等都是不错的创业融资的渠道。

### 7.4.1　私人资本融资

私人资本融资包括自我融资、亲朋好友融资和天使投资。

**1. 自我融资**

自我融资是指创业者将自己的部分甚至全部积蓄投入新企业创办之中。研究发现，70%的创业者依靠自己的资金为新企业提供融资。个人资金具有使用成本低、得来容易和使用时间长的优势。其他投资者在提供资金支持时，也会考虑创业者个人投入资金的情况。

**2. 亲朋好友融资**

亲戚朋友一般是创业者理想的贷款人，许多成功的创业者在创业初期都借用过亲戚朋友的资金。

### 3. 天使投资

天使投资是自由投资者或非正式风险投资机构对处于构思状态的原创项目或小型创业企业进行的一次性前期投资。天使投资虽是风险投资的一种,但两者有着较大差别:天使投资是一种非组织化的创业投资形式,其资金来源大多是民间资本,而非专业的风险投资者;天使投资的门槛较低,有时即便是一个创业构思,只要有发展潜力,就能获得资金。而风险投资一般对那些尚未诞生或嗷嗷待哺的"婴儿"兴趣不大。

在风险投资领域,"天使"这个词指的是企业家的第一批投资者,这些投资者在企业产品和业务成型之前就把资金投进来。天使投资人通常是初创企业家的朋友、亲戚或商业伙伴,由于他们对该企业家的能力和创意深信不疑,因而愿意在业务远未开展之时就投入大笔资金。

天使投资具有以下特征。

(1) 天使投资的金额一般较小,而且是一次性投入,它对企业风险的审查也不严格,更多是基于投资者的主观判断或者是由个人的好恶所决定的。通常天使投资是由一个人投资的,并且见好就收,是个体或者小型的商业行为。

(2) 很多天使投资人本身就是企业家,了解创业者面对的难处,是创业企业的最佳融资对象。例如,在硅谷,相当多的天使投资人是那些成功创业的企业家、创业投资者或者大公司的高层管理者,他们不仅拥有一定的财富,而且有经营理财或者技术方面的特长,对市场、技术有敏锐的洞察力。

(3) 天使投资人不但可以带来资金,而且能带来关系网络。如果他们是知名人士,还可提高公司的信誉。天使投资往往是一种参与性投资,也称为增值型投资。

一般来说,一个企业从初创期到稳定成长期,需要三轮投资。第一轮投资大多是来自个人的天使投资,以之作为公司的启动资金;第二轮投资往往会有风险投资机构进入,为产品的市场化注入资金;而最后一轮投资则基本是上市前的融资,来自大型风险投资机构或私募基金。

牛根生在伊利期间因定制包装制品而与谢秋旭成为好友。当牛根生自立门户之时,谢秋旭作为一个印刷商人,慷慨地掏出现金注入初创期的蒙牛,并将其中的大部分股权以"谢氏信托"的方式"无偿"赠予蒙牛的管理层、雇员及其他受益人,而不参与蒙牛的任何管理和发展规划。最终谢秋旭也收获不菲,380 万元的投入变成了 10 亿元。

## 7.4.2　机构融资

(1) 商业银行贷款。在我国,中国工商银行、中国农业银行、中国银行、中国建设银行、中国交通银行等国有商业银行,中国光大银行、民生银行、招商银行、深圳发展银行、上海浦东发展银行等股份制商业银行是创业者获得银行贷款的重要来源。

商业银行主要提供短期贷款,但也提供中长期贷款和抵押贷款。

(2) 担保机构融资。担保机构融资是指企业根据合同约定,由依法设立的担保机构以保证的方式为债务人提供担保,在债务人不能依约偿还债务时,由担保机构承担合同约定的偿还责任,从而保障银行债权实现的一种金融支持方式。担保机构主要解决中小企业融资难的问题。

### 7.4.3 政府的创业扶持基金

由政府主导的创业扶持基金不但能为企业带来现金流，更是企业壮大无形资产的利器。政府提供的创业扶持基金通常被称为创业者的"免费皇粮"。近年来，政府充分意识到创业对促进经济增长、扩大就业容量和推动技术创新有着非常重要的作用，为此，各级政府相继设立了一些政府基金，对创业予以支持，主要包括科技创新基金、政府创业基金、专项基金等。

政府提供的创业基金通常被所有创业者高度关注，其优势在于利用政府资金不用担心投资方的信用问题；而且，政府的投资一般是免费的，进而降低或免除了创业者的筹资成本。但申请创业扶持基金有严格的申报要求；同时，政府每年的投入有限，创业者须面对其他创业者的竞争。

### 7.4.4 风险投资

"风险投资"（Venture Capital，VC），是指投资者在创业企业发展初期投入风险资本，待其发育相对成熟后，通过市场退出机制将所投入的资本由股权形态转化为资金形态，以收回投资，取得高额风险收益。

由于高新技术企业与传统企业相比更具备快速成长的潜力，所以风险投资往往把高新技术产业作为主要投资对象。在美国，70%以上的创业资本投资于高新技术领域，解决了高新技术产业化过程中的"瓶颈"问题。

1946年，美国波士顿联邦储备银行行长弗兰德斯和哈佛大学教授多里奥特发起成立世界上第一家真正意义上的风险投资公司——美国研究与发展公司（American Research & Development，ARD）。它是首家专门投资于流动性差的新企业证券的公开募股公司。它的诞生是世界风险投资发展的里程碑。

ARD最著名的投资是1957年向数字设备公司的投资，ARD为数字设备公司提供了7万美元的风险资本和3万美元的贷款。到1971年，这笔投资已经增值到3亿多美元。

### 7.4.5 创业板上市融资

创业板是指交易所主板市场以外的另一个证券市场，其主要是为新企业提供集资途径，助其发展和扩展业务。创业板市场最大的特点就是进入门槛低，运作要求严，这有助于有潜力的中小企业获得融资机会。

创业融资不仅是一个技术问题，还是一个社会问题，创业者应从建立个人信用、积累社会资本、写好创业计划书、测算不同阶段的资金需求量等方面做好准备。突破创业融资束缚，可以提升整体创业的成功率，这需要政府、社会、高校等协调配合，形成合力，为创业融资乃至整个创业进程"保驾护航"。

#### 思考与分享

1. 请阐述创业融资的方式。

2. 我们可以通过何种渠道进行创业融资？

## 拓展阅读

### 打动投资者的7种方法

投资者每周要约见多少个创业者？

创业者也需要像其他人一样参加面试，只不过他们的面试对象不是企业的雇主，而是投资者。在面对投资者提问的时候，你必须给出正确的或是投资者所期待的答案。

投资者来自各行各业，有着自己独特的偏好，你必须针对每一位投资者来调整你的应对方法，这样你才能够让他们对你和你的创业企业产生兴趣。然而，投资者也有一些共性，如果你能够了解这些共性，并且找到应对之策，那么你就能够提高融资的成功率，为企业发展获得资金，将企业带到另一个高度。以下7种方式能够帮助你打动这些投资者。

1. 向投资者展示清晰的利润

投资者为你提供资金并不是单纯的因为他们喜欢你的愿景（虽然愿景是他们为你提供投资的前提之一），他们投资的目的是希望能够通过对你进行投资而获取额外的利益。让你未来的利润看上去很有前景，这是打动投资者最好的办法。你必须要用非常职业而又令人愉悦的方式来展示你的预期利润。

2. 向投资者展示增长空间

投资者喜欢稳定、生命周期长，而且拥有大量客户的市场，因此你应该向他们展示你的企业价值，以及这个价值的增长空间。你应该向他们解释你的产品会得到多少客户，以及现有客户的品牌忠诚度。投资者想要看到他们的钱不会打水漂，而是会为他们继续创造价值，因此你要让他们相信，投资你的企业之后，你能够帮助他们获得回报。

3. 拥有清晰的业务模式

投资者喜欢他们也能够进行参与的东西，因此拥有一个清晰、可复制的业务模式，能够让他们对你更感兴趣。在最理想的状况下，你的业务模式应该能够轻松地进行扩张，而且你还要向他们尽可能地讲解细节，这样做的好处是你可以让他们看到你的增长点，而且让他们认识到你有一个不错的计划，也知道该如何将这个计划变成现实。

4. 向他们讲解你想要解决的问题

一家成功的企业应该拥有一个清晰的愿景，以及他们的产品或服务想要解决的具体问题。这个问题应该会困扰着许多人，如果这个问题并不常见或是并不棘手，这意味着这家企业的客户规模也很难做大。但是无论你的目标市场规模是大还是小，你都应该向投资者详细讲解你想要解决的问题，并且拿出一个切实可行的产品来解决这个问题。

5. 向投资者证明你与其他竞争对手有所不同

如果你的业务中有一部分是你独家所有的东西，这就是应对竞争最优的办法，因为没有人能够复制你，你是无可替代的。专利、商标和版权都可以。但是对于小企业来说，商标和版权也许并不重要，因为在投资者看来，商标和版权没有专利那么吸引人。如果你没有独家的东西，你也可以提出一个非常有创新性的观点或愿景。

6. 向投资者证明你有最好的团队

在衡量一家创业企业的时候，投资者往往会将这家企业的团队考量在内，他们希望看到一个充满激情、能力，而且愿意付出一切的团队。因此你不仅要雇用最好的员工，还要让投资者接触你的员工，向他们证明与你并肩战斗的，是一个最优秀的团队。毕竟，即使是一个在纸面上看上去非常优秀的创意，如果执行的人不够优秀，这个创意也会轻易失败。

7. 向投资者证明你与客户有着紧密的联系

拥有回头客是一家企业能够获得成功的标志之一。除此之外，与客户有着紧密的联系，在投资者看来，也是一家值得投资的企业的标志之一。你应该努力与你的客户建立起一种积极的关系，然后将这种关系展现给你的潜在投资者，告诉他们你拥有忠实的客户，他们会一直支持你的企业或品牌。没有多少投资者愿意把钱投给一家把自己和客户隔绝的企业。

每个投资者都有着自己的性格和喜好，所以他们每个人在寻找值得投资企业时，都会有不同的侧重点。因此，你应该在见投资者之前做足功课，了解对方，找到打动他们为你的企业提供投资的最好办法。然而，虽然每个投资者都有所不同，但是所有投资者都无法拒绝以上几点。以上这7种方式能够帮助你在投资者面前展现企业的价值和增长空间。想要获得投资，打动投资者，让他们记得你是谁是一项非常重要的工作。

（资料来源：创业邦）

# 项目8
# 创业计划书的撰写

## 导入案例

### 拓宽思维方式 助力资源探索

黄某,男,浙江乐清人,××职业技术学院机电工程学院2011届应用电子技术专业毕业生,一鸣真鲜奶吧加盟商,目前在绍兴拥有4家店,2014年主营业务收入500余万元,员工人数25人。

黄某是一位90后,接触过他的人都说,在他身上能感受到温州人特有的气质,那种"敢为人先、特别能吃苦、特别能创业"的精神。正如某人所说,在温州人的血脉里,创业就是基因、就是传承、就是生命里不可或缺的图腾。他从一进学校开始,就迈出了自己坚定的创业步伐,网上卖过环保旅游洗漱套装、摆地摊卖过软陶挂件、杭州大学城推销过一卡通、入驻学校创业中心开办过眼镜店,可谓一路艰辛但走得坚强有力,到2013年他正式加盟浙江一鸣食品股份有限公司,在绍兴高校内开办了第一家一鸣真鲜奶吧。从此,黄某走上了"牛人"的道路,也与"一鸣"这个温州品牌结下了深厚情缘。

大学,寻梦的摇篮。2008年9月,黄某带着创业的梦想进入大学,开始了他的寻梦之旅。

大一时,他就毅然选择加入了系学生会实践部,"我喜欢与人打交道,我想有更多接触社会的机会,我想锻炼我自己",这几句朴素的语言,是很多学生在选择加入学生组织时最纯真的动机。在两年的在校学习中他默默努力,奋力前行,拉赞助、谈合作,这些都为他日后创业积累了宝贵的经验。

"我想改变命运,所以我必须创业,我渴望成功。"2009年,他开始了自己第一份真正意义上的创业,申请入驻学校大学生创业园,开展环保旅游洗漱套装的网上营销。2010年9月,他代表学校以"环保旅游洗漱套装推广项目"参加市第一届大学生创业创意项目比赛并获得二等奖,得到市委市政府赞助金额7000元。这次成功,也让他进一步坚定了自己的创业信念,点燃了他的创业激情。

社会,追梦的熔炉。2011年7月,他踏出了校门,当身边大部分同学还在努力寻找一份稳定的工作时,他却说服了自己的父母,毅然选择了自己的"创业梦",和一群小伙伴们踏上了去杭州的创业旅程,到下沙大学城发行一种集吃喝玩乐于一体的优惠卡,虽然这期间很辛苦,结果还是以失败告终,但这并没有影响到他的创业"初心",他反而越挫越勇。

在杭州创业的日子里，他无意间发现了一种饰品——软陶挂件。这种饰品在杭州大学生中很流行，但在绍兴却鲜为人知。他意识到这就是一种商机，很快他就从失败的阴影中走了出来，转而又回到绍兴，这个他梦开始的地方，一边卖饰品，一边继续推广"优惠卡"。慢慢地凭着自己坚强的毅力，敏锐的商业嗅觉，他打开了绍兴的市场，积累了创业的原始资本。

在社会上摸爬滚打一年多后，随着社会阅历的不断增加，朋友圈的不断扩大，2012年，他再次选择回到母校，在老师们的关心和帮助下，他借用学校大学生创业园的资源开展自主创业，同年他在学校大学生创业园还开办了校内第一家眼镜店，并承接了快递、车票购买等多项业务，他的创业人生也在经历了风雨后迈出了坚实的一步。

一鸣惊人，圆梦的归宿。2012年年底，虽然他在经历了一年半的努力后，月收入已过万，在当时很多人眼里他已是"创业明星"，但他却清醒地认识到目前的情况并不是他理想的创业状态。用他自己的话说，革命尚未成功，还要去寻找最适合自己创业的领域。就在他苦苦寻找创业项目的时候，一个偶然的机会，他接触到了"一鸣真鲜奶吧"，这在当时的绍兴也还鲜为人知。但他敏锐的商业嗅觉，再次告诉他机会来了。2013年上半年，足足半年时间，他考察企业，走访加盟店，最后他坚定了自己作为一个温州人要与这个"温州品牌"合作的决心。

在他百折不挠的努力下，2013年9月，他的第一家"一鸣真鲜奶吧"正式开业。2014年6月，昌安店开业，同年10月，袍江店开业。2015年11月，又有一家新店开业。短短两年的时间，他一跃成为绍兴"一鸣真鲜奶吧"界的新贵，大学生自主创业的明星。回首他的创业经历，正是温州人"敢为人先"的精神成就了他，成就了他的"牛人"事业。

黄某的创业过程也并非一帆风顺，特别是在创业初期，随时会遭受各种风险。他遭遇的第一个问题就是资金风险，资金风险在创业初期会一直伴随在创业者的身边，是否有足够的资金创办企业是创业者遇到的第一个问题，公司创办起来后，就必须考虑是否有足够的资金支持企业的日常运作。对于初创企业来说，如果连续几个月入不敷出或者因为其他原因导致公司的现金流中断，都会给企业带来极大的威胁。相当多的初创公司会在创办初期因资金紧缺而严重影响业务的拓展，甚至错失商机，而不得不关门大吉。遇到的第二个问题就是管理的风险，创业失败，基本上是管理方面出了问题，其中包括：决策随意、信息不通、理念不清、患得患失、用人不当、忽视创新、急功近利、盲目跟风、意志薄弱等。特别是大学生创业者由于知识单一、经验不足、资金实力和心理素质明显不足，更会增加管理方面的风险。第三个问题就是市场的风险，工厂的客户大多是经销商，利润低，而且诚信度偏低，优质客户少，销售渠道狭窄，导致有订单却没钱赚。

在开始创业投资前，要制订一个很好的创业计划。创业计划里要针对自己，针对市场做一个周密的分析，知道自己适合做什么，整理有哪些可以利用的社会关系；评估资金如何运转；再了解市场的需求以及同行业中创业成功或失败的案例。你只有准备充分了，才能以最快的速度赚到钱。黄某正是在不断的经验积累中对市场进行分析，合理利用资金，完善人脉，最终化解了一次次的风险，走向成功的。

（资料来源：豆丁网）

# 知识点精讲

## 8.1 创业计划书概述

### 8.1.1 创业计划书含义

创业计划书,又称商业计划书,最初出现在美国,当时被当作从私人投资者和风险投资者那里获取资金的一种手段。这些投资者会成为公司的股东之一,并提供保证金。在目前以及将来的国内外投融资市场上,不管面对何种类型的投资者,创业计划书已经成为针对各类潜在投资者而一开始就需要准备的一项最重要的书面材料。

创业计划书是公司、企业或项目单位、创业团队为了达到招商融资和以其他发展目标,在经过前期对项目科学地调研、分析、搜集与整理有关资料的基础上,根据一定的格式和内容的具体要求而编辑整理的一个向投资者全面展示公司及项目目前状况、未来发展潜力的书面材料。它包括企业融资、企业战略规划与执行等一切经营活动的蓝图与指南,是企业的行动纲领和执行方案,其目的在于为投资者提供一份创业的项目介绍,向他们展现创业的潜力和价值,并说服他们对项目进行投资。

### 8.1.2 创业计划书的作用

**1. 创业计划书是实现创业构想的指南**

创业计划书是创业者根据已知数据和在此基础上的科学分析做出的对创业过程的总体选择,体现了创业者对创业构想的能动性选择。

"凡事预则立,不预则废。"创业计划书无论是对于新创企业、创业团队还是已经形成规模的企业来说,都具有现实的指导意义。在一项新业务起步的时候,会面临大量繁杂的工作与各种各样的问题,一份科学而完备的创业计划书应该对构想进行科学的分析与安排,让你知道你的设想能否实现、到底能从这个项目中获得多少回报、其市场有多大、会有什么损失与风险、风险的防范是否可行等。它犹如一部功能超强的计算机,帮助创业者记录许多创业的内容、创业的构想。在客观环境与预先判断相吻合的前提下,创业计划书具有指南作用,可以让创业者排除不确定因素的干扰,按计划实现创业构想。

**2. 创业方案是获得经营资源的工具**

对于正在寻求资金的风险企业来说,创业计划书就是企业的电话通话卡片。创业计划书的好坏,往往决定了经营资源获取的成败。对初创的风险企业来说,创业计划书的作用尤为重要。一个酝酿中的项目,往往很模糊,通过制订创业计划书,把正理由都书写下来,然后再逐条推敲、说明,这样投资者或合作者就能对这一项目的利弊有更清晰的认识,使这个项目易于获得资金、人员、市场等各方面条件的支持。

(1)获得外部资金。

创业者能否成功编写创业计划书,不仅是能力的表现,也决定着创业者能否有机会顺利地掘到第一桶金。只有拥有一份完整的创业计划书,才能使融资需要成为现实。对于投资者来说,创业计划书绝非一叠纸那么简单,而是对一家企业或项目是否真正有投资或经营价值的评价。投资者以此为依据来考察创业者是否能清晰分析和把握企业所将面临的方方面面的问题，创业者是否拥有与创业成功相关的知识、能力、经验，所提供的产品或服务是否具有市场竞争力和良好的市场前景，并且考虑能否获得预期的回报。

（2）获得员工支持。

员工是创业需要的重要的人力资源。员工将其人力资本投资到新创企业，旨在获得个人利益和个人成长。创业计划书能描绘出企业的发展前景和成长潜力，使员工对其充满信心，同时明确从事的项目和活动，以及充当的角色。

（3）获得重要顾客。

创业是要为市场提供新的产品或服务的。创业能否成功取决于客户对新产品的接受程度。客户更换供应商要付出成本。如果新产品提供的收益大于付出成本，则客户是愿意接受的。创业计划书能为客户提供充分的新产品信息，使其对新产品充满信任，并购买或承诺建立长期稳定的合作关系。

（4）获得重要供应商的支持。

重要的供应商为企业提供原材料、零部件、机器设备等物质资源。供应商是否愿意向企业提供资源及以何种方式提供（现金、入股、赊销等）取决于对企业前景的信任和信心。一份好的创业计划书就能为供应商提供详细的信息，使其充满信心。

**3. 创业方案是实施创业管理的依据**

创业方案记录了创业者在创业实践之前是根据哪些数据、运用何种方法和工具对未来做出的预测、判断和选择。这一系列的思考过程就是实施创业管理的依据，通过事前判断与事后结果的比较，找出决策的失误，并做出针对性的改正。

由此可以得出结论：创业计划书关乎整个创业活动的成败，创业的过程就是对创业计划书实现—改进的循环过程。

## 8.1.3 创业计划书的撰写原则

创业计划书不是学术论文，可能面对的是非技术背景但对计划有兴趣的人，比如可能的团队成员，可能的投资者和合作伙伴、供应商、客户和政策机构等。因此，一份好的创业计划书应该遵循以下编制原则。

**1. 呈现竞争优势与投资回报**

创业计划书不仅要将资料完整呈现出来，更重要的是整份计划书要呈现出具体的竞争优势，并明确指出投资者的回报所在，显示创业者创造利润的强烈企图，而不仅是追求企业发展而已。

**2. 市场导向**

企业利润是来自市场的需求，没有依据明确的市场需求分析所撰写的创业计划书将会是空泛的。因此，创业计划书应按照市场导向的观点来撰写，并充分显示对于市场现状掌握与未来发展预测的能力及具体成就。

**3. 内容全面**

创业计划书是一份综合性的正式文件，不仅要集中阐述自己独特的战略、目标、规划、行动，而且要使用非技术专家、非知识分子和一切感兴趣人士都能阅读和理解的文字。

**4. 创意实在**

创业计划书不能是空泛构想，更不能夸夸其谈。不仅要由整个团队根据市场状况和技术发展实实在在地集体讨论撰写，避免个人包揽，也不允许外聘咨询公司代笔。

### 5. 突出重点

首先，创业计划书要突出产品与业务，这是创业企业存在的基础。如果投资者连创业企业到底要提供什么样的产品与业务都未能理解，其他所有的内容都会是连篇废话。

其次，要突出创业计划中最有吸引力的部分。也许是市场机遇特别好，也许是产品具有独创性，也许是技术上的领先，也许是营销上的独辟蹊径，也许是盈利能力超强，也许是管理上的创新，确定创业方案最大的卖点，用更多的笔墨讲深讲透。此外，对创业方案中最难以让投资者理解的部分也应该重点阐述。

### 6. 明确简练

优秀的创业计划书一定要用词精练，明确表达观点或结论，切忌长篇大论却没有明确观点。如果投资者不得不费尽心思去归纳总结整个方案或每个部分所要表达的意图，他就不会有兴趣读下去，甚至会对创业者的能力产生怀疑。首先，一份逻辑清楚、一目了然的目录必不可少，方便投资者了解整体思路并轻松检索具体内容；其次，创业方案第一部分执行摘要要做到高度总结、明确清晰，同时在每个部分、每个段落的首尾都要有明确简练表达观点的概括性语句。

### 7. 逻辑严明

一份优秀的计划书可以让投资者轻松读完并能轻松理解，这就要求方案撰写必须体现出严密而清楚的逻辑性。方案整体必须有一个清晰的逻辑架构，各部分顺理成章、转接自然；方案的每个部分甚至每个段落同样要有各自的逻辑结构，切不可简单堆砌素材和结论。当然，计划书可以有不同的逻辑体系，可以是先提出问题和需求，然后提供解决方案，再论证可行性；也可以是先提供解决方案，然后解释方案所针对的问题与需求，再论证可行性。但不管采用什么逻辑思路，必须做到清晰流畅。

### 8. 言之有据

商业构想的表达非常注重事实基础（Fact Base）和数据基础（Data Base），空洞苍白的道理和口号不但不能达到煽情的效果，反而无助于投资者真正理解方案的具体内容，甚至会招致投资者的反感。

## 8.2　创业计划书的撰写

在掌握前述的撰写重点与原则后，不存在"统一"或者"标准结构（格式）"的创业计划，以下列出的参考结构和内容是完整的、理想化的模板，在涉及具体创业项目时完全可以改变顺序并调整内容。

### 8.2.1　创业计划书的基本逻辑架构

既然创业计划书最主要的作用是说服投资者和生意伙伴，创业计划书的基本逻辑结构应该是一个说服的逻辑或论证的逻辑。创业计划书的编制者必须牢记这一点，在整个创业计划在编制和演示的过程中，将说服力作为主要的考量目标。

（1）从整体逻辑来看，创业计划书应遵循这样一个基本逻辑：创业者要干什么，即创业者的方案、目标和计划；为什么可行，即通过分析和论证说明其可行性。

上述两个部分的基本内容如表8-1所示。

表 8-1 创业计划书的基本内容

| 创业者要干什么 | 为什么可行 |
| --- | --- |
| （1）成立一家什么样的公司 | （1）法律和政策的可行性 |
| （2）提供什么产品和服务 | （2）市场机会的可行性 |
| （3）目标市场是什么 | （3）技术的可行性 |
| （4）预期收入与收益 | （4）财务的可行性 |
| （5）融资需求和方法，投资者回报 | （5）经营管理的可行性 |
| （6）管理团队 | （6）风险控制的可行性 |

（2）最为常见的创业计划书的结构是从简短的概述发展到更为详细的解释。因此，计划书的开始部分，计划书概要和项目描述，都是简要地介绍这个项目。创业计划书的正文包括对这个项目基本要素和问题的深入阐述——这个项目由谁参与、如何开展、经营对象以及经营地点等。创业计划书的附件包括了细节的资料——财务数据、管理人员的个人履历等。创业计划书的典型结构如表 8-2 所示。

表 8-2 创业计划书的典型结构

| 序 号 | 内 容 | 序 号 | 内 容 |
| --- | --- | --- | --- |
| （1） | 封面、标题及目录 | （7） | 生产运营计划 |
| （2） | 企业计划概要 | （8） | 组织和人力资源计划 |
| （3） | 创业企业和创业团队简介 | （9） | 投资计划 |
| （4） | 产品和服务 | （10） | 财务计划和财务评价 |
| （5） | 市场分析 | （11） | 风险评估和对策 |
| （6） | 营销计划 | （12） | 附件 |

**注意**：并非所有的创业计划书都要严格遵守这样的格式，一些创业计划书可能会将几个部分结合起来，也可能会增加新的章节或删除一些章节。但所有的创业计划书都必须能回答三个基本问题，即项目是什么？项目有好的商业模式吗？项目的可行性有多强？

## 8.2.2 创业计划书封面、标题及目录

封面上应该有醒目的项目名称，同时要有企业名称或团队名称、地址和电话。封面之后应有与正文内容和页码匹配的目录。目录是投资者阅读的首要指南，也是体现创业者思路和能力的第一印象，除了列出每部分的大标题外，还应列出较深层次的小标题。当然，也可在目录之前增加一页，写明方案的目的、保密提示、方案版本、编撰日期、关键观点与资金需求等内容。

## 8.2.3 创业计划概要

**1. 创业计划概要的撰写要求**

概要是整个创业计划书的第一部分，相当于对整个创业计划书的浓缩，是整个创业计划书的精华所在。举例说明：创业计划书的作者们一般把它作为提供给风险投资者的一个简洁的计划介绍来看待，目的是激起风险投资者们的兴趣。而风险投资者的时间和精力都有限，不可能把所有到手的创业计划书都逐一仔细研究。通常，他们都是先阅览计划书的概要部

分，通过从概要部分获取的信息来判断是否有继续读下去的必要。也就是说，如果你的概要部分不能激发起风险投资者的兴趣，那么，计划书的后面部分就很有可能无缘与风险投资者见面了——即使写得再好也无济于事！于是，概要部分的重要性也就不言而喻了。

创业计划概要主要说明资金需求的目的，摘要说明整份计划书的重点，目的是让投资者产生进一步评估的兴趣。撰写时应力求精练，列出结论并不做阐述，应使用数据来向投资者呈现项目的市场机会和市场价值。篇幅应尽量控制在两页以内。

**2. 创业计划概要的内容**

（1）企业名称与经营团队介绍。
（2）主要产品与业务、赢利模式、市场潜力、技术和资源保障。
（3）企业主要发展战略、企业的现状与发展规划。
（4）关键市场机遇和竞争环境。
（5）主要财务数据，包括投资预算额及五年的营业收入预测、资产负债预测及损益预测。
（6）申请融资的金额、形式、股权比例及价格。
（7）资金需求的时机与运用方式。
（8）未来融资需求及时机。
（9）投资者可望获得的投资报酬。

### ■ 案例分析

#### 概要要用数据呈现竞争的优势

1. 不好的概要

最近几年，国内的母婴用品市场得到了很大发展，预计仍将高速发展。这为企业进入市场提供了机会。A企业准备进入这个市场，通过进口、分销海外制造中心的产品，为消费者提供高质量的母婴用品。

2. 好的概要

过去三年内，国内的母婴用品市场年增长率达45%，预计未来三年内仍将高速发展。这为新公司进入市场提供了机会。

A企业年销售额为5500万元，主要为欧洲地区消费者提供母婴用品。

在这个去年增长了30%的市场中，A企业将通过股权融资，筹集2000万元资金在国内生产新型母婴用品，预计在三年内销售额将增加一倍。

在未来三年内，A企业预计将为投资者带来10%~18%的年回报。

（资料来源：百度文库）

### 8.2.4 创业企业简介

撰写这部分的目的是让投资者了解创业者要成立一家什么样的公司，不但了解公司的过去和现状，而且能看到一个充满希望的未来。主要内容如下：

（1）企业成立时间、法律形式与创立者。
（2）企业股东结构，包括股东背景资料、股权结构。
（3）企业发展简史包括现状。

(4) 企业业务范围。

(5) 企业宗旨与企业战略。

(6) 企业未来五年的发展规划及更长远的设想。

### 8.2.5 产品和服务

**1. 产品和服务编制的要求**

投资者最关心的问题之一就是产品、技术或服务能否以及在多大程度上解决现实生活中的问题，或者产品（服务）能否帮助客户节约开支，增加收入，这就是客户价值。

此部分主要是阐述提供的产品或服务的概念、性能、技术特点、市场竞争力、典型客户、产品的研究和开发过程、产品的品牌和专利、产品的市场前景预测，以及未来产品研发计划和成本分析。在定义产品和服务时，应从客户的需要和利益的角度进行考虑，同时投资者本质上是极为看重收益和回报的商人，他们更加认同市场对于产品的反映。所以，在这部分需讲清楚企业的产品体系，向投资者展示企业产品线的完整和可持续发展能力，表述要准确，通俗易懂，即使是非专业人员的投资者也能够理解。一般情况下，产品介绍都要附上产品原型、照片或其他介绍。

这一部分内容是创业计划中的核心内容，需要较大篇幅论述。

**2. 产品和服务编制的内容**

产品和服务的内容及针对的问题如表 8-3 所示。

表 8-3　产品和服务的内容及针对的问题

| 内容 | 针对的问题 |
| --- | --- |
| （1）产品/服务简介 | 产品/服务设计的背景是什么？<br>产品/服务有哪些？如何设置和分类？<br>产品/服务如何组成为业务模式？<br>产品执行的技术标准是什么？ |
| （2）产品/服务的特性 | 目标客户是谁？<br>产品/服务的主要特点、用途及应用范围是什么？<br>产品/服务的技术原理是什么？技术水平如何？<br>产品/服务与市场上现有产品/服务相比优势在哪里？ |
| （3）研发计划及进度表 | 研究与开发的目的、投入、研发力量、研发决策机制、未来产品/服务规划 |
| （4）知识产权策略 | 现有或正在申请的无形资产情况（知识产权/专利/商标等） |

### 8.2.6 市场分析

**1. 市场分析编制的要求**

市场分析通过对宏观市场环境和微观市场环境的分析，说明市场机会在哪里，有多大？为什么创业企业及其产品（服务）具有可行性？为什么企业的战略和营销策略是可行的？为什么企业及业务可以持续发展？这一部分是创业计划书中的重要内容，在本计划书中具有承上启下的作用，需要较大篇幅论述。

**2. 市场分析的主要内容**

一般而言，市场分析包含以下内容。

(1) 宏观环境分析。

创业者应该对创业企业所处宏观环境对创业计划提供了何种机遇或帮助，或者对特定计划产生的阻碍有清楚的认识。同时，还应当说明宏观环境的变化将如何影响企业，企业将如何应对。宏观环境分析常用的工具有 PEST 分析法等，由于本书项目 4 已经专门谈到宏观环境分析，这里不再赘述。

(2) 行业分析。

行业分析的主要内容如图 8-1 所示。

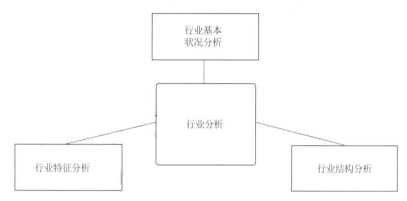

图 8-1 行业分析的主要内容

①行业基本状况分析。这部分包括行业概述、行业发展的历史回顾、行业发展的现状与格局分析、行业的分类、行业的市场容量、销售增长率现状及趋势预测、行业的毛利率、净资产收益率现状及发展趋势预测等。

②行业特征分析。这部分包括行业的市场类型、行业的经济周期、行业发展趋势和发展前景以及行业竞争的焦点、采取的战略？进入该行业的障碍、克服的措施等。

③行业结构分析。这部分分析的目的是识别行业各细分市场的变化情况，以揭示出在变化中所蕴含的机会与威胁。分析内容主要包括：各产品的容量及结构变化、各地区的容量及结构变化、各消费群的容量及结构变化。常用的分析工具主要有波特五力模型分析法和 SCP（结构—行为—绩效）分析法等。

(3) 目标市场分析（客户分析）。

目标客户是谁？他们的需求是什么？他们在哪里？他们有多大规模？他们的购买欲望和购买力如何？目标市场现在的市场购买总量多大？发展趋势如何？创业企业的目标市场份额和目标营业收入是多少？

STP 即市场细分（Market Segmenting）、目标市场选择（Market Targeting）和产品市场定位（Market Positioning），是创业计划中营销计划的基础和起点。

(4) 竞争分析。

了解竞争者应如同了解自己的企业，对竞争者的产品、市场份额和营销策略都应了如指掌。本部分需解决以下问题：

创业企业目前的竞争对手是谁？他们控制了什么资源？他们产品（服务）的质量和价格如何？他们如何分销产品（服务）？他们的地址在哪、他们的设备如何？他们的员工素质如何？他们做广告吗？他们有什么特别的营销手段？他们的优势和劣势是什么？

他们对于新企业进入该行业的决策有什么反应？创业企业如何应对竞争对手的反应？

谁还有可能发现并利用相同的机遇？

有没有办法通过结盟或其他形式将潜在的和实际的竞争对手争取过来？

在此基础上可以阐述企业的竞争对策，主要从产品或服务、战略、价格结构、营销手段、销售对象及人事政策等方面，讲述如何在竞争中做到与众不同。

（5）企业内部环境分析。

①企业内部环境或条件分析的目的在于掌握企业历史和目前的状况，明确企业所具有的优势和劣势。它有助于企业制定有针对性的战略，有效地利用自身资源，发挥企业的优势；同时避免企业的劣势，或采取积极的态度改进企业劣势。

②企业内部环境分析的内容包括很多方面，如组织结构、企业文化、资源、企业组织结构条件、价值链及核心能力分析等。按企业的成长过程，企业内部环境分析又分为企业成长阶段分析、企业历史分析和企业现状分析等。

（6）企业所在地环境分析。

在以上论述中，要特别注意分析本地环境。除了目标客户和竞争情况外，还要针对相关的成本开支情况（房租、费用、税收等）、基本建设情况（交通设施、公用设施、商用设施等）、员工素质（来源和素质）、地方政府政策和规定等进行分析。

（7）市场分析结论。

对创业企业的宏观环境和微观环境进行梳理之后，必须得出明确的结论，提出市场机会，确定企业的发展战略和竞争战略，一般用 SWOT 分析法来进行总结。市场分析各部分的逻辑结构如图 8-2 所示。

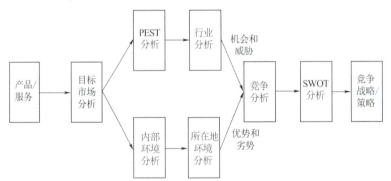

图 8-2 市场分析各部分的逻辑结构

## 8.2.7 营销计划

在了解企业、产品和市场后，接下来要解决的问题是产品或服务如何销售给目标客户，从而实现企业的经营目标和财务指标，回报投资者，这就需要一个可行的营销计划。制订营销计划的一种方法是从市场营销的 4P 着手，4P 指市场营销的四个方面，即产品（Product）、价格（Price）、地点（Place）和促销（Promotion）。市场营销计划主要包含与 4P 相应的产品策略、价格策略、渠道策略、广告与促销策略、营销目标（预测）以及营销管理等方面的计划。主要解决以下问题。

**1. 营销目标（预测）**

预估未来五年的产品系列、销售区域、销售渠道、客户数量、销售数量、市场份额、价格水平和销售收入的发展目标。

分析销售数量和销售额实现的可能性，如果将销量目标分解到销售人员和客户的平均数，或者分解到每月甚至每日平均数，将更有说服力。

### 2. 产品策略

企业产品之间的关系与组合。品牌与产品之间的关系。

如何将本企业的产品与竞争产品区分，以带给客户以独特的冲击力？

产品的生命周期各阶段对企业的影响及对策（产品的更新或扩充）。

### 3. 渠道策略

销售渠道有哪些？使用何种分销模式？直接还是间接销售？分销的广度和深度达到什么程度？

如何吸引中间商参与销售？包括中间商定位（代理、经销、加盟）？给中间商的利益分配如何？交易条款如何？有什么额外的渠道激励方法吗？

各阶段渠道策略是否调整？调整的依据和方向是什么？

### 4. 价格策略

定价的依据和基本方法是什么？定价如何体现企业与渠道各环节的利益？

内部各产品间的价格关系是什么？同一产品在不同阶段的价格如何处理？

与竞争产品、替代产品的价格关系是什么？

不同渠道和不同区域的价格如何管理？

针对终端客户与中间商是否有特别的价格政策？

### 5. 广告与促销策略

营销采用推式策略、拉式策略，还是综合策略？

广告与促销的目的是什么？

广告与促销的投入总预算占销售额的比率是多少？广告与促销的费用分摊率是多少？

广告与促销选择哪些主要手段？有没有一些独特的、创新的营销方法？

### 6. 销售组织机构及控制

为了实现营销目标，建立什么样的营销组织机构（营销队伍），如何有效激励和管理队伍？有什么特别的方法？

### 7. 营销成本预测

营销成本主要包括营销人员薪酬福利和差旅费用、广告与促销费用等，并计算未来几年中营销成本与销售收入的比率。

## 8.2.8 生产运营计划

### 1. 生产运营计划编制要求

如果创业企业属于制造业，则有必要制订一个生产制造计划。这个计划应该描述完整的制造过程。产品的制造过程可能包括许多工序，有的企业自己完成所有的制造工序，但也有的企业可能会将制造过程中的一些工序分包给其他企业去完成，这要视何种方式的成本较低而定。如果创业企业准备将某些甚至所有制造工序分包给其他企业，则应该在生产计划中对分包商加以说明，包括地点、选择该分包商的原因、成本，以及该分包商完成过的合同情况等。对于创业者自己将要实施的全部或部分制造工序，也需要描述厂房的布局，制造运营过程中所需要的机器设备，所需原材料及供应商的姓名、地址、供货条件、制造成本以及任何资本设备将来的需求等。对制造营运中的这些条款的讨论,对于潜在的投资者评估资金的需求很重要。

如果创业企业不属于制造业,而是零售店或服务型的企业,则这一部分计划内容可以命名为"经商计划"或"服务营运计划",其内容应包括店址的选择、设备设施的需求、店面的设计、店面管理的流程与方法、服务实施的流程与方法、服务质量的控制、货物的采购、存储控制系统以及库存需求等的具体描述。

**2. 生产运营计划的内容**

生产运营计划的内容及针对的问题如表8-4所示。

表8-4 生产运营计划的内容及针对的问题

| 内容 | 针对的问题 |
| --- | --- |
| 生产地和营业地的选址和布局规划 | 产品/服务在哪里生产?<br>生产设施和辅助设施如何在所选择地点进行合理安排? |
| 产品制造的流程和所需的生产工艺和技术(服务的流程和实施的方法、技术) | 产品/服务如何生产?<br>产品/服务的生产需用到哪些技术? |
| 资源和原材料供应 | 产品/服务要用什么来生产?<br>资源和原材料的来源是什么?<br>如何保障其供应的稳定性?<br>如何制定其订货和库存制度?<br>其对成本的影响有多大? |
| 生产和服务的能力计划 | 需要设计多大的生产/服务能力?<br>根据企业的战略,从试运营期到正式运营期,再到增长期,生产/服务能力应如何增长? |
| 原有的生产设备和需购置的设备 | 原有的设备能满足要求吗?<br>根据企业的能力计划,应该如何配备和购置设备?<br>设备如何选择?其对成本的影响有多大? |
| 产品标准、质量控制和生产成本控制 | 产品应满足何种标准?<br>如何控制产品的质量?<br>产品的生产成本如何核算?如何控制? |
| 产品的包装和储运 | 产品应如何包装?<br>产品的储运和运输如何设计?<br>其对成本的影响有多大? |

## 案例分析

### ××创业计划书——生产运营计划

1. 产品生产方式:(略)
2. 资源及原材料供应

产品的原材料除原料为化学合成外,所需其他主要原料均为常见的农作物。四川作为农业大省,在原材料的供应上可以享有比较优势。缩短渠道,简化手续,能保证原材料的正常供应。

3. 工艺技术方案

(1) 方案选择指导思想。

采用目前国内外普遍认同的先进、成熟的技术，利用公司享有独立知识产权的"专有技术"加以融合和提升，实现低成本、高质量的生产，提高产品的市场竞争力。

(2) 工艺技术路线——"拌合剂压式"流水线生产。

4. 工艺流程

在创业初期使用半自动化作业，分为四大工序：准备、制剂、包装和入库。

5. 质量管理

(1) 质量管理部的设置和职责。

①质量管理部的设置。

根据卫生部颁布的药品生产质量规范，本公司设立了质量管理部，直属公司总经理领导，其在组织上的地位与生产计划部和销售市场部平行。质量管理部负责产品生产、销售全过程的质量管理和检验。为保证任务的执行，相应配备一定数量的质量管理和检验人员，并具有与产品生产规模、品种、检验要求相适应的场所、仪器和设备。

②质量管理部的职责（略）。

(2) 产品生产质量管理。

①自控和分析检测。

本公司自建试验室，分析化验采用以自检为主送检为辅相结合的方式。项目投产初期由于自建质保系统尚未取得资格认证，先采取以自检指标为参照，送检指标为出厂依据，待取得资格认证后，直接以自检指标为填写合格证的依据。

②主要的分析检测为原材料入厂分析（主料）和产品主要指标分析（略）。

③建立生产和质量管理的文件管理制度（略）。

(3) 产品销售与收回（略）。

6. 包装与储运

产品包装流程：

(1) 装袋（将制剂装入装袋机的料斗）；

(2) 称重分装（按规定调好每袋的装入量，开始分装）；

(3) 检验包装是否合格（检验合格证、生产日期封印的情况等）；

(4) 打包入库（将包装合格的产品按规格包装成一定数量、规格的大包装，转运入库房，将不合格的产品运回准备工序返工）。

(有删节)

## 8.2.9 组织和人力资源计划

在投资者考虑的所有因素中，管理团队的素质是首要的，它甚至比产品或服务更重要。大多数投资者宁愿向一个拥有一流水平的管理团队和二流产品或服务的企业投资，也不愿意向一个拥有二流水平的管理团队和一流产品或服务的企业投资。创业者在组织计划中必须详细说明创业团队具备的能力、团队关键管理人员及其主要职责、企业的组织结构、组织模式，描述企业董事会、企业外脑、其他投资者的所有权状况，以及团队成员的敬业精神。企业中的技术、管理、商业技能和经验应有合理的平衡，主要涉及以下四个方面。

### 1. 企业所有者形式及组织模式

说明企业将采取哪种所有制形式，是独资企业、股份合作制企业、有限责任公司还是股份制企业。同时，说明以何种组织模式体现所有者权利和义务，在创业计划书中讨论企业董事会的规模、拟定的董事会成员，并对董事会成员的背景进行说明；阐明股东会和董事会的权力分配和决策机制；阐明企业的其他股东及其权利和义务，其他投资者拥有股份的百分比是多少，他们的股票被收购的时间和价格有何限制。

### 2. 企业管理的组织结构

组织结构就是对实现企业职能如何进行分工、分组和协调合作的组织形式，包括企业的组织机构图（体现部门设置）、各层级、各部门的角色与职责，各部门的主要负责人及主要成员。

**注意**：组织结构设置是为了充分有效地实现企业的各项业务职能，明确针对业务而设，不能一味追求大而全，要综合考虑权利责任的明确与有效的协作、信息的通畅与反应的敏捷、保证执行力与成本合理等因素。

### 3. 人才需求与来源

创业企业需要哪些关键的人才？现有的状况如何？哪些人才不足？缺少的人才应该从何处招揽？

首先介绍创业核心团队，通常团队成员会在创业企业担任关键管理角色，对每名关键人员的教育背景、工作经历、专业知识、工作业绩、商业技能、领导能力和个人品质等进行详细描述，向投资者展示他们胜任所分配角色的能力。特别强调关键管理人员以前的创业经历和管理方面的业绩，列出每名关键管理人员的完整简历，包括他们曾接受的相关培训。还应适当提及他们的弱点，让投资者感觉到可信。还必须突出团队整体在个人知识结构、能力结构、动力结构和年龄结构上的互补性，让投资者感到这个团队在整体上能够取长补短、个体上能够用人所长。同时，要突出创业团队是个团结的领导集体，高层管理人员之间能够互相支持。

其次，说明缺少哪些人才，这些人才需要什么样的素质，可以从哪些渠道招揽至本企业。

最后，创业企业可能还需要其他专业机构或专业人士的支持和服务，这些专业机构或专业人士又称为企业外脑。在创业计划中列出企业需要的支持和服务、指出创业企业所选的技术顾问、法律顾问、财务顾问、管理顾问、广告专家、营销顾问、投资顾问、银行顾问、咨询家、产业专家等的名字、所属企业、背景资料以及他们将提供的支持和服务，也可以是企业外的可以建立合作关系的相关专业机构。

### 4. 激励约束机制

投资者十分看重企业的激励约束机制，要在创业计划书中说明所有员工，包括管理团队中的关键人员的薪酬水平和方式，员工的持股计划，股票期权实施办法，红利分配原则，员工升迁发展的机会，员工股票持有和处置的限制，员工凭业绩分配股票期权及其他奖金计划，企业有什么样的企业文化，如何增强企业的凝聚力，如何加强对员工的持久激励，企业的内部约束机制和外部约束机制，企业吸引人才的计划以及吸引人才的原则、条件和待遇等。

## 8.2.10 投资计划

创业的资金投入通常分为两类：一是长期投资（以固定资产为主）；二是短期投资，又称流动资金投资，是指在一年内能收回的投资。

长期投资是指那些价值较高的、使用寿命较长的项目所需要的资金，主要包括土地和房屋的购置或租金（一般指需要支付半年甚至更长时期的租金）支出、建设和装修费用、设备和设施或工具的采购和装配支出、购买交通运输工具的支出、开办费等。有的企业用很少的投资就能开办，有的却需要大量的投资才能启动。明智的做法是把必要的投资降到最低限度，让企业少担风险。然而，每家企业开办时总会有一些投资。

短期投资通常指企业日常经营所需要支出的资金，又称为经营性支出。企业开张后要运转一段时间才能有销售收入，制造商在销售之前必须先生产产品，服务企业在提供服务前必须购买原材料和用品，零售商和批发商在卖货之前必须先买货，所有企业在揽来客户前必须先花时间和费用进行营销活动。因此，创业企业需要流动资金支付以下开销：房屋或场地的租金（月付）、购买并储存原料和成品的费用、人工费用（工资和奖金）、营销费用（广告宣传与促销）、物业水电费用、消耗性办公用品费用、通信费用、差旅招待费用、三险一金、借贷利息以及不可预见费用的备用金等。

对于投资支出创业者通常都有较为全面、充分的认识，但对流动资金的认识往往不足，常常因为琐碎或者支出金额较小而被忽视，但流动资金确实会影响整个项目的正常运作，是启动资金预算中不可或缺的。

至于企业需要准备多少个月的流动资金，不同的企业是不同的。创业者必须预测，在获得销售收入前，创业企业需要多少资金来支撑，通常情况下，刚开始时销售并不顺利，需要较为充裕的流动资金。

## 8.2.11 财务计划与财务评价

创业计划书的前面几部分内容已经说明将创立什么样的企业、提供什么样的产品或服务、市场机会在哪里、如何实现销售收入、如何组织生产营运、如何建立相应的组织，投资者已经基本了解了创业营运的全貌，本部分主要对整个计划进行经济分析，说明企业是否能够盈利、企业财务是否安全、需要多少资金、投资回报是多少等问题。对于一个真正的投资者（或生意人）而言，本部分是绝对不能忽略的，通常也是投资决策的关键因素。

通常的财务计划应该包含以下内容：

（1）提供创业企业的投资预算分析。说明启动创业企业需要多少资金，包括固定资产投资和流动资金预备。

（2）若是已经开始经营的企业，应提供企业过去的财务状况，包括过去五年期间的资产负债表、损益表的比较，及过去融资来源与用途。并提供财务分析统计图表，指出统计图表的异常处，同时也应说明所使用的会计方法。

（3）提供融资后 3~5 年财务预估。编列的一般原则是第一年的财务预估须按月编制，第二年则按季编制，最后三年则按年编制。并且应说明每项财务预估的基本假设与会计方法。

（4）上述财务预估应包含：销售收入与销售成本预估表（销售数量、价格与总成本、收入金额)、利润预估表、现金流量表、资产负债表。

(5) 提供未来五年损益平衡分析(或敏感性分析)、投资报酬率预估。

(6) 说明融资计划,包括融资时机、金额与用途。

(7) 说明投资者回收资金的可能方式、时机、获利情形及可能性。

### 8.2.12 风险评价和对策

**1. 风险评价的内容**

风险评价包括风险识别和风险预测。风险识别是风险管理的首要环节。只有在全面了解各种风险的基础上,才能够预测危险可能造成的危害,从而选择处理风险的有效手段。

风险预测实际上就是估算、衡量风险,由风险管理人运用科学的方法,对其掌握的统计资料、风险信息及风险的性质进行系统分析和研究,进而确定各项风险的频度和强度,为选择适当的风险处理方法提供依据。

**2. 经营企业的常见风险**

(1) 普遍存在的风险。多数是由于管理制度不完善、使用人员不当、没有建立有效的监督机制而造成的。

(2) 市场风险。企业经营本身存在着竞争和竞争对手,这必然伴随着风险。此类风险主要来自市场供应关系的变化,在市场经济中,供应与需求永远是一种不平衡→平衡→不平衡→平衡不断发展变化的关系。

(3) 政策风险。这种风险经常与国家政策和大的经济环境有关,有时,甚至受到全球经济的影响。

(4) 财务风险。由于经营管理中决策或政策失误,可能出现产品积压、应收账款过大、坏账呆账过多、资金来源中断等导致的资金风险。

(5) 贪污、盗窃风险。这些风险主要发生在管钱、管物的人员身上,尤其是一些企业,将银行支票、财务账、名章集中由一个人管理,更容易出现问题。

(6) 灾害风险。包括自然灾害风险与火灾风险等。自然灾害很难控制,但是未雨绸缪可以尽量避免或减少损失,而由于忽视消防安全,用火用电不慎带来的火灾风险则大面积存在。

(7) 质量风险。在生产和服务企业中,产品质量不合格甚至给客户造成伤害,不但要承担赔偿责任等民事、刑事责任,还会严重损害企业的信誉,给企业带来重大的危机。

**3. 风险管理的基本策略**

(1) 回避风险策略。这是一种保守的风险管理策略。对于那些厌恶风险的决策者来说,他们总是以无风险或低风险作为衡量各种备选方案优劣的标准,把那些可能发生风险的备选方案拒之于外。这种策略尽管较为稳健简便易行,但并不经常采用,因为风险总是和收益联系在一起的,没有风险也就没有丰厚的收益。一个成功的经营者往往很少采用这种策略。

(2) 减少风险策略。即在风险管理中,采取相应的措施,减少因发生风险可能给企业带来的损失,也称为控制风险策略。这种策略在实践中经常采用。减少风险策略还可做进一步分类。按控制风险的目的可分为预防性控制和抑制性控制。前者是指预先确定可能发生的损失,提出相应的措施,防止损失的实际发生;后者是指对可能发生的损失,采用相应的措施,尽量降低损失的程度,缩减损失的延续性。按控制风险的方式可分为技术控制和行为控制。前者是指用相应的工程技术措施，减少可能发生的风险；后者是通过强化对有关人员的行为管理，减少可能发生的风险。

（3）接受风险策略。这种策略是指对可能发生的风险提前做好准备。以应付风险带来的损失。企业中的风险有些是不可避免的，如赊销商品的坏账风险、市场波动引起的库存风险等。对于这些风险，企业应采取自我保护的接受风险策略，即每期提存一笔准备金，用作将来发生风险给企业带来损失的补偿。如实践中的提取坏账准备金、长期财产保值都是这种策略的具体运用。

（4）转移风险策略。这种策略是指对某些可能发生风险损失的财产或项目，用转移的方式转出企业，并交换回较保险的财产或项目。例如，通过保险转移风险、合同转移风险、股票上市转移风险、风险投资公司转移风险等方式转移风险。

## 思考与分享

1. 请阐述创业计划书的作用。

2. 请阐述创业计划概要的内容。

## 拓展阅读

### 企业战略

企业战略是着眼于长远、适应企业内外形势而做的指导性发展规则，它指明了在竞争环境中企业的生存态势、经营方针和发展方向，进而决定了最重要的工作内容和竞争方式。企业战略主要包含以下三个层次。

1. 总体战略

这是企业的主战略，主要是解决企业采用什么技术和资源、生产什么产品或提供什么服务、面向什么市场、满足什么人的需要这四个问题。一般包括以下四种类型。

（1）集中单一业务战略。企业将资源集中于一种特定的业务或行业，以便在该行业内形成较强的竞争优势，从而得以成长和发展。

（2）多元化经营战略。企业向多种业务领域或行业扩张，生产多种产品或提供多种服务。多元化战略有两种形式：一种称为相关多元化战略，进入那些与原业务或行业相关的其他领域，共享现有的宝贵资源和技术，创造出协同效应；另一种称为非相关多元化战略，进入全新的行业或者收购全新行业的企业，这些行业与企业现有业务和行业毫不相干，有助于提高资金效率或分散风险。

（3）横向扩张战略。企业通过进入本地或本国之外的市场进行扩张，主要有两种模式：一种为复制型扩张，在新的市场销售相同的产品或提供相同的服务，运用相同的基础营销方法；另一种为本土化或本地化扩张，针对不同市场的情况量身定制不同的产品（服务）和营销战略。

（4）垂直一体化战略。企业通过进入产业链的上下游业务进行扩张，分为两种类型：

一种为后向一体化，向原业务的上游供应商从事的业务扩张；另一种为前向一体化，向原业务的下游客户的业务进行扩张。

2. 竞争战略

这是业务层次的战略，指企业在某一特定市场或行业中获得竞争优势的策略和方法。主要有四种战略。

（1）成本领先战略。通过降低产品或服务的成本来获得竞争优势。

（2）差异化战略。通过把本企业的产品或服务从一个或多个角度与竞争对手区别开来而获得竞争力。

（3）专一化战略。通过专注于一个或很少几个细分市场来获得竞争优势。又包含两种方式：一种为专一低成本战略，成为所选细分市场中成本最低的企业；另一种为专一差异化战略，成为所选细分市场中最独特的企业。

（4）综合战略。成本领先和差异化两种战略的结合，这样的企业竞争力很强，但由于这两种战略本身的矛盾，实际上难度很大。

3. 职能战略

企业各个职能部门实现部门职能并创造部门价值的策略与方法。比如营销战略、生产战略、研发战略、财务战略、人力资源战略、国际化战略等。

## SCP 分析

结构—行为—绩效（Structure - Conduct - Performance，SCP）模型是由美国哈佛大学产业经济学权威乔·贝恩（JoeS. Bain）、谢勒（Scherer）等人于20世纪30年代建立的。该模型提供了一个既能深入具体环节，又有系统逻辑体系的"市场结构（Structure）—市场行为（Conduct）—市场绩效（Performance）"的产业分析框架。SCP框架的基本含义是，市场结构决定企业在市场中的行为，而企业行为又决定市场运行在各个方面的经济绩效。

SCP模型从对特定行业结构、企业行为和经营绩效三个角度来分析外部冲击的影响，如图8-3所示。

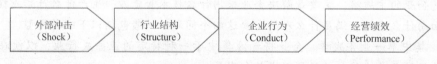

图 8-3 SCP 分析模型

（资料来源：MBA 智库百科网站）

# 项目9 创业计划的展示

## 导入案例

### 小米香港路演

2018年6月21日中午12点刚过,香港岛香格里拉酒店5层就已经热闹非凡——数百位机构投资者陆续聚集于此,登记进入"重兵把守"的会议室。中午12点45分,备受瞩目的小米集团(下称"小米")IPO(首次公开募捐)路演将在这里举行。

这是香港交易所修订后的新股《上市规则》2018年4月30日生效后,同股不同权架构企业IPO的首单破冰,也是2018年以来香港资本市场最大的IPO盛事。

小米路演现场座无虚席,大约邀请了300位机构投资者。不少未被邀请的投资者无奈地被挡在门外,间或询问门口的工作人员是否有进场的机会。

受邀出席路演的理享家海外资产配置CEO朱超是幸运的一位。"这次机构投资者抢(投资小米)得很疯狂,香港市场的大家族企业都在里面,散户机会可能会少一些。"朱超在路演现场对经济观察报记者表示,"今天进场的人大多数已经投过小米了。我们一开始就是小米老股的投资者,现在基石投资和锚定投资我们都有参加。"

路演启动,身穿深蓝色西服,脸上带着招牌式微笑的雷军准时步入会场,带着他的高管团队亮相于一众投资者面前。

这一次,他对"做中国的苹果"的小米故事提出了升级版。"小米这样的公司是独一无二的。"雷军称过去一个星期终于想明白了这个令无数投资者都深感困惑的问题。他对小米定位的概括是全球罕见的同时能做电商、硬件、互联网的全能型公司。

除此之外,在路演现场,雷军频频爆出他"发明"的小米概念词:"小米应该是腾讯乘苹果的估值""小米是新物种"……投资者笑声不断。

(资料来源:《经济观察报》)

> 知识点精讲

## 9.1 电梯演讲

### 9.1.1 电梯演讲的含义和发展史

电梯演讲又称电梯法则,即演讲者在30秒内将一件事情言简意赅、极具吸引力地表述出来,时间虽然短暂,但是表达的观点准确清晰。

电梯演讲起源于美国一家著名的咨询公司——麦肯锡,它创立于1926年,如今已成为世界咨询业务的领导者。纵观麦肯锡的发展历程,它积累了无数的教训和经验,其中"电梯演讲"就是一次典型事例。

早前,麦肯锡公司曾帮一家大公司做过咨询业务,不过当咨询结束之后却发生了一次致命的意外,使公司最终丧失了这个重要的大客户。当天,麦肯锡负责该项目的经理在电梯里偶遇对方的董事长,于是该董事长就很自然地询问咨询情况:"你能否说一下咨询之后的结果呢?"但由于该项目经理此前没有做好相应准备,一时间无法准确地表达对方想要的结果,而电梯从30层到1层仅历时30秒,最终,也因为这短暂的30秒,麦肯锡失去了这个大客户。

此后,麦肯锡从中总结吸取了教训,要求公司任何一个员工都需要具备30秒描述清楚一个事情结果的能力,并且要直奔主题,摒弃过多修饰的语言。因为通常人们短时间内记不住复杂冗长的观点,因此在罗列观点的时候要尽量精简,最好不超过三条。

二战时期英国的首相丘吉尔就是一个著名的演说家,他曾在一次演讲中,只用了一句最简短又极具影响力的话,那就是:"My Secrets of Success is Never Give Up,Never Never Give Up,Never Never Never Give Up."(我成功的秘密是决不放弃,决不决不放弃,决不决不决不放弃。)这也成为世界历史上最为经典、最为简短的演讲之一。丘吉尔的观点:"如果让我讲述2分钟,可能我需要准备3周的时间;如果要讲30分钟,可能我只需要准备1周的时间;而如果让我讲述1小时,那么我现在就可以准备讲了。"这段话足以证明,越是精练、简短的话语,越需要花大量的时间去准备和思考,将语言简化又不失原意是一门艺术!

### 9.1.2 电梯演讲的方法与技巧

**1. 演讲重点**

演讲时需要把握以下五个要点。

时间:尽量控制在60秒以内,30~60秒为最佳。

情景:脱稿演讲,不受场地和环境的约束,做到即兴演讲。

内容:演讲的核心内容应精练,表述生动,围绕主题,篇幅不宜过长,控制在150~250字。

结构:简短铺垫,吸引投资者;然后引入主题,接着亮出主要观点,最后总结收尾,做到前呼后应。

口语表达:语速和音量适中,吐字清晰,语言风趣可提升吸引力。

**2. 演讲的技巧**

需花大量的时间做好前期准备工作。首先不仅要深入了解对方企业的整体情况和需求,也要了解负责人的个人喜好和习惯，以便对症下药。其次，演讲者要对自己演讲的内容熟记于心，尤其要厘清内容的前后逻辑，做到前后表述紧密相扣；最后，要对演讲内容反复练习。

学会一定的破冰话术，在双方尚未建立信任感的时期，要学会以合适的话语缓和气氛，让对方的思维紧跟你的演讲。

表述要让人眼前一亮。很多投资者一天可能要听众多的汇报，因此，开头要语出惊人，让听众对你的演讲产生兴趣，并且带着强烈的好奇心听完。

结构清晰，结构严谨。如果你的表达没办法做到信手拈来、随机应变或诙谐风趣，那么一定要格外注重整体结构和逻辑，结构清晰，可以让你的演讲富有层次感；逻辑严谨，可以让你的演讲过程紧密围绕主题。要让听众获取他们想要的信息，比如，主题是什么？特色是什么？解决的痛点是什么？未来的愿景如何？

态度诚恳，控制演讲节奏。演讲时要礼貌大方，语气诚恳，面带微笑，最好与听众有眼神的交流。铺垫—引入—正文—总结—收尾，这一套流程要合理分配好时间，语言要简明扼要，重点部分可适当分配多一些时间，切勿本末倒置。

## 9.2 商业路演

### 9.2.1 路演的起源和发展

路演通常是指在路边演出或者演讲的活动，它起源于早期的华尔街股市。当时，很多证券经理人为了兜售自己手中的股票，不得不在竞争激烈的市场中做游说和劝服工作，有些甚至公开大喊叫卖，这是早期路演的原型。

此后，随着科技的进步和交易手段的改进，虽然证券经理人无须再公开叫卖或游说，但是这种"路演"的营销手段却被传承了下来，毕竟这是一门语言艺术。

如今，路演被用于各种商业活动的推销，路演者需要具备一定的口才以及良好的心理素质，只有这样才能在公开场合推销自己的产品或项目。

### 9.2.2 路演的准备

**1. 收集听众的资料**

任何演说都是为了打动听众，让其接受演讲者的观点、想法和思想，或做出演讲者希望的决策和行为。因此，路演要想获得成功，就要尽可能多地收集听众的信息，所谓"知己知彼，百战不殆"。如果你的商务计划要与其他对手一起竞争，那么了解竞争对手的信息资料也十分必要。了解信息时要注意以下几点，一是注重收集对方可能存在的诉求，并对其诉求进行价值排序；二是要了解关键决策人和决策习惯，尽可能与决策者建立一定的关联关系，任何千丝万缕的关系，如毕业于同所学校、有共同的爱好、同在一个城市生活过、有共同的朋友或熟悉的人等都可能有利于打开话题，创造更为宽松的对话环境；三是要了解自己创业计划中哪些内容最能打动对方；四是要充分了解竞争对手并与自己的力量进行对比，哪些方面是对方能打动投资者而自己不能的，如何弥补这个缺陷。

**2. 提前收集演讲地点、环境、时间、参与者等要素**

场地的大小决定着参与人数的多少，根据场地的大小来决定自己的演讲风格也很重要。

同时，场地条件的不同也会影响演讲的效果，不同的场所设备可能不同，因此要提前弄清楚适合场地设备的文件、视频格式，以免现场出现意外。

此外，演讲者要有严格的时间观念：首先，不仅演讲前不能迟到，而且最好是提前到场，给自己留下充分的时间调整好状态；如果条件允许，可以事先调试一下现场的设备，彩排一遍自己准备的 PPT 和资料，如果主办方允许，通常这些活动都要提前一天完成。其次，如果演讲时间有严格的要求，比如时间只有 15 分钟，那么在演讲时，一定要严格遵循规则，控制在 15 分钟以内完成，这就要求演讲者要合理控制节奏，把握演讲时间。

### 3. 宣传手册、产品样品、合同书和专利书原件、服装、名片等的准备

需准备好演讲现场可能用到的宣传手册、产品样品等，项目的宣传手册内容可以尽量丰富，为自己节省演讲的时间；一些项目产品的样品展示，也可以让投资者更直观地感受产品的用途、质量和价值，甚至可以准备一些竞争产品进行对比；一些合同书与专利书原件的展示，可能会更容易引起投资者的关注，也会获得更多的信任。演讲者的服装也是很重要的细节，通常要着正装，表示对听众的重视和尊重。如果项目产品与服装有关联，可以将代表性的 LOGO 展示在显眼的位置，同时，要尽可能体现服装的特色，如面料独特性、设计款式的新颖性等等。对于演讲者而言，如果能将自己的产品穿在身上就是最好的展示，这样不仅能加强评委的印象，而且能增强投资者的信心。

### 4. PPT 和其他媒体介质的准备

PPT 内容应该简明扼要，只包含主要标题和一些解释性语句。许多人习惯把 PPT 做得十分详尽，文字冗长，但这样容易使听众的注意力分散，没办法提取演讲者的重点，从而达不到预期的效果。通常 20 分钟的演讲，PPT 的篇幅控制在 12 张左右，不宜过多。同时，要根据不同听众的需求，准备不同的 PPT，在演讲过程中合理控制时间，让听众倾听的效率达到最大化。在制作 PPT 时，要合理搭配演讲的内容，能用可视图、表格演示清楚则不用纯文字表达，整体呈现以简洁为主，另外可搭配短视频、超链接视频等等。

### 5. 演讲者准备

是一个人演讲还是有团队成员参与共同演讲，这与举办方的要求有关。但许多路演举办方并不做演讲人数的规定，由路演者自己决定。一般来说，创始人更加了解项目，演讲会更有感染力，让投资者感觉项目更可靠、更可能落地。但若创始人不善于演讲，也可考虑由团队核心成员来担任主讲人，或采用分工的方式进行团队演讲。一个人的演讲更容易控制听众的节奏，让听众集中注意力，思路上会更连贯。团队式的演讲可以让团队成员有机会亮相，能表明团队的实力，有些技术性、市场性、财务性的问题可能会说得更专业。有时候，也可采用一人演讲，多人回答的方式，由专业人员回答专业性问题。

### 6. 演讲准备

在正式演讲前需要进行大量的反复练习，让自己充分熟悉演讲的内容和逻辑，以便在遇到突发状况的时候能够从容应对。同时，通过反复地练习也能让演讲者更加准确地把握时间，发现演讲内容中的遗漏和问题点，从而马上进行更正和改进。

## 9.2.3 路演的技巧

### 1. 演讲者不能过度依赖 PPT 和其他媒体介质

路演中，演讲者是整场演讲的核心，演讲时要让听众尽可能将更多的注意力集中在人身

上。事实上，投资者在做投资决策时，一方面看重的是项目的前景，另一方面也十分看重创业团队的价值，一个团队值不值得投资，很大程度上在于演讲者的展现以及对于团队的介绍，因为这是投资者对团队的最初印象，倘若觉得团队不可靠或者分工、执行力差，那么即使项目再好，投资者也可能不会选择投资，因为人的风险是最不可控的。演讲中，PPT的作用只是提供一个总体的框架以及强调发言的重点，不能作为正常演讲的重心。

**2. 语言要生动有趣，充满激情**

路演时要充分表达自己对项目的信心，通过肯定的语言、激昂的语调，配合手势展现你的激情，去感染投资者。一些自己的故事或客户的故事，可以更好地表达项目的意义、价值和创业者的决心，让听众更有带入感。表达时要真实、真诚，让人有脚踏实地的感觉；要用通俗易懂的语言表达，不能用过多太生涩的技术术语，关键性难懂的技术术语需要解释，或打个比方加以说明。

**3. 要注意仪表仪态**

演讲时，演讲者身体要适当放松，不能过度紧张。身体要自然挺立、放松，不能僵硬。演讲时视线要积极地与听众交流，将自己的关注点相对集中于对自己项目有肯定意向的听众上。表情要自信，回答问题时可略带微笑，对任何问题都要泰然处之。麻省理工学院的一项调查结果表明，沟通涉及三个层面，视觉（身体语言）占55%，声音（语音语调）占35%，口头表达（用语用词）占7%，可见身体语言的重要性。有时，为了调动听众的积极性，也可以设计一些简单的互动，以吸引听众的注意力，调动听众的积极性，还可以通过自问自答的方式节省时间，同时避免冷场。

**4. 演讲的内容要精练**

20分钟的演讲要尽可能地突出项目的重点和要点，避免对一些次要方面过多赘述。特别要注意的是，重点和要点必须是从听众的角度去思考的，而不是自己认为或自己感兴趣的内容。所传达的信息必须有助于评委或投资者进行决策。许多技术型的创业者在演讲时往往会不由自主地将演讲焦点停留在技术的先进性上，喜欢讲述技术的细节，而投资者可能更关心技术的适用性、可实现性，更关心市场需求量、投资回报率、竞争和风险等。演讲要讲清核心团队、商业模式、技术门槛、市场渠道等，突出项目和团队的优势，讲清如何赚钱。

**5. 要注意答辩技巧**

对任何提问均需要以简单明了的语言来回答，特别是要尊重对方，不管对方以什么方式提问，回答问题不能情绪化，不能答非所问。

## 思考与分享

1. 请观看一段路演视频，然后进行分析。

2. 请阐述路演的技巧。

**拓展阅读**

阿里巴巴在路上发现小金子，如果不断捡起来，身上装满的时候就会走不动，永远到不了金矿的山顶，还是不管小金子直奔山顶。

——马云

一个人再有本事，也得通过所在社会的主流价值认同，才能够有机会。

——任正非

歌咏人心，纵使只涉及一个人，只涉及人群中最微贱的一个，也得熔冶一切歌颂英雄的诗文于一炉，制成一部优越成熟的英雄赞。

——雨果

野蛮社会，体力能够统御财力和智力；资本社会，财力能够雇用体力和智力；信息社会，智力能够整合财力和体力。

——牛根生

# 项目 10
# 组建创业企业

## 导入案例

### 陈钟文和他的彩绘公司

2019年，某职业技术学院的周同学准备与他的三个大学同学一起创办一家专门从事彩绘、墙绘、企业文化建设的企业。他们一共凑齐了12万元，随后就开始张罗着选址、注册公司，并给公司起名字。四个没有创办企业经历的年轻人从企业注册这一步就开始"晕菜"了。虽然在绘画、艺术设计中他们个个都是好手，但是在准备创办企业这件事上，他们甚至连工商管理部门的大门朝哪儿开都不清楚，这让他们心里没了底。为了弄清楚企业注册的法律流程，他们先到工商管理部门拿了一套企业注册的程序介绍。几个人回来研究了一番，却发现越研究越不明白。像他们这样从事彩绘、墙绘的公司究竟应该注册成什么类型的企业？注册时应该提供哪些资料？具体的费用是多少？究竟该怎么给自己的公司起名？几个人商讨了好几个晚上还是没有结果。

（资料来源：豆丁网）

## 知识点精讲

### 10.1 新企业开办的法律流程

所有创业者都要按照国家法律规定开办和经营企业，并承担相关的法律责任。法律是一个监督员，时时刻刻监督着你的行为，只有你遵守法律，法律才会保护你。简单地说，法律在一定程度上允许或禁止创业者所做的某些决策和采取的部分行动。因此，创业者在开办新企业之前，应该了解和熟悉新企业设立的法律流程，其中包括企业登记注册的法定程序，这对于企业创建的效率来说是非常重要的。

一般而言，创建企业有如下法律流程。

第一步，选择合适的企业法律组织形式；

第二步，登记注册，具体包括企业名称登记、工商登记注册、税务登记和其他登记备案事项。

### 10.1.1　企业法律组织形式的选择

"我想创业，我应该注册一家什么样的公司？"或者"我想和同学一起创业，我应该采取一种什么样的组织形式？"这些问题是大学生创业者在创业之初首先遇到的问题。

毫无疑问，新企业创立之前，创业者应该首先确定拟创办企业的法律组织形式。新企业可采用不同的组织形式，如创业者个人独立创办的个人独资企业、由创业者团队创办的合伙企业、以法人为主体的有限责任公司或股份有限公司等。对创业者而言，各种法律组织形式没有绝对的好坏之分，各有利弊，选择合适，便可趋利避害；选择不恰当，就会为将来的运作带来巨大的隐患。但无论选择怎样的形式，都必须根据国家的法律法规要求和新企业的实际情况，科学衡量各种组织形式的利弊，选择合适的组织形式。

**1. 个体工商户**

个体工商户是我国特有的一种公民参与生产经营活动的形式，也是个体经济的一种法律形式。

依照相关法律规定，个体工商户（公民）是指在法律允许的范围内，经工商行政管理机关核准登记，从事工商业经营的个体劳动者。

个体工商户业主可以是一个自然人或一个家庭，人数上没有过多限制，注册资本也无数量限制，开办手续比较简单。业主只需要有相应的经营资金和经营场所，到工商部门办理登记手续即可。

个体工商户还可以根据自己的需要起字号。在经营上，个体工商户的全部资产属于自己所有，其决策程序比较简单，不受他人制约；利润分配上，个体工商户的全部利润归自己或家庭所有，但同时对外要承担无限责任，相应的风险也比较大。

**2. 个人独资企业**

个人独资企业是很古老也很常见的企业法律组织形式。个人独资企业又称个人业主制企业，是指依法设立，由一个自然人投资并承担无限连带责任，财产为投资者个人所有的经营实体。当个人独资企业财产不足以清偿债务时，选择这种企业形式的创业者须依法以其个人其他财产予以清偿。

个人独资企业在业主数量与注册资金上与个体工商户相似，但设立手续比个体工商户要复杂，需要有合法的企业名称、有投资者申报的出资、有固定的生产经营场所和必要的生产经营条件及必要的从业人员。个人独资企业在经营决策与利润分配上与个体工商户相似，其决策程序简单，利润归出资人所有，同时负无限责任。

**3. 合伙企业**

如果两个或两个以上的人共同创业，那么可以选择合伙制作为新企业的法律组织形式。根据《中华人民共和国合伙企业法》（以下简称《合伙企业法》），合伙企业是指依法在中国境内设立的由各合伙人订立合伙协议，共同出资、合伙经营、共享收益、共担风险，并对合伙企业债务承担无限连带责任的营利性组织。

合伙企业包括普通合伙企业和有限合伙企业两种形式。两者最大的区别在于有限合伙企业有两种不同的所有者：普通合伙人和有限合伙人。其中，普通合伙人对合伙企业的债务和义务负责；而有限合伙人仅以投资额为限承担有限责任，且一般不享有对组织的控制权。另外，普通合伙企业合伙人可以用货币、实物、知识产权、土地使用权或者其他财产权利出资，也可以用劳务出资；但有限合伙企业的有限合伙人不得以劳务出资。以下主要介绍普通合伙企业。

除要有合伙企业的名称、经营场所以及从事合伙经营的必要条件之外，设立普通合伙企业还应当具备以下几个条件。

（1）合伙企业必须有两个以上合伙人，合伙人应当具备完全民事行为能力，且能够依法承担无限责任。

（2）合伙人应当遵循自愿、平等、公平、诚实信用原则订立合伙协议，合伙协议应载明合伙企业的名称、地点、经营范围、合伙人出资额和权责情况等基本事项。

（3）合伙人应当按照合伙协议约定的出资方式、数额和缴付出资的期限，履行出资义务。合伙人可以用货币、实物、土地使用权、知识产权或者其他财产权利出资，上述出资应当是合伙人的合法财产及财产权利；合伙人以劳务出资的，其评估办法由全体合伙人协商确定。

**4. 有限责任公司和股份有限公司**

公司是现代社会中最主要的企业形式。它是以营利为目的，由股东出资形成，拥有独立的财产，享有法人财产权，独立从事生产经营活动，依法享有民事权利，承担民事责任，并以其全部财产对公司的债务承担责任的企业法人。所有权与经营权分离，是公司制的重要产权基础。与传统"两权合一"的业主制、合伙制相比，创业者选择公司制作为企业组织形式的一个最大特点就是仅以其所持股份或出资额为限对公司承担有限责任；另一个特点是存在双重纳税问题，即公司盈利要上缴公司所得税，创业者作为股东还要上缴企业投资所得税或个人所得税。根据《中华人民共和国公司法》（以下简称《公司法》），我国的公司分为有限责任公司（包括一人有限责任公司）和股份有限公司两种类型。

（1）有限责任公司。

有限责任公司的股东以其认缴的出资额为限对公司承担责任，公司以其全部资产对公司的债务承担责任。创业者设立有限责任公司，除了要有固定的生产经营场所和必要的生产经营条件之外，还应当具备下列条件。

① 股东符合法定人数。《公司法》第二十四条规定：有限责任公司由50位以下股东出资设立。需要说明的是，一人有限责任公司是在2005年10月27日第十届全国人民代表大会常务委员会第十八次会议上通过的《公司法》中加入的。

② 股东出资。自2014年3月1日起，公司登记实行注册资本认缴制。除法律、行政法规以及国务院决定对特定行业注册资本最低限额另有规定的外，取消有限责任公司最低注册资本3万元、一人有限责任公司最低注册资本10万元、股份有限公司最低注册资本500万元的限制，也就是说理论上可以"一元钱办公司"。不再限制公司设立时全体股东（发起人）的首次出资比例，不再限制公司全体股东（发起人）的货币出资金额占注册资本的比例，不再规定公司股东（发起人）缴足出资的期限，也就是说理论上可以"零首付"，股东可自主约定出资方式和货币出资比例。高科技、文化创意、现代服务业等创新型企业可以选择灵活的出资方式。

③ 股东共同制定公司章程。法律对有限责任公司章程有明确的要求，要求应当载明的事项包括：公司名称和住所，公司经营范围，公司注册资本，股东的姓名或者名称，股东的权利和义务，股东的出资方式和出资额，股东转让出资的条件，公司的机构及其产生的办

法、职权、议事规则，公司的法定代表人，公司的解散事由与清算办法，股东认为需要规定的其他事项。

④ 有公司名称，建立符合有限责任公司要求的组织机构。

（2）股份有限公司。

股份有限公司的全部资本分为等额股份，股东以其认购的股份为限对公司承担责任，公司以其全部资产对公司的债务承担责任。设立股份有限公司要有公司名称，要建立符合股份有限公司要求的组织机构，要有固定的生产经营场所以及必要的生产经营条件，股份发行、筹办事项要符合法律规定。除此之外，根据《公司法》的规定，设立股份有限公司还应当具备下列条件。

① 发起人符合法定人数。设立股份有限公司，应当有 2 人以上 200 人以下的发起人，其中须有半数以上的发起人在中国境内有住所。

② 发起人认缴和募集的股本达到法定资本最低限额。股份有限公司的注册资本为在公司登记机关登记的全体发起人认购的股本总额。自 2014 年 3 月 1 日起，不再限制公司全体股东（发起人）的货币出资金额占注册资本的比例，除法律、行政法规以及国务院决定对特定行业注册资本最低限额另有规定的外，取消股份有限公司最低注册资本 500 万元的限制。

③ 股份发行、筹办事项符合法律规定。

④ 发起人制定公司章程。

总之，不同组织形态的企业存在不同的成立条件、承担责任形式等不同特征。为了让大学生创业者对此有更为直观的了解和较为系统的认识，现对四种小、微型企业做一个比较和梳理。

### 10.1.2 企业登记注册流程

新企业，首先要给它一个明确的法律地位，如同办理户口。根据我国法律规定，新企业必须到工商行政管理部门办理登记手续，领取营业执照。如果从事特定行业的经营活动，还须事先取得相关主管部门颁发的经营许可证（如卫生、环保、特种行业许可证等）。

营业执照是企业主依照法定程序申请的、规定企业经营范围等内容的书面凭证。企业只有领取了营业执照，拥有了正式户口般的合法身份，才可以开展各项法定的经营业务。企业设立后，还需要进行税务登记，需要会计人员做财务，这其中涉及税法和财务知识，创业者需要了解企业的税项。

企业办理注册登记手续一般包括以下几个步骤。

**1. 核准企业名称**

注册公司的第一步就是企业名称审核，即查名。创业者需要通过工商行政管理局进行企业名称注册申请，由工商行政管理局进行综合审定，给予注册核准，并发放盖有工商行政管理局名称登记专用章的"企业名称预先核准通知书"。

申办人需提供法人和股东的身份证复印件，并提供 2~10 个企业名称，写明经营范围、出资比例。

**2. 经营项目审批**

如新企业的经营范围涉及特种行业许可经营项目，则需要提前办理特种行业申请并获准后，才可以继续完成工商注册程序。例如，你要开设一家书店，就需要向辖区的文化部门申请"出版物经营许可证"。

特种行业许可项目涉及旅馆、印铸刻字、旧货、典当、拍卖、信托寄卖等行业，需要消防、治安、环保、科学技术委员会等行政部门审批。特种行业许可证的办理，根据行业情况及相应部门规定不同，分为前置审批和后置审批。

### 3. 生产经营场所的获得

以现存的经营形态而言，除网上的个体工商户很大程度上没有实际意义上的实体店外，其他的企业组织形式都要求有实际经营场所或办公场地，这种场所可以是自有的也可以是租用的。

### 4. 公司公章备案

在工商注册登记过程中，需要使用图章，图章由公安部门刻制。公司用章包括公章、财务章、法人章、全体股东章等。

### 5. 编写公司章程

公司章程是指公司依法制定的，规定公司名称、住所、经营范围、经营管理制度等重大事项的基本文件，也是公司必备的规定公司组织及活动基本规则的书面文件。公司章程是股东共同意志的表示，载明了公司组织和活动的基本准则，是公司的宪章。公司章程具有法定性、真实性、自治性和公开性的基本特征。公司章程与《公司法》一样，共同肩负着调整公司活动的责任。作为公司组织与行为的基本准则，公司章程对公司的成立及运营具有十分重要的意义，它既是公司成立的基础，也是公司赖以生存的灵魂。

### 6. 申领营业执照

工商行政管理局对企业提交的材料进行审查，以确保其符合企业登记申请。工商行政管理局核定后，即向企业发放工商企业营业执照，并公告企业成立。

相关材料包括公司章程、名称预先核准通知书、法人和全体股东的身份证、公司住所证明复印件（房产证及租赁合同）、前置审批文件或证件、生产性企业的环境评估报告等。

### 7. 办理税务登记证

税务登记证应到当地税务机关办理。办理税务登记证应提供的材料包括企业营业执照副本、经营场所产权证及租赁合同复印件、法人身份证、公司章程及公章。

### 8. 银行开户

新企业需设立基本账户，企业可根据自己的具体情况选择开户银行。银行开户应提供的材料包括营业执照正本、公司公章/法人章/财务专用章、法人身份证、国税和地税税务登记证正本等。

## 10.2　创办企业必须考虑的相关问题

### 案例分析

#### 大学生俞非的创业失败案例

2019年6月，喜欢自由的俞非放弃了父亲安排的安稳职位，决定自主创业。身为女孩，俞非从小喜欢打扮，对皮肤保养、美容化妆也特别感兴趣，所以她顺理成章地选择了美容业。依靠父母的支持，俞非轻松地迈过了资金门槛，10万元的启动资金让她顺利开始了创业之路。当"非非小屋"顺利开张后，俞非全身心地"泡"在店中。每天早上8点半，她准时到店，打扫卫生、整理客户联系卡、搜集美容资讯、时刻注意行业动向；晚上美容师下班后，她还要独自统计营业额、比较营业报表，身兼清洁员、财务、公关、老板数职于一身。渐渐地，小店走上正轨，由亏损变为盈利。

红火的生意也吸引了合作者的注意。2018年7月，一家颇有实力的美容连锁机构找到了俞非，提出了优厚的合作条件。既然可以通过合作把小店发展壮大，俞非很快就跟对方签订了合作协议。随着连锁机构专业管理人员的进入，小店快速发展，俞非也渐渐放松了身心，开始享受起了"幕后老板"的生活。

然而，两个月后，管理方突然撤换了美容产品，并调整了客户收费标准。一时间，客户投诉、供货商要求赔偿等突如其来的变化让俞非晕了。俞非向合作方发出责难后才发现，由于缺少法律知识，在签订合作协议的时候，她已经将管理权拱手相让。眼看一手打造的小店成了别人的猎物，俞非非常痛心，找律师、打官司，几经折腾，她最终选择了撤资退出。

（资料资料：道客巴巴）

### 10.2.1 创业相关法律法规

从创业开始，创业者不仅要知法懂法，树立守法经营的观念，同时要懂得利用法律武器保护自己。遵纪守法、诚信经营、依法纳税的企业才能立足市场和持续发展，才能赢得客户的信任、供应商的合作、员工的信赖、政府的支持，甚至竞争对手的尊重，才能为自己营造一个良好的生存发展空间。

在市场经济规则越来越完善的环境中，作为创业者，要知道法律不仅对企业有约束的一面，同时也给企业以保护。

**1. 与新企业相关的法律法规**

国家为使所有公民和企业能在公平、和谐的环境中竞争和发展，制定了各类法律法规。它们是规范公民和企业经济行为的准则，具有权威性、强制性、公平性的特征。依法办事是公民和企业的责任。

作为一个想创办企业的创业者，你也许觉得法律太多了，弄不明白。其实，和你的企业有直接关系的法律只是其中一部分而已。你不必了解有关法律的所有内容，只需要知道哪些法律和哪些关键内容与新企业有关就可以了。

与企业相关的其他法律有《中华人民共和国会计法》《中华人民共和国企业所得税法》《中华人民共和国产品质量法》《中华人民共和国消费者权益保护法》《中华人民共和国反不正当竞争法》《中华人民共和国保险法》《中华人民共和国环境保护法》等。

**注意**：企业只有在工商行政管理部门办理登记手续，领取营业执照，才受国家法律保护。

**2. 我国的知识产权法律**

知识产权是人们对自己通过智力活动创造的成果所依法享有的权利。知识产权包括专利、商标、版权等，是企业的重要资产。知识产权可通过许可证经营或出售，带来许可经营收入。实际上，几乎所有的企业（包括新企业）都拥有一些对其成功起关键作用的知识、信息和创意。传统观念将物质资产如土地、房屋和设备等视为企业最重要的资产，而现在知识资产已逐渐成为企业中最具价值的资产。对于创业者来说，为了有效保护自己的知识产权，也为了避免无意中侵犯他人的知识产权，了解相关法律非常重要。

（1）专利与《中华人民共和国专利法》。

专利是指某个政府机构根据申请颁发的文件。它被用来记述一项发明，并且创造一种法律状况，在这种情况下，专利发明通常只有经过专利权所有人的许可才可以被利用。专利制度主要是为了解决发明创造的权利归属与发明创造的利用问题。专利法可以有效地保护专利拥有者的合法权益。创业者对其个人或企业的发明创造应及时申请专利，以寻求法律保护，使自己的利益不受侵犯；或者在受到侵犯时，依据法律提出诉讼，要求侵害方予以赔偿。

（2）商标与《中华人民共和国商标法》。

商标是指在商品或者服务项目上所使用的，由文字、图形、字母、数字、三维标志和颜色组合，以及上述要素的组合构成的显著标志。它用以识别不同经营者所生产、制造、加工、拣选、经销的商品或者提供的服务。商标是企业的一种无形资产，具有很高的价值。这种价值体现在独特性和所产生的经济利益上。保护和提高商标的价值，可以为企业带来巨大的收益。

商标包括注册商标和未注册商标。目前，我国只对人用药品和烟草制品实行强制注册。通常所说的商标均指注册商标。注册商标包括商品商标、服务商标、集体商标、证明商标等。注册商标的有效期为10年，可以申请续展，每次续展注册的有效期也为10年。商标注册申请人必须是依法成立的企业、事业单位、社会团体、个体工商户、合伙企业以及符合《中华人民共和国商标法》第九条规定的外国人或者外国企业。

（3）著作权与《中华人民共和国著作权法》。

著作权也称版权，是指作者对其创作的文学艺术作品和科学作品依法享有的权利。著作权包括发表权、署名权、修改权、保护作品完整权、复制权、发行权、出租权、展览权、表演权、放映权、广播权、信息网络传播权、摄制权、改编权、翻译权、汇编权以及应当由著作权人享有的其他权利。对著作权的保护是对作者原始工作的保护。著作权的保护期限为作者有生之年加上去世后50年。我国实行作品自动保护原则和自愿登记原则，即作品一旦产生，作者便享有版权，登记与否都受法律保护；自愿登记后可以起证据作用。国家版权局认定中国版权保护中心为软件登记机构，其他作品的登记机构为作品所在的省级版权局。

除了与知识产权相关的法律法规外，还有《中华人民共和国反不正当竞争法》《中华人民共和国合同法》《中华人民共和国产品质量法》《中华人民共和国劳动法》等，这些法律法规也是创业者及其新企业所应了解和关注的。

## 案例分析

### 大学生办电影网站遭60万元索赔

大学生小捷在校期间创办了一家免费电影网站，被杭州某影视公司以"版权侵权"起诉，对方索赔60万元。

原来，临近毕业的小捷和几名低年级同学共同投资2万元创办了一家免费电影网站。

> 然而，他怎么也想不到等待他的竟是一场官司。"我们网站上的电影都是通过迅雷下载过来的，但我们并不知道其中几部电影是杭州那家公司代理的，60万元的赔偿对我们这些刚创业的大学生来说是一个沉重的打击。"小捷说，他们已收到温州市中级人民法院的传票并等待开庭。小捷说，大学生创业既缺乏经验又缺乏创业资本，无意中触碰到法律高压线往往也难以避免，但这样的索赔数额对于他们来说无疑是个天文数字。小捷的行为已触犯《中华人民共和国著作权法》。
>
> （资料来源：毕业论文网）

"版权侵权"分直接侵权和间接侵权。直接侵权是指抄袭、复制，如将版权作品的表达语言复制为另一种语言，或未做任何改编，包括将传统媒体复制为非传统媒体，于互联网上上传或下载；出版抄袭作品，如出版由二维作品复制而成的三维作品。间接侵权是指将抄袭作品出口、贩卖、出租或做其他商业用途，以及提供方法、器具或地方进行侵犯版权的行为。

### 3. 劳动合同法

《中华人民共和国劳动合同法》是为了完善劳动合同制度，明确劳动合同双方当事人的权利和义务，保护劳动者的合法权益，以及构建与发展和谐、稳定的劳动关系而制定的法律。《中华人民共和国劳动合同法》规定，用人单位必须与劳动者签订劳动合同。

## 10.2.2 依法纳税

依法纳税是公民和单位应尽的义务。税收是国家财政收入的主要来源，取之于民，用之于民。根据我国税法规定，所有企业都要依法报税和纳税。

### 1. 与企业和企业主有关的主要税种

社会经济活动是一个连续运动的生生不息的过程：生产→流通→分配→消费。国家对生产流通环节征收的税种统称为流转税，它以销售收入或营业收入为征税对象，包括增值税、海关关税等。对分配环节征收的税种统称为所得税，它以生产经营者取得的利润和个人收益为征税对象，包括企业所得税、个人所得税等。这是最基本的两个税种。具体而言，与企业和企业主有关的主要税种有增值税、企业所得税、个人所得税、消费税、城市维护建设税和教育费附加等。

### 2. 如何计算应纳税金

计算税金须首先正确判断你的企业类型。一般纳税人和小规模纳税人在计算税金上有不同的方式，根据国家税法的相关规定，小规模纳税人可以用以下简易的方式来计算税金：

应纳税金 = 销售额（营业额）×税率 + 城市维护建设税 + 教育费附加

## 10.2.3 尊重员工的合法权益

企业竞争力的一个关键因素是员工的素质和积极性。在劳动力流动加快和竞争加剧的形势下，优秀的劳动者越来越成为劳动力市场上争夺的重要资源。所以，新开办的企业一开始就要特别重视以下四个方面的问题。

### 1. 签订劳动合同

劳动合同是劳动者与企业签订的确立劳动关系、明确双方权利和义务的协议。签订劳动合同对双方都有约束作用，它不仅保护劳动者的利益，也保护企业的利益，它是解决劳动争议的法律依据，双方绝对不能因嫌麻烦或者为了眼前的小利而不签劳动合同。

劳动合同的基本内容如下：

（1）工作职责、定额、违约责任。
（2）工作时间。
（3）劳动报酬（工资种类、基本工资、奖金、加班、特种工作补贴等）。
（4）休息时间（周休息日、节假日、年假、病假、事假、产假、婚丧假等）。
（5）社会保险、福利。
（6）合同的生效、解除、离职、开除。
（7）劳动争议的处理。

一般各地都有统一的劳动合同文本，有关信息可以从当地人力资源和社会保障部门获得。

**2. 劳动保护和安全**

尽管创业初期资金紧张，企业也要尽量创造良好的工作条件，防止工伤事故和职业病的发生，做好危险和有毒物品的使用和储存，改善音、光、气、温、行、居等条件，以保证员工的人身安全并提高他们的工作效率和积极性。

**3. 劳动报酬**

企业定的工资不能低于本地区人力资源和社会保障部门规定的最低工资标准，而且必须按时以货币形式发放给劳动者本人。有关最低工资标准的信息可以从当地人力资源和社会保障部门获得。

**4. 社会保险**

国家的社会保险法规要求企业和员工都要参加社会保险，按时足额缴纳社会保险费，使员工在年老、生病、因公伤残、失业、生育等情况下得到补偿或基本的保障。为员工办理社会保险对企业来说具有强制性。

目前，我国的社会保险主要有养老保险、医疗保险、工伤保险、失业保险和生育保险。办理社会保险的具体程序和要求可到当地人力资源和社会保障部门咨询。

## 10.2.4 商业保险

经营一家企业总会有风险。各类企业的风险有所不同，并非所有企业风险都要投保。例如，产品需求下降这种企业最基本的风险损失，就只能由企业自己承担；而有些风险损失则可以通过办理保险来减少或降低，如机器、存货、车辆被盗窃，资产发生火灾或意外等。

企业的保险险种通常包括以下内容。

（1）资产保险：如机器、库存货物、车辆、厂房的防盗险，水险和火险，商品运输险（特别是进出口商品的这类险种）。

（2）人身保险：创业者本人和员工的商业医疗保险、人身事故保险、人寿保险等。

创业者要根据自己企业的实际情况来决定是否投保或投保哪些险种，不要过度信赖保险公司的推荐。

## 10.3　新企业选址策略和技巧

> **案例分析**
>
> **不同地段、不同租金的建材店**
>
> 孙毅和刘立在大学毕业后一起到上海创业，并同时担任一家建材企业的驻沪代表。他们的货源充足，也不需要占用自己的资金，但是企业规定他们要自负盈亏，就是经营期间的费用，如水电费、人员工资和房租，都要他们自己挣出来。
>
> 因为对上海不了解，朋友们给他们推荐了宜山路建材市场和一家市区工厂旁的两个店面。位于建材市场内的摊位比较贵，孙毅害怕生意做不好而选择了便宜的路边店面；而刘立比较大胆，租下了建材市场昂贵的店面。
>
> 一年以后，刘立店面的销量和利润已经远远超过了孙毅，并且刘立还开了分店。
>
> （资料来源：淘豆网）

### 10.3.1　企业选址的重要性

企业选址的好坏是关系新企业成败的至关重要的因素，也是创业初期便涉及的几个问题之一。一个好的地理位置也许只能使一个普通的企业生存下去，但一个错误的地理位置却可以使一个优秀的企业失败。

据大数据统计，在众多开业不到两年就倒闭的企业中，由于选址不当所导致的企业失败数量占到了总量的50%以上。由此可见，企业选址的重要性不言而喻。

企业选址的重要性可以从以下四个方面来理解。

**1. 地址是制定经营战略及目标的重要依据**

经营战略及目标的确定，首先要考虑所在区域的社会环境、地理环境、人口、交通状况及市政规划等因素。依据这些因素明确目标市场，按目标客户的构成及需求特点，确定经营战略及目标，制定包括广告宣传、服务措施在内的各项促销策略。事实表明，经营方向、产品构成和服务水平基本相同的企业，会因为选址的不同，而使经济效益出现明显的差异。不理会企业周围的市场环境及竞争状况，任意或仅凭直观经验来选择企业地址，是难以经受考验并获得成功的。

**2. 选址是对市场定位的选择**

地址在某种程度上决定了客流量的多少、顾客购买力的大小、顾客的消费结构、企业对潜在顾客的吸引程度及企业竞争力的强弱等。选址适当，便占有了"地利"的优势，企业就能吸引大量顾客，生意自然就会兴旺。

**3. 选址是一项长期性投资**

不论是租赁的，还是购买的，地址一旦被确定下来，就需要投入大量的资金。当外部环境发生变化时，企业的地址不能像人、财、物等其他经营要素一样可以做相应的调整，它具有长期性、固定性的特点。因此，对企业地址的选择要做深入的调查和周密的考虑，妥善规划。

**4. 选址反映了服务理念**

选址要以便利顾客为首要原则，企业应从节省顾客的购买时间和交通费用的角度出发，最大限度地满足顾客的需要，否则就会失去顾客的信赖和支持，也就失去了生存的基础。

### 10.3.2 影响企业选址的主要因素

企业选址要解决两个基本问题：①选择一个独特的地区；②在该地区选择一个独特的地点。而影响企业选址的主要因素可划分为市场因素、商圈因素、交通因素、物业因素、政策因素、个人因素、价格因素。

**1. 市场因素**

从顾客角度考虑，要考虑经营地是否接近顾客、周围的顾客是否有足够的购买力、所售的商品能否吸引这一带的顾客群。对于零售业和服务业，店铺的客流量和顾客的购买力决定着企业的业务量。

**2. 商圈因素**

选址时需要对特定商圈进行特定分析，如车站附近是往来旅客集中的地区，适合发展餐饮、食品、生活用品企业；商业区是居民购物、聊天、休闲的理想场所，除适宜开设大型综合商场外，特色鲜明的专卖店也很有市场；影剧院、公园名胜附近，适合经营餐饮、食品、娱乐、生活用品等企业；在居民区，凡能给家庭生活提供独特服务的生意，都能获得较好的发展；在市郊地段，不妨考虑为驾车者提供生活、休息、娱乐和维修车辆等服务。

**3. 交通因素**

交通因素是指交通是否方便、停车是否方便、货物运输是否方便、乘车来去是否方便。便利的交通不仅对制造型企业很重要，对于服务型、零售型、批发型企业也至关重要。

**4. 物业因素**

在租用店铺前，创业者应首先了解地段或房屋规划的用途与自己的经营项目是否相符，该物业是否有合法权证；还应考虑该物业的历史、空置待租的原因、坐落地段的声誉与形象等，如是不是环境污染区、有没有治安问题、会不会拆迁等。

**5. 政策因素**

政策因素指的是经营业务最好能得到当地主管单位和政府的支持，至少不能与当地的政策背道而驰。

**6. 个人因素**

有些创业者容易过多地关注个人因素，如喜欢选择在自己的住所附近经营，这种做法可能会令创业者丧失更好的机会或因经营受到局限，使企业难以快速发展。

**7. 价格因素**

创业者在购买商铺或租赁商铺时，要充分考虑价格因素。通常在租房时，租金的支付方式是押一付三，就是在开始时你需要一次性支出四个月的房租。这时，你既要考虑启动资金够不够，还要考虑在生意只投入未产生利润期间你的储备金是否充足；同时，你还要对这个场地的销售额做出初步的预算，看你的利润是否可以满足租金和管理费用的支出。如果营业额足够大，就算租金贵，也可以租用；但是，如果此地没有生意，就算再便宜也不要租用。

总之，创业者选址切忌盲听、盲信、盲从，缺少调查和评估是难以找到符合条件的经营场所的。因此，选址不能一味求快，创业者应该多对有意向的地段进行多方面的考察，权衡各个因素的优劣,从长远角度考虑,为自己店铺日后的经营打下良好的基础。

### 10.3.3 企业选址的基本步骤

(1) 根据自己的经营定位列出"必需的"和"希望的"选址条件。
(2) 对照选址条件确定备选地点。
(3) 造访备选地点,挑选两三处较好的位置。
(4) 按照"必需的"和"希望的"选址条件,对这几个地点进行比较。
(5) 在每天白天、晚上的各个时段到各个地点实地观察,计算有效客流量。
(6) 咨询有经验的人士,获得帮助。
(7) 综合分析各种信息和意见。
(8) 做出选址决策。

## 案例分析

### 家乐福超市的选址策略分析

家乐福1995年正式进入中国市场,在很短的时间内便在相距甚远的北京、上海和深圳三地开辟了大卖场。家乐福之所以会如此进行扩张,就是因为它们各自独立地发展了自己的供应商网络。根据家乐福自己的统计,从中国本地购买的商品占了商场所有商品的95%以上,仅2000年本地商品的采购金额就达15亿美元。除了已有的上海、广东、浙江、福建及胶东半岛等各地的采购网络外,家乐福在2001年年底还分别在北京、天津、大连、青岛、武汉、宁波、厦门、广州及深圳开设了区域化采购网络。

家乐福在开拓市场的时候形成了一套独特的方法,下面从它的实际例子中来领略其独特性。

#### 1. 一人开辟一个市场

家乐福独特的开拓一个新的市场的方法是,每次家乐福进入一个新的地方,都只派一个人来开拓市场。这样一种开拓市场的方法相信每一个第一次听到的人都会感到震惊,但家乐福确实是这样做的,而且也做得很好。

#### 2. 深入市场调查

家乐福派来的第一个人就是这个地区的总经理,他所做的第一件事就是招一位本地人做他的助理。然后,这位空投到市场上的光杆总经理,和他唯一的员工做的第一件事,就是开展市场调查。他们会仔细地去调查当时其他商店里有哪些本地的商品在出售、哪些商品的流通量很大,然后再去与各类供应商谈判,决定哪些商品会在将来的家乐福店里出现。一个庞大无比的采购链,就这样完完全全地从零开始搭建。尽管家乐福的这种进入市场的方式粗看起来让人难以理解,但却是家乐福在世界各地开店的标准操作手法。这一做法背后的逻辑是,一个国家或地区的生活形态与另一个国家或地区的生活形态经常是大不相同的。在法国超市中到处可见的奶酪,在中国却很难找到供应商;在中国台湾地区十分热销的槟榔,可能在上海一个都卖不掉。所以,国外家乐福成熟有效的供应链,对于以食品为主的本地家乐福来说其实意义不大。最简单有效的方法就是了解当地,从当地组织采购本地人熟悉的商品。

家乐福"Carrefour"的法文意思是十字路口，家乐福的选址就不折不扣地体现了这一标准：几乎所有的店都开在了路口，并且巨大的招牌在 500 米外都可以看得一清二楚。而像家乐福这样的一个投资几千万的店，店址当然不会是"拍脑袋"想出来的，其背后精密和复杂的计算，常令业外的人士大吃一惊。

（资料来源：百度文库）

根据经典的零售学理论，一个大卖场的选址需要考虑以下几个方面的因素并须经过详细的测算。

### 1. 商圈内的人口消费能力

（1）测定商圈覆盖的范围。如果没有现成的资料可供利用，店家可能就不得不借助市场调研公司的力量来搜集这方面的数据。有一种做法是以某个原点为中心，测算 5 分钟步行范围、10 分钟步行范围、15 分钟步行范围。

还需要测算骑自行车的小片、中片和大片的半径范围，最后以车行速度来测算小片、中片和大片各覆盖了什么区域。如果有自然的分隔线，如一条铁路线，或是另一个街区有一个竞争对手，商圈的覆盖范围还需要依据这种边界进行调整。

（2）分析商圈内人口的规模及特征。在分析完商圈覆盖的范围后，接着需要对这些区域进行进一步的细化，计算这片区域内各个居住小区详尽的人口规模并进行特征调查，计算不同区域内人口的数量、密度、年龄分布、文化水平、职业分布、人均可支配收入等许多指标。家乐福的做法还会更细致一些，家乐福会根据这些小区的远近程度和居民可支配收入情况，再划出重要销售区域和普通销售区域。

### 2. 所选区域内城市的交通和周边商圈的竞争情况

（1）考虑商圈内的交通状况。交通状况对于一个大型卖场来说很重要，如果一个未来的店址周围有许多的公交车，或是道路宽敞、交通方便，那么销售辐射的半径就可以放大许多。上海大卖场的管理人员都非常明智，如家乐福古北店周围的公交线路不多，家乐福就干脆自己租用公交车定点在一些固定的小区间穿行，方便这些离得较远的小区居民上门一次性购齐一周的生活用品。

（2）对商圈内竞争对手的分析。因为未来的潜在销售区域也会受到很多竞争对手的挤压，所以家乐福也会将未来所有竞争对手计算进去。传统的商圈分析中，需要计算所有竞争对手的销售情况、产品线组成和单位面积销售额等数据，然后将这些估计的数字从总的区域潜力数据中减掉，未来的销售潜力就产生了。但是，这样做并没有考虑到不同对手的竞争实力，所以家乐福在开业前，索性把其他商店的情况摸个透彻，以打分的方法发现它们的不足之处，如环境是否清洁、哪类产品的价格比较高、生鲜产品的新鲜程度如何等，然后依据这种精确调研结果实施有竞争力的营销策略。

### 3. 顾客群体的构成

（1）对顾客群体的构成进行统计分析。任何一个商圈的调查不会随着一个门店的开始营业而结束，随着门店的开业，企业还要继续对顾客群体进行统计分析。家乐福对这方面特别重视。家乐福自己的一份资料指出，顾客中有 60% 在 34 岁以下，70% 是女性，有 28% 的人步行，45% 的人乘坐公共汽车而来。

（2）大卖场依据目标顾客的信息来调整自己的商品线。家乐福在上海的每家店都有小小的不同，这一点最能体现家乐福的用心。例如，在虹桥门店，因为周围的高收入群体和外国侨民比较多，其中外国侨民占到了家乐福消费群体的 40%，所以虹桥店里的外国商品特别多，如各类葡萄酒、肉肠、奶酪和橄榄油等，而这都是家乐福为了这些特殊的消费群体特意从国外进口的；又如南方商场的家乐福因为周围的居住小区比较分散，就在商场里开了家电影院和麦当劳，增加自己吸引较远处人群的力度；而青岛的家乐福做得更到位，因为有 15% 的客户是韩国人，他们干脆就做了许多韩文招牌。

### 4. 地理位置

顾客在购物时由于总是选择地址便利的商店，所以辨别竞争对手的时候，店址的临近程度是门店选址的重要因素。在选址时要正确判断商圈内顾客的习惯性行走路线，最先占领有利地位，为门店的成功做好准备。

### 5. 成本的核算

连锁门店成本的核算相信不用多说，但有一点应当注意：连锁门店的成功之道在于利用规模经济的边际效益，而有些门店的位置距离中心库房很远，尤其是刚好超过货车一日的行程。如果门店之间距离很近（在互不影响的情况下），就可以节省一笔可观的费用，如两个门店可以共用一个店长、商品配送更为便利等。

### 6. 邻居的选择

好邻居是否就能带来好生意呢？这个要看自己的企业和你的邻居的经营是否具有互补性。例如，目前越来越多的电影院、快餐店进驻大型购物中心，以借机利用周边的强大客流带动自己的生意。选择合适的邻居至关重要，尤其是有些邻居是否只是暂住的流动人口甚至只是一个空牌子、有没有长期经营的打算等都要考察清楚。家乐福观音桥店的邻居就是肯德基，这为顾客提供了一个休息与就餐的地方。

以上这些因素，是连锁门店选址时应当注意的要点。选址会成为影响门店日常经营的关键，同时也可以说："你有好的选址，就已经成功了一半！"

## 10.3.4 关于零售店铺选址的几点建议

中国人经商最讲究"天时、地利、人和"，对于做终端零售的经营者来说，店铺位置的好坏是能否盈利的关键。如何选择好的店铺位置是创业者所面临的首要问题，创业者如果不经过认真而科学的选择，而是仓促或者盲目开店，通常很容易遭受失败的打击。这里，我们对这类商铺的选址提出几点建议。

### 1. 要根据自己店铺的经营定位进行选址

选择店铺位置之前，首先要明确自己的经营范围和经营定位。如果经营的是日化、副食等快速消费品，就要选择在居民区或社区附近；如果经营的是家具、电器等耐用消费品，就要选择在交通便利的商业区。此外，还要考虑自己的目标消费群体，是主要面向普通大众消费群体，还是主要面向中、高阶层消费群体。简单地讲，就是要选择能够接近较多目标消费群体的地方。通常情况下，大多数店铺都选址在人流量比较大的街区，特别是当地商业活动比较频繁、商业设施比较密集的成熟商圈。

### 2. 要尽量避免在受交通管制的街道选址

城市为了便于交通管理，在一些主要街道会采取交通管制措施，如单向通行、限制车辆种类、限制通行时间等，店铺选址应该避开这些地方；也尽量不要在道路中间设有隔离栏的街道开店，因为这样会限制对面的人流过来，即使你的店铺招牌做得很惹眼，对面的顾客也只能"望店兴叹"。交通方便是选择店铺位置的条件之一，店铺附近最好有公交车站点，以及为出租车提供的上、下车站等。另外，店铺门前或附近应该有便于停放车辆的停车场或空地，这样会更方便顾客购物。

### 3. 要选择居民聚集、人口集中的地区

人气旺盛的地区基本上都有利于开设店铺，尤其是开设超市、便利店、干洗店这样的店铺。

城市新开发的地区，刚开始居民较少、人口稀疏，如果又缺乏较多流动人口，是不适合开设店铺的。虽然有时候在新建地区开店，可以货卖独家，但往往由于顾客较少，店铺的日常运营难以维持。

### 4. 要事先了解店铺所在地的政府规划

随着城市的快速发展，旧城改造是经营中可能遇到的问题，开设店铺前首先要调查和了解当地的城市规划情况，避免在可能拆迁的"危险"地区开设店铺。在租赁房屋时，还要调查了解该房屋的使用情况，如建筑质量、房屋业主是否拥有产权或是否有其他债务上的纠纷等。忽视这些细节往往会导致店铺的夭折，给自己带来巨大的损失。

### 5. 要注意店铺所在街道的特点和街道客流的方向与分类

一条街道会因为交通条件、历史文化、所处位置不同，而形成自己的特点。要选择交通通畅、往来车辆和人流较多的街道，避免在一条"死胡同"里开店。店铺的坐落和朝向也是十分重要的，店铺门面要尽量宽阔，朝北要注意冬季避风，朝西要注意夏季遮阳等。同样一条街道的两侧，由于行人的走向习惯，客流量不一定相同，要细心观察客流的方向，在客流较多的一侧选址。长途汽车站、火车站和城市的交通主干道，虽然人流也很大，但客流速度较快，顾客滞留时间较短，很多人的目的不在购物，在这些地方开店，要根据自己的情况慎重选择。

### 6. 要选择同类店铺比较聚集的街区或专业市场

"货比三家"是很多人经常采取的购物方式，选择同类店铺集中的街区，更容易招揽较多的目标消费群体。不要担心竞争激烈，同类店铺聚集有助于提高相同目标消费群体的关注度。电子市场、花卉市场、建材市场等市场或商场，也是开设店铺的不错选择。需要注意的是，选择此类市场或商场开店，要考察这些市场或商场的管理水平、规模大小、在当地的影响力等因素。对规模较小、开业时间较短、管理水平差的此类市场或商场，要谨慎入驻。

## 思考与分享

1. 如果你需要经营一家服装电商公司，该如何选址？

2. 影响企业选址的因素有哪些？

> **拓展阅读**

### 四位大学生的创业失败案例

四位梦想创业的大学生，每人凑齐4000元，准备在校园附近开一家精品店。当他们和房屋转租者签好转让协议，对店面进行装修时，房东突然出现并进行阻挠。他们的16000元创业资金已经花光，门面却无法开张。

小王是大三学生，大二时他就忙着在学校做市场调查，他认为定位中高档的男士精品店会很受学生欢迎。这学期开学不久，他和另外三位有创业想法的同学一拍即合，每人投资4000元准备开店。

校园附近的孙老板有三间紧挨着的店面，其中一个门面闲置着。孙老板同意以12000元转让这个门面两年的使用权。当时孙老板对小王他们说他有这个门面三年的使用权，但不要让房东知道房子已经转租给他们，就说几个大学生是帮她打工的，以此避免房东找麻烦。

"我们虽然知道孙老板不是房东，只是租用了房东的房子，但我们不知道一定要经过房东的同意才能租房。"2019年9月10日，涉世未深的几名大学生和孙老板签下了门面转让协议书，并支付了7000元。之后，他们花了5000元购买了装修材料，又订购了一批货。

当他们开始对门面进行装修时，房东闻讯赶来。房东表示，他和孙老板签订的合同上明确写有该房子只允许做理发店，并且不允许转租的条款。房东阻止他们装修，并和孙老板发生了冲突。

现在门上已经挂了三把锁。2019年9月，房东将第一把锁挂了上去，接着孙老板也挂了一把锁。小王等人的玻璃货架等物品都被锁在里面，无奈之下他们也挂了一把锁。现在要进入这个门面，要过三道关。几把锁锁死了他们的创业之路。

# 附录
# 部分创业政策及文件(浙江)

## 2020年浙江省推进大众创业万众创新工作要点

为深入贯彻落实国务院推进大众创业万众创新的决策部署,进一步营造创业创新环境,激发市场活力和社会创业创新活力,根据《关于推动创新创业高质量发展打造"双创"升级版的实施意见》和《浙江省深化"最多跑一次"改革推进政府职能转变和"放管服"改革行动计划(2018—2022年)》,制定本工作要点。

### 一、总体要求

深入实施创新驱动发展战略,坚持以供给侧结构性改革为主线,以"最多跑一次改革"为引领,以激发市场活力为导向,大力推进以科技创新为核心的全面创新。按照创新链、产业链、资金链、人才链、服务链"五链融合"的要求,推动双创载体、双创动能、双创主体、创业带动就业、双创投融资、双创生态"六大升级",构建"产学研用金、才政介美云"十联动的双创生态系统,充分释放全社会创新创业创造动能,汇聚成经济社会发展的强大动力,为确保高水平全面建成小康社会和"十三五"规划圆满收官作出贡献。

### 二、强化创新创业载体支撑

1. 加快四大科创走廊建设。推进杭州城西科创大走廊、G60科创走廊(浙江段)、宁波甬江科创大走廊、温州环大罗山科创走廊建设,探索建立"四廊两区一带"协同创新机制,打造引领未来、辐射全省的创新策源地。(省科技厅、省发展改革委)

2. 推进大科学装置建设。推进超重力离心模拟与实验装置建设。推动浙江大学、之江实验室建设新一代工业互联网系统信息安全等大科学装置,争取国家发展改革委列入国家重大科技基础设施建设"十四五"规划。(省发展改革委、省教育厅、省财政厅)

3. 完善实验室体系。出台《浙江省实验室体系建设方案》,完善"国家实验室、国家重点实验室、省实验室、省级重点实验室"梯次培育机制。布局首批省实验室2~3家,优化重组省级重点实验室。支持之江实验室争创国家实验室。支持省农科院、宁波大学争创省部共建国家重点实验室。(省科技厅、省财政厅)

4. 推进产业创新中心和技术创新中心建设。推进钱塘区生物技术药物、万向集团智能汽车及关键零部件、阿里巴巴先进系统芯片等省级产业创新中心建设,新认定2~3家省级产业创新中心。支持阿里巴巴集团和杭州市共建国家数据智能技术创新中心。(省发展改革委、省经信厅)

5. 加强工程研究中心建设。依托重点优势企业和高校科研院所,加快建设一批国家和

省级工程研究中心,发挥企业创新主体作用,开展核心技术攻关和应用研究。(省发展改革委)

6. 做强企业研发机构。修订完善高新技术企业研发中心、企业研究院和重点企业研究院管理办法,新增省级高新技术企业研发中心400家、企业研究院200家。(省科技厅)

7. 推进双创示范基地高质量发展。推进国家、省级双创示范基地建设,新认定一批省级双创示范基地。协同推进长三角双创示范基地联盟发展,加快探索建立跨地区、跨行业的创新资源共享机制。(省发展改革委)

8. 大力发展孵化器和众创空间。依托高新区、科技城、特色小镇等,大力培育众创空间、科技企业孵化器,新增省级以上众创空间50家、科技企业孵化器10家。(省科技厅)

9. 推进产业创新服务综合体建设。出台《浙江省省级产业创新服务综合体建设管理考核办法(试行)》,调整优化产业创新服务综合体财政专项激励政策,新建省级综合体30家。(省科技厅、省财政厅)

### 三、激发"双创"市场主体活力

10. 落实助企业抗疫情渡难关各项政策措施。推动国家和我省出台的推进疫情防控和复工复产一系列政策措施落地实施,帮扶企业解决用工、原材料供应、物流、融资等各方面困难。巩固和拓展减税降费成效,制定实施一批新的降本减负措施,降低企业用电、用气、物流等成本,完善涉企"一站式"移动服务平台。实施民营企业发展促进条例,保护民营企业和企业家合法财产,支持民营企业做大做强。(省经信厅、省发展改革委、省商务厅、省级各有关部门)

11. 强化企业创新主体地位。深入实施科技企业"双倍增"计划,大力培育高新技术企业和科技型中小企业,做强企业研发机构,修订完善高新技术企业研发中心、企业研究院和重点企业研究院管理办法,健全以企业为主体的产学研一体化创新机制,新增高新技术企业4000家、科技型中小微企业10000家。深化"雄鹰行动""雏鹰行动",新培育雄鹰企业30家,新增隐形冠军企业50家,培育壮大一批独角兽企业。(省科技厅、省经信厅)

12. 发挥国有企业在科技创新中的引领作用。建立健全省属国企科技创新考核制度,科学制定省属企业创新能力评估指标体系,对省属企业创新规划和年度计划执行情况进行考核评价,考核结果纳入省属企业经营业绩考核。(省国资委)

13. 大力培育新型研发机构。出台《浙江省新型研发机构管理办法》,新建省级新型研发机构30家。加快中科院宁波材料所、中科院肿瘤与基础医学研究所、清华长三角研究院、西湖大学等新型研发机构发展。加快建设北航中法航空大学。支持阿里巴巴达摩院等企业研发机构抢占科技创新制高点。(省科技厅、省卫生健康委、省教育厅)

14. 加强人才培育和引进。大力实施"鲲鹏计划""海外高层次人才引进计划""万人计划""领军型创新创业团队引进培育计划"等重大人才工程,力争在重点行业、重点领域引进一批具有突破性成就的国际顶尖人才,新引进培育领军型创新创业团队20个、海外工程师150名。(省委人才办、省科技厅、省人力社保厅、省财政厅)

### 四、推进创业带动就业能力升级

15. 提升科研人员创新创业积极性。落实科研人员离岗创业政策,探索赋予科研人员职务科技成果所有权或长期使用权、科研项目经费使用"包干制"等改革试点。拓展人才评

价范围，探索"人工智能""生物医药"等领域职称评价办法。（省科技厅、省人力社保厅、省经信厅）

16. 推进技能人才增量提质。大力实施新时代工匠培育工程和"金蓝领"职业技能提升行动，编制实施浙江大工匠培养计划，完成100万人培训任务，高技能人才占技能劳动者比例30%以上。加强创业孵化基地建设，做好国家级创业孵化示范基地推荐申报，强化创业培训和创业孵化服务。（省人力社保厅、省教育厅）

17. 强化大学生创新创业教育。集中力量推进"双一流"高校建设，加大省优势特色学科培育力度，推动省内各类高校提升发展和产学研一体化。深化职业教育产教融合改革，实施高职扩招提质行动。推进创业学院建设。持续开展浙江省创业导师培育工程，全年完成600名创业导师能力提升培训，提供分层分类培训。实施大学生创新创业能力提升行动计划。（省教育厅）

18. 推进高校创新创业平台建设。推广"专创融合、师生协同、校地合作"创新创业平台建设模式，推动高校打破学科壁垒，鼓励师生团队跨学科合作，着力建设一批跨学科创新创业平台，推出一批跨学科创新创业项目。鼓励高校依托自身优势，建设一批学校特色鲜明、培育体系完整的众创空间、孵化器、地方研究院等创新创业平台。持续推进省级产教融合示范基地建设。（省教育厅、省发展改革委）

19. 做好重点群体就业工作。重点做好高校毕业生、退役军人、城镇就业困难人员等群体就业工作，抓好零就业家庭动态清零，新增城镇就业80万人，城镇失业人员再就业30万人。（省人力社保厅）

### 五、强化创新创业投融资服务

20. 推进政府产业基金项目落地。加快推进数字经济、特色小镇、创新引领等主题基金投资运作，引导社会资本加大对创业创新领域的投资，推进容腾5G产业基金、之江前沿技术研发基金、海通并购基金等组建及投资落地，积极对接中电海康、矽力杰芯片、维信诺柔性面板、长三角数字文化产业基金等项目。加快省创新引领基金运作，力争完成10亿元的投资布局，引导企业和社会投入30亿元以上。争取国家科技成果转化引导基金在我省设立子基金，探索开展科技成果孵化、知识产权运营、技术股权交易、技术项目并购相结合的科技金融服务。（省财政厅、省科技厅、省市场监管局）

21. 深化政府采购金融服务。落实政府采购预付款制度，推进政府采购金融服务深化升级，积极助力融资畅通工程，努力缓解供应商资金难题。推动政采云平台寻找更多贷款场景，引入更多金融机构，推出更多金融产品，深入推进"政采贷""流水信用贷""采购合同贷"，使信用记录良好的供应商都有机会筹集到资金。（省财政厅）

22. 持续加强科创型企业上市培育。深入实施"凤凰行动"，推进实施企业科创板上市行动方案，大力支持科创企业上市。推进科创型上市公司并购重组。（省地方金融监管局）

23. 大力实施"融资畅通工程"。积极争取更多投贷联动试点。完善创新型企业融资风险分担机制，加大对科技金融中介机构的政策支持，鼓励银行机构创新担保抵押方式，推进专利权、商标权等知识产权质押贷款扩面增量。支持金融机构发行双创金融债，募集资金定向用于支持科创企业发展。推动科创企业在银行间市场发债融资，支持科技型龙头企业发行中期票据。开展金融科技应用试点。（中国人民银行杭州中心支行、省地方金融监管局、浙江银保监局、浙江省证监局、省市场监管局）

24. 积极发展私募金融。积极打造私募基金特色小镇,发挥集聚发展效应,以杭州玉皇山南基金小镇等为集聚平台,形成天使基金、创投基金、私募股权基金、并购基金及政府产业基金等多层次私募基金体系。落实好创业投资企业和天使投资个人税收政策,鼓励创投机构加大投资初创期科技企业。(省地方金融监管局、省发展改革委、省科技厅、浙江证监局、浙江省税务局)

### 六、营造良好的创新创业生态环境

25. 深入推进"放管服"改革。继续深化企业开办便利化改革,迭代升级"企业开办全程网上办"平台功能,进一步提升企业开办网办率。持续推进个人和企业全生命周期"一件事"全流程"最多跑一次"。推进"证照分离"改革全覆盖。推进一般企业投资项目审批竣工验收前"最多80天"改革,开展低风险小型项目"最多20个工作日"试点,完善投资项目在线平台和工程建设项目审批管理系统功能。(省委改革办、省市场监管局、省发展改革委)

26. 完善新技术新产品转化应用政策制度。创新科技成果转化机制,推进浙江知识产权交易中心建设,健全科技大市场体系,全年技术交易额达到800亿元,推动2000个授权发明专利产业化。进一步深化创新券制度,促进科研机构、实验室向社会开放,2020年新增创新券发放额3亿元,服务企业2万家次。高效落实研发费用加计扣除等税收优惠政策。强化首台套推广应用机制,新认定省级首台套产品200项,新增一批首批次新材料、首版次软件和浙江制造精品。进一步做大做强政采云"制造(精品)馆",贯彻落实对首台套产品和浙江制造精品等创新产品的政府首购制度。(省科技厅、省市场监管局、省经信厅、省科技厅、省税务局、省财政厅)

27. 健全知识产权保护机制。贯彻落实《关于全面强化知识产权工作的意见》,打造引领型知识产权强省。依托基层行业协会等社会力量,持续深化省品牌指导服务站建设,建立覆盖乡镇的知识产权综合维权援助体系。建立企业知识产权黑白名单制度,实施信用惩戒,大幅提升侵权违法成本。建立领军企业知识产权保护直通车制度。(省市场监管局、省发展改革委)

28. 开展长三角全面创新改革试验。编制长三角全面创新改革试验浙江省实施方案,探索建立长三角科技联合攻关、跨省市人才评价互认、"创新飞地"合作共建、创新券通用通兑等机制,打造长三角创新创业生态圈。(省发展改革委、省科技厅、省人力社保厅)

29. 高质量办好重大"双创"活动。全省联动办好2020年全国双创周浙江分会场活动。精心举办2020世界青年科学家峰会、中国创新创业成果交易会、"之江创客"全球电子商务创业创新大赛等活动,积极搭建项目交流对接平台。指导各双创示范基地办好"创响中国""双创主题日"等各类双创活动,进一步营造崇尚创新、鼓励创业的浓厚氛围。(省发展改革委、省科协、省科技厅、省商务厅)

浙江省发展和改革委员会办公室<br>
2020年3月24日印发

## 杭向未来·大学生创业创新三年行动计划（2020—2022年）

大学生是创业创新的主力军，是人才队伍的重要力量。为贯彻落实新发展理念，以更高站位和更大力度吸引集聚青年大学生来杭创业创新，特制订本行动计划。

### 一、行动目标

以习近平新时代中国特色社会主义思想为指引，牢固树立"人才是第一资源"的理念，牢固确立"人才引领发展"的战略地位，坚持政府引导、市场主导，坚持扶持创业、促进就业，坚持城乡一体、统筹发展，主动服务长三角一体化发展国家战略，整合创业创新资源要素，构建大学生"双创"最优生态，集聚全球大学生来杭筑梦、追梦、圆梦，为建设独特韵味别样精彩世界名城、打造展示新时代中国特色社会主义重要窗口提供强有力的青年人才支撑。

到2022年，全市新引进100万名以上大学生来杭创业创新，形成充满活力的大学生创业创新体系，涌现出一批具有全国影响力的大学生创业创新平台和创业企业，把杭州打造成为大学生"双创"人才集聚地、"双创"成果转化地、"双创"文化引领地。

### 二、主要举措

#### （一）实施百万大学生杭聚工程

1. 开展全球大学生招引。充分利用"后峰会、亚运会、现代化"契机，主动融入长三角一体化发展，围绕经济社会发展和重点产业领域人才需求，大力招引全球大学生，着力打造长三角南翼"人才特区"。加强市和区、县（市）两级联动，通过举办海外招才引智活动、长三角高层次人才招聘大会、"双一流"高校校园招聘会、高层次人才云聘会等多层次、系列化的招才活动，吸引海内外大学生来杭创业创新，为杭州发展储备人才。

2. 实施专项人才储育计划。围绕科技、教育、卫生、文化等领域和数字经济、生命健康、新材料、文化创意等重点产业，在数字经济、生命健康、新材料、钱塘金融、名师名医名家等专项人才储育计划实施中加强青年人才引育，为行业发展、产业兴盛提供青年人才储备和培育。

3. 提供专项补贴支持。对来杭工作的全球本科及以上学历应届毕业生（含毕业5年内的回国留学人员、外国人才）发放一次性生活补贴，其中本科1万元、硕士3万元、博士5万元。应届大学毕业生在富阳区、临安区、桐庐县、淳安县、建德市等西部区、县（市）工作满3年后，再给予本科1万元、硕士3万元、博士5万元的一次性生活补贴。对来杭工作的本科及以上学历应届毕业生，在杭州市无房且未享受公共租赁住房、人才租赁房等住房优惠政策的，每户每年发放1万元租房补贴，共发放3年；期满后收入低于城镇居民人均可支配收入的，可继续享受租房补贴，但最长不超过3年。

4. 加强与高校创业指导合作。建立与重点高校的战略合作，加强大学生创业创新交流与合作。推动高校就业创业指导站向长三角区域重点高校延伸，通过高校就业创业指导站宣传杭州创业创新政策，联合开展大学生招引、见习训练等活动。对新建的大学生就业创业指导站，给予每站15万元的一次性建站补贴，并采取政府购买服务的方式支持其持续开展活动。

### (二) 实施"双创"项目扶持工程

5. 设立青年人才专项。支持鼓励大学生申报国家和省青年人才培养计划，给予相应配套资助。在市全球引才"521"计划、市"万人计划"、市领军型创新创业团队等人才计划中设立青年人才专项。其中，对入选市全球引才"521"计划的青年人才给予每人50万元安家补助，对入选市"万人计划"的青年拔尖人才给予每人50万元特殊支持，对入选市领军型青年创新创业团队的给予最高300万元资助。

6. 加大创业项目资助。高层次留学回国人员（团队）在杭创业创新项目，可申请3万~100万元资助；特别项目可采取"一事一议"的办法，最高给予500万元资助。毕业5年内的普通高校毕业生（包括外国大学生、留学生）或在杭高校在校生，在上城区、下城区、江干区、拱墅区、西湖区、滨江区及富阳区范围内新创办企业，经评审通过后可给予5万~20万元无偿资助；优秀项目可采取"一事一议"的办法，最高给予50万元的无偿资助。其他区、县（市）大学生创业项目符合条件的，市财政再按当地无偿资助额50%的标准予以资助。

7. 加大经营场地房租补贴支持。在校大学生或毕业5年内的高校毕业生在杭新创办企业租赁办公用房的，可享受3年内最高10万元的经营场所房租补贴。大学生创业企业入驻创业陪跑空间，可按规定享受创业陪跑空间房租补贴。各地各有关部门要结合实际，在房租减免等方面积极予以支持。

8. 加大创业创新金融支持。符合条件的大学生创业者，可申请最高50万元的创业担保贷款。来杭工作本科及以上学历的应届毕业生可申请最高30万元、为期3年的基准利率贷款。发挥各级财政资金的引领示范效应，鼓励设立成长型大学生创业企业投资引导基金，带动社会资本对大学生创业企业进行投资扶持。实施大学生创业"风险池"基金项目，对符合条件的创业企业原则上给予不高于年1%的优惠担保费率和不超过基准利率上浮10%的优惠贷款利率。支持做大做强"海大基金""涌泉基金""创业陪跑基金"等民间投资基金，鼓励创业成功者反哺社会，帮助处于种子期、初创期的大学生创业企业茁壮成长。

9. 加大知识产权创造资助。符合条件的大学生创业者在杭注册的企业获得国内职务发明专利授权的，每件资助7000元，获得国内非职务发明专利授权的，每件资助2500元；符合条件的创业企业获得美国、日本和欧洲发明专利授权的，每件最高资助2万元；在"市长杯"高价值知识产权创新创意大赛中获得金奖、银奖、铜奖、优胜奖的单位或个人，分别给予30万元、15万元、5万元和2万元资助。

### (三) 实施"双创"人才培育工程

10. 鼓励大学生来杭见习。深入开展我市大学生见习训练工作。给予见习学员生活补贴、见习训练基地训练费补贴等相应补助。将大学生企业实训纳入大学生见习训练，优化见习训练基地认定程序，完善见习训练工作机制，鼓励和吸引全国大学生来杭见习就业。

11. 实施杰出创业人才培育计划。加大对大学生杰出创业人才的培育力度，每年选拔20名培育对象，给予每人50万元培育扶持资金（40万元为资助资金，10万元为进行境外高端参访和培训的资金）。

12. 高质量办好大学生创业学院。联合浙江大学等高校办好杭州大学生创业学院，针对不同阶段创业大学生，开设创业雏鹰班、强鹰班、精英班，开展体系化、梯度化培训。组织实施"双营计划"，依托在杭高校和杭州大学生创业学院，举办杭州大学生创业训练营，对

## 部分创业政策及文件(浙江)

有创业意愿的在校大学生进行有针对性的创业培训;举办大学生创业实践营,对经大学生创业训练营选拔的创业大学生,通过与创业导师结对,进行"一对一"创业实践辅导。

13. 大力培养大学生工匠。加大大学生高技能人才培养力度,鼓励青年大学生参加岗位技能培训和技能大赛。鼓励职业院校学生在获得学历证书的同时,积极取得多类职业技能等级证书,拓展就业创业本领。加强数字经济等重点产业领域的大学生技能人才培养,大力培养大学生"数字工匠",助力先进制造业基地建设。

14. 加大"双创"培训机构建设。鼓励社会力量开展大学生创业培训,每年从培训数量、质量达到相应标准的创业培训机构中择优评选10家左右,给予每家12万元奖励。实施创业创新人才垂直培育计划,聚焦我市重点产业需求,采取多维协同培育模式,每年择优认定10家左右垂直培育示范基地,给予每家20万元的培训补助。

15. 深化推进"师友计划"。健全创业导师机制,拓宽创业导师聘任范围,建立全市统一的大学生创业导师库。创业导师每结对1名大学生或1个大学生创业团队进行创业辅导的,可享受2000元的综合性补贴;指导大学生或大学生创业团队新办企业在上城区、下城区、江干区、拱墅区、西湖区、滨江区领取营业证照且稳定经营12个月以上的,可享受8000元绩效性补贴。创业导师参加就业创业主题宣讲、咨询、赛事评审等专项服务活动,可享受每人每次1000元的补贴。

### (四) 实施"双创"平台提升工程

16. 提升创业大赛品牌效应。提升"创客天下·杭向未来"杭州海外高层次人才创新创业大赛水平,大力推动项目落地,对符合条件的获奖落地项目给予20万~500万元资助。完善中国杭州大学生创业大赛赛区办赛模式,依托第三方社会化创业服务机构征集优质创业项目,优化大赛落地服务体系,入围大赛400强以上项目在杭落地转化的,可免于评审,直接申请享受5万~100万元无偿资助。支持"创青春""互联网+"等国家部委举办的大学生创业大赛,获金、银、铜奖(或前三等相当奖项)并在杭落地的项目,可免于评审,直接申请享受50万元、30万元、20万元的项目无偿资助。

17. 加强博士后科研工作站建设。实施博士后倍增计划,加大博士后人才引育力度,支持博士后流动站、工作站建设,给予新设立的国家级博士后流动站、工作站每家100万元资助,给予新设立的省级博士后工作站每家50万元资助。每年招收博士后300名以上,博士后在站期间,给予设站单位每人2年16万元日常经费和5万元科研资助经费,给予博士后每人每年12万元生活补贴,国(境)外博士后每人再增加5万元一次性生活补贴。对出站留杭(来杭)工作的博士后,给予每人40万元一次性补助。

18. 优化大学生创业园功能。完善大学生创业园、留学人员创业园的创业公共服务体系。进一步发挥特色小镇和各类孵化器、众创空间等平台吸引集聚大学生创业创新的作用,扩大市级大学生创业园在高校的覆盖面,对集聚30家以上大学生创业企业的,可认定为市级大学生创业园。经认定的市级大学生创业园、留学人员创业园,给予每家100万元的一次性建园资助;每两年对市级大学生创业园和留学人员创业园进行考核,按考核优秀、良好、合格3个等次分别给予30万元、20万元、10万元资助。

19. 加强众创空间建设。进一步加强众创空间、孵化器的生态体系建设,坚持需求导向、产业导向和国际化理念,在数字经济、生命健康等重点产业领域,着力引导众创空间专业化和国际化发展,构建"众创空间+孵化器+特色园区"的孵化链条,提升对"双创"

人才的吸引力和聚集力。

### （五）实施"双创"服务优化工程

20. 推进大学生创业创新"一件事"联办。以"一件事"为标准，通过事项梳理、平台搭建、流程优化、材料精简、数据共享、部门联动，将大学生创业企业生命周期的补贴申请、人才就业公共服务、公租房申请、公积金缴纳、市民卡申领等办事需求和部门间政务办事关联，打造大学生创业创新"一站式"服务平台。

21. 建立大学生"双创"资源对接平台。建立全市创业数据库，搭建资源和对接交流平台，促进产业园区、投资机构、创业孵化器、服务机构与大学生创业人才的互动。充分运用大数据共享手段，强化大学生创业数据统计工作。

22. 引导社会力量支持大学生创业。鼓励、支持社会机构承办、主办各类大学生创业创新大赛、创业活动，每年择优评选10项社会组织主办的大学生创业创新品牌活动，每项给予最高10万元资助。鼓励支持大学生创业企业根据杭州市科技创新券实施管理办法的规定领取和使用创新券，借助社会创新资源开展技术创新活动。发挥大学生创业促进会、大学生创业联盟、创业陪跑基金会、杭州学子工作站等作用，开展"优秀学子杭州行"、国际众创大会、国际创业马拉松等"双创"活动，服务和推动大学生创业创新。

### 三、组织保障机制

23. 强化组织领导。将大学生"双创"工作列入对各地各有关部门人才工作目标责任制考核和就业创业督查激励内容。建立大学生"双创"联席会议机制，充分发挥各成员单位的职能作用，及时沟通协调、研究解决大学生"双创"过程中的难点问题，合力推动大学生"双创"工作再上新台阶。各区、县（市）和各职能部门要主动服务，支持、帮助大学生创业创新、成就梦想。

24. 落实经费保障。各区、县（市）和有关部门要研究制定相关配套政策，加大经费保障力度，按时足额拨付、兑现相关经费，确保政策执行到位。加强对人才、就业等专项资金的管理和绩效评估，切实发挥专项资金的效益。注重信用建设，将违规骗取财政资金的创业大学生和创业企业，依法纳入市失信黑名单，对被列入国家、省、市失信黑名单的大学生创业者和企业，拒绝提供财政资金支持。

25. 营造良好氛围。确定每年6月13日为大学生"双创日"，开展"双创日"活动，评选"杭州大学生创业之星"，组织"双创"论坛、"创业名家说"等活动，大力培育创业创新文化，激发大学生创业创新热情。举办大学生旅游节，发放杭州市文化旅游卡，营造创新创优安居乐业在杭州的文化氛围，增强城市吸引力。

本通知自2020年5月15日起实施，有效期3年，由市人力社保局、市财政局等相关部门按职能负责组织实施。财政资金分担比例暂按原政策比例执行，其中，新增项目按照资金承担属地原则执行。前发《杭州市人民政府办公厅关于印发杭州市大学生创业三年行动计划（2017—2019年）的通知》（杭政办函〔2017〕122号）同时废止。各区、县（市）可根据本行动计划，结合实际，制订本地实施计划。

## 杭州市现行就业创业政策问答

### 一、问：制定现行就业创业政策的背景是什么？

答：中国特色社会主义进入了新时代。党的十九大报告提出要坚持就业优先战略和实施积极就业政策，实现更高质量和更充分就业。随着经济发展从粗放扩张型向质量效益型转变，就业也要从原来的数量扩张型向更注重质量提升转变，就业工作要在解决就业结构性矛盾上取得新突破，在实现高质量发展上取得新进展。面对新的形势，2017年7月13日，国务院出台了《关于做好当前和今后一段时期就业创业工作的意见》（国发〔2017〕28号）；2017年10月13日，省政府出台了《关于做好当前和今后一段时期就业创业工作的实施意见》（浙政发〔2017〕41号）。按照国务院、省政府的部署和文件精神，结合我市当前就业形势，围绕实现更高质量和更加充分就业两个总目标，把握提高就业质量、破解结构性就业矛盾和提供全方位公共就业服务三大主题，我市在2018年8月27日出台了《杭州市人民政府关于做好新形势下就业创业工作的实施意见》（杭政函〔2018〕81号）。

为做好"稳就业"工作，2018年11月16日，国务院出台了《国务院关于做好当前和今后一个时期促进就业工作的若干意见》（国发〔2018〕39号），并要求各省、自治区、直辖市人民政府在文件印发30日内出台具体实施办法；2019年1月7日浙江省人民政府印发《浙江省人民政府关于做好当前和今后一个时期促进就业工作的实施意见》（浙政发〔2018〕50号），要求各市市政府要在文件印发30日内，制定出台实施细则。按照国务院、省政府的部署和文件精神，结合我市实际，市政府于2019年2月3日印发了《杭州市人民政府关于做好当前和今后一个时期促进就业工作的实施意见》（杭政函〔2019〕19号）文件，自2019年3月6日起由市人力资源和社会保障局负责牵头组织施行。

### 二、问：现行就业创业政策的主要特点是什么？

答：现行就业创业政策以习近平新时代中国特色社会主义思想为指引，以劳动者为中心，坚持把就业作为经济发展的优先目标，深入实施就业优先战略，采取更加积极的政策举措，确保当前和今后一个时期就业局势稳定，具有鲜明的杭州特色和新时代特征，主要特点有：紧扣一条主线，即紧扣就业创业工作主要矛盾变化；围绕两个更的总目标，即实现更高质量和更充分就业；把握三大主题，即提高就业质量、破解结构性就业矛盾、提供全方位公共就业服务；突出"四个注重"，即把握形势要求、注重提高就业质量，培育新兴业态、注重创业带动就业，突出重点群体、注重青年就业创业，坚守就业底线、注重政府责任担当。

稳定就业方面，围绕"四个重点"下功夫：一是减负担增活力，支持企业发展；二是强扶持精服务，支持自主创业；三是优培训提能力，支持职业能力建设；四是保基本兜底线，支持重点群体就业。

### 三、问：现行就业创业政策实施以后，哪些人员可以申请认定为就业困难人员？

答：市区登记失业人员中的下列人员可申请认定为就业困难人员：

1. 城镇零就业家庭人员，即城镇居民家庭中在法定劳动年龄内有劳动能力和就业愿望的具有法定赡养（抚养、扶养）义务关系的人员均处于失业状态且无经营性或投资性收入的人员；

2. 低保和低保边缘家庭成员；
3. 领取失业保险金期间并连续登记失业 1 年以上的人员；
4. 有一定劳动能力并有就业愿望的残疾人；
5. 连续登记失业半年以上的女 45 周岁以上、男 55 周岁以上人员。

**四、问：我市现行就业创业政策中，主要有哪些促进大学生就业的优惠政策？**

答：（一）高校毕业生到中小微企业就业补贴、小微企业新招用高校毕业生社保补贴

1. 毕业 2 年以内的高校毕业生 2016 年 2 月 1 日以后被小微企业新招用或 2018 年 10 月 1 日以后被中型企业新招用（其中，办理就业登记、依法连续缴纳社会保险费满 12 个月且工资收入低于上年度市区全社会在岗职工平均工资的），可享受每年 2000 元的就业补贴，期限不超过 3 年。

2. 小微企业 2016 年 1 月 1 日以后或社会组织 2018 年 10 月 1 日以后新招用毕业 2 年以内高校毕业生，办理就业登记，依法缴纳社会保险费满 12 个月的，给予该企业（社会组织）社保补贴，补贴标准按企业（社会组织）为该高校毕业生实际缴纳的基本养老保险、基本医疗保险和失业保险费之和计算，期限为 1 年。

以上两项政策不重复享受。

（二）高校毕业生到养老、家政服务和现代农业企业就业补贴

毕业 5 年以内的高校毕业生到经认定的养老、家政服务和现代农业企业就业，签订 1 年以上劳动合同并依法在杭缴纳社会保险费的，在劳动合同期限内可享受每年 1 万元的就业补贴，补贴期限不超过 3 年。

（三）高校毕业生一次性临时生活补贴

2016 年 2 月 1 日后，市区生源应届的困难家庭高校毕业生和就业困难高校毕业生在市区登记失业的，可享受一次性 1000 元的临时生活补贴。

困难家庭高校毕业生是指城镇零就业家庭、城乡低保户、低保边缘户、父母亲患重大疾病造成家庭经济特别困难、家庭遭遇重大变故、孤儿及烈士子女等困难家庭高校毕业生；就业困难高校毕业生是指登记失业 6 个月以上高校毕业生和残疾高校毕业生。

（四）高校毕业生求职创业补贴

求职创业补贴发放对象为在毕业年度内有就业愿望、积极求职并符合下列条件之一的全日制普通高等学校毕业生（技工院校高级工班和技师班的毕业生参照执行）：

1. 来自城乡居民最低生活保障家庭；
2. 孤儿；
3. 持证残疾人；
4. 在校期间已获得校园地国家助学贷款；
5. 来自建档立卡贫困家庭；
6. 来自贫困残疾人家庭（城乡低保边缘家庭且毕业生父母其中一方为持证残疾人）。

升学、出国、应征入伍、参加基层服务项目、定向培养以及暂无就业意愿的除外。

求职创业补贴发放标准为每人一次性 3000 元。

申请程序：符合条件的毕业生可在规定时间内通过"浙江就业网"个人服务中"求职创业补贴申领"入口（网址：http：//www.zjjy.gov.cn/）注册申请并上传相关证明材料。

### （五）见习训练

1. 就业见习。

就业见习的对象包括：

（1）市区生源见习训练对象。

①全日制普通高校毕业学年大学生；

②全日制普通高校离校 2 年内未就业的高校毕业生；

③全日制技工院校高级工、技师培养阶段的毕业学年学生；

④离校 2 年内未就业的经学历认证的留学回国人员；

⑤离校 2 年内未就业的取得高级以上职业资格证书的全日制技工院校毕业生；

⑥离校 2 年内未就业的全日制特殊教育院校职业教育类毕业生。

（2）非市区生源见习训练对象。

①在杭全日制普通高校毕业学年大学生；

②在杭全日制技工院校高级工、技师培养阶段的毕业学年学生；

③台湾籍在校大学生及毕业 2 年内未就业的高校毕业生；

④16～24 岁在杭登记失业青年。

对口支援（帮扶）地区生源大学生可参照市区生源大学生享受见习训练政策。

补贴项目及标准：

（1）见习学员生活补贴。补贴标准为杭州市区最低月工资标准的 70%。

（2）见习学员综合商业保险补贴。补贴标准为每人每半年 50 元。

（3）见习基地训练费补贴。补贴标准为每人每月 400 元。

（4）招用补贴。补贴标准为每人一次性 1500 元。

（5）见习基地建设补助。补贴标准为每人 200 元、最高不超过 5 万元。

申请程序：申请就业见习训练补贴的单位应在符合补贴条件后的 1 年内登录杭州市人力资源和社会保障网申请。

2. 创业见习。

创业见习的对象为在校大学生及毕业 5 年以内的高校毕业生。

补贴项目及标准：

（1）见习学员生活补贴。补贴标准为杭州市区最低月工资标准的 70%。

（2）见习学员综合商业保险补贴。补贴标准为每人每半年 50 元。

（3）见习基地训练费补贴。补贴标准为每人每月 400 元。

（4）见习孵化补助。补贴标准为每个项目 3 万元或 5 万元。

申请程序：申请创业见习训练补贴的单位应在符合补贴条件后的 1 年内向杭州市人力社保经办部门提出申请。

### （六）高校毕业生灵活就业社保补贴

2018 年 10 月 1 日后，毕业 2 年以内的高校毕业生在市区从事列入《享受高校毕业生灵活就业社保补贴岗位（工种）目录》的岗位（工种），申报就业并以灵活就业人员身份缴纳社会保险费的,可享受每月 300 元的补贴,补贴期限不超过 3 年。

### (七) 职业技能培训(鉴定)补贴

大学生(在杭高校大学生、毕业 2 年以内在杭高校或杭州市生源离校未就业高校毕业生)在定点培训机构参加技能培训,取得职业资格证书并在杭州市区就业创业(就业的需签订 1 年以上劳动合同并缴纳杭州市区社会保险费,创业的需工商注册登记或持有网络创业认定证明且本人需担任法定代表人或负责人),按照市人力资源和社会保障部门公布的职业技能培训补贴项目和补贴标准,可享受一次 50% 标准的培训鉴定补贴,其中属当年杭州市紧缺职业(工种)的,可享受一次全额补贴。杭州市户籍的学生取得职业资格证书即可以补贴。补贴可委托定点培训机构申报或由个人申报。

### (八) 创业培训补贴

大学生(在杭高校大学生、毕业 2 年以内在杭高校或杭州市生源离校未就业高校毕业生)在定点培训机构参加 SYB(Start Your Business,创办你的企业)、网络创业培训、"8 + X"模拟公司创业实训并取得培训合格证书,且在市区就业创业的(就业的需签订一年以上劳动合同并缴纳杭州市区社会保险费,创业的需工商注册登记或持有网络创业认定证明且本人为单人法定代表人或负责人),可分别按培训项目每人享受 800 元、1000 元、1200 元的培训补贴,其中 SYB 和 "8 + X"模拟公司创业实训不可重复享受。成功创业后,再参加 IYB(Improve Your Business,改善你的企业)培训并取得培训合格证书的,每人可享受 600 元的培训补贴。杭州市户籍的大学生取得培训合格证书即可享受补贴。补贴委托定点培训机构申报。

### (九) 创业补贴

1. 一次性创业补贴。2016 年 2 月 1 日后,在校大学生、毕业 5 年以内高校毕业生在市区首次创办企业或个体工商户,并以灵活就业人员身份缴纳社会保险费或由其创办的经营实体为其依法连续缴纳社会保险费 12 个月以上的,可享受 5000 元的一次性创业补贴。

2. 高校毕业生创办养老、家政服务和现代农业企业补贴。在校大学生和毕业 5 年以内高校毕业生在市区初次创办养老、家政服务和现代农业企业,并担任法定代表人或主要负责人的,经认定,可给予企业连续 3 年的创业补贴,补贴标准为第一年 5 万元、第二年 3 万元、第三年 2 万元。具体操作细则正在制定中,申请时间和地点等事项待定。

3. 创业担保贷款及贴息。在市区创办企业、个体工商户(含经认定的网络创业)或民办非企业等经营实体且登记注册 5 年以内的劳动者,可申请不超过 50 万元的贷款;对从事科技成果转化研发、文化创意、未来产业项目的借款人(含小微企业),带动就业(连续缴纳社会保险费 12 个月以上)5 人以上(小微企业 20 人以上)且按时还本付息的,可累计给予不超过 3 次的创业担保贷款贴息,每次贴息期限最长不超过 3 年。

对在校大学生、毕业 5 年(含)以内高校毕业生(市区户籍不设毕业年限)实行全额贴息,对其他人群实行 50% 贴息,贴息期限最长不超过 3 年。

4. 创业带动就业补贴。2016 年 2 月 1 日后,市区由在校大学生、毕业 5 年以内高校毕业生创办的企业或个体工商户,带动 3 人(不含法定代表人或负责人及已享受其他有关就业创业补助和社保补贴的人员)就业,并依法连续为其缴纳社会保险费满 12 个月的,可享受每年 2000 元的带动就业补贴;在带动 3 人就业基础上,每增加 1 人可再享受每人每年 1000 元补贴;每年补贴总额不超过 2 万元,补贴期限自符合补贴条件之月起不超过 3 年。补贴期限内,补贴对象符合补贴条件人数不足 3 人的,不予补贴。

5. 创业项目无偿资助。在杭普通高校在校生和毕业5年以内全国普通高校毕业生，在市区新创办企业，符合条件的可申请2万~20万元大学生创业项目无偿资助。

6. 农村电商创业补贴。在校大学生、毕业5年以内高校毕业生在县（市）、市区的行政村从事电子商务创业或在市区从事农产品网络销售创业，达到一定网络销售额且符合享受一次性创业社保补贴、带动就业补贴条件的，补贴标准上浮20%。市区一次性创业社保补贴标准为6000元。市区创业带动3人就业的，补贴标准为2400元/年；在带动3人就业基础上每增加1人可再享受每人每年1200元补贴；每年补贴总额不超过24000元。

7. 创业场地扶持政策。

（1）大创园政策。

新办大学生创业企业入驻市级大学生创业园的，3年内由创业园所在区、县（市）政府为其提供50平方米以内的免费经营场地；在创业园外租赁房屋用于创业的，3年内由纳税地区财政给予100平方米以内的房租补贴，补贴标准为第一年补贴1元/（平方米·天），第二、第三年补贴0.5元/（平方米·天）。对于享受场地补贴满3年的成长型大学生创业企业，如果在享受场地补贴的3年内年均销售收入达100万元且年均纳税超过5万元的，可按前款标准再给予3年免费经营场地或0.5元/（平方米·天）场地补贴。四区三县（市）可根据当地租金水平，适当调整补贴标准。

（2）创业陪跑空间政策。

在校大学生和毕业5年以内高校毕业生创办企业、个体工商户或民办非企业等经营实体入驻创业陪跑空间的，3年内可按规定享受50平方米以内的房租补贴，补贴标准最高为3元/（平方米·天）。

### 五、问：我市现行就业创业政策对市区就业困难人员主要有哪些就业援助政策？

答：（一）用工社保补贴

省内用人单位招用市区就业困难人员（公益性岗位以及劳务派遣至市、区两级机关和全额拨款事业单位的除外），办理就业登记并依法缴纳社会保险费满12个月的，可申请享受用工社保补贴。

享受标准：距法定退休年龄不足5年的，每人每月800元；其他人员每人每月600元。

补贴期限：用人单位自为就业困难人员缴纳社会保险费之月起享受此项政策，补贴期限至其政策享受凭证有效期满。

（二）灵活就业社保补贴

市区就业困难人员申报灵活就业并在市区以灵活就业人员身份缴纳社会保险费的，可申请享受灵活就业社保补贴。

享受标准：距法定退休年龄不足2年的，每人每月500元；低保和低保边缘家庭成员，每人每月400元；其他人员每人每月300元。

补贴期限：就业困难人员自申报就业当月起享受补贴，补贴期限至其政策享受凭证有效期满。当月未缴纳社会保险费的，自缴纳社会保险费之月起享受。

（三）创业担保贷款及贴息

在市区创办企业、个体工商户（含经认定的网络创业）或民办非企业等经营实体且登记注册 5 年以内的就业困难人员，可申请不超过 50 万元贷款，按时还本付息后，实行全额贴息，贴息期限最长不超过 3 年；对从事科技成果转化研发、文化创意、未来产业项目的借款人（含小微企业），带动就业（连续缴纳社会保险费 12 个月以上）5 人以上（小微企业 20 人以上）且按时还本付息的，可累计给予不超过 3 次的创业担保贷款贴息，每次贴息期限最长不超过 3 年。

### （四）自主创业社保补贴

市区就业困难人员在省内创办企业、个体工商户或民办非企业，并以灵活就业人员身份缴纳社会保险费或由其创办的经营实体为其依法连续缴纳社会保险费 12 个月以上的，可申请享受自主创业社保补贴，补贴标准为每人每月 500 元。

补贴期限：就业困难人员自领取营业证照并缴纳社会保险费之月起享受该项政策。补贴期限至其政策享受凭证有效期满。

### （五）创业场地扶持政策

就业困难人员创办企业、个体工商户或民办非企业等经营实体入驻创业陪跑空间的，3 年内可按规定享受 50 平方米以内的房租补贴，补贴标准最高为 3 元／（平方米·天）。

2016 年 2 月 1 日后，就业困难人员在创业陪跑空间以外市区范围内租赁房屋创业且符合相关条件的，3 年内可享受 100 平方米以内的房租补贴，补贴标准为第一年补贴 1 元／（平方米·天），第二年和第三年补贴 0.5 元／（平方米·天）。

### （六）公益性岗位政策

对承接公益性岗位的用人单位安排市区就业困难人员在全日制公益性岗位就业的，按每人每月市区月最低工资标准的 130% 给予用人单位补贴；对安排市区就业困难人员在非全日制公益性岗位就业的，按每人每月市区月最低工资标准的 80% 给予用人单位补贴。

### （七）就业困难人员一次性生活补贴

就业困难人员在 2019 年 1 月 1 日至 2020 年 12 月 31 日（以人社部门备案时间为准）参加培训的，按实际培训天数给予 50 元／天的一次性生活补贴，生活补贴总额不超过当地最低生活保障标准，每人每年享受一次，领取生活补贴期间不再同时领取失业保险金。

## 六、问：我市现行就业创业政策对登记失业人员主要有哪些就业援助政策？

### 答：（一）创业担保贷款及贴息

在市区创办企业、个体工商户（含经认定的网络创业）或民办非企业等经营实体且登记注册 5 年以内的登记失业人员，可申请不超过 50 万元贷款；对从事科技成果转化研发、文化创意、未来产业项目的登记失业人员（含小微企业），带动就业（连续缴纳社会保险费 12 个月以上）5 人以上（小微企业 20 人以上）且按时还本付息的，可累计给予不超过 3 次的创业担保贷款贴息，每次贴息期限最长不超过 3 年。

对市区户籍的登记失业人员实行全额贴息，对其他人员给予 50% 贴息，贴息期限最长不超过 3 年。

### （二）一次性创业补贴

2016 年 2 月 1 日后，登记失业半年以上人员在市区首次创办企业或个体工商户，并以灵活就业人员身份缴纳社会保险费或由其创办的经营实体为其依法连续缴纳社会保险费 12 个月以上的，可享受 5000 元的一次性创业补贴。

## 部分创业政策及文件(浙江) 附录

### (三) 创业带动就业补贴

2016年2月1日后,市区由登记失业半年以上人员创办的企业或个体工商户带动3人(不含法定代表人或负责人及已享受其他有关就业创业补助和社保补贴的人员)就业,并依法连续为其缴纳社会保险费满12个月的,可享受每年2000元的带动就业补贴;在带动3人就业基础上,每增加1人可再享受每人每年1000元补贴;每年补贴总额不超过2万元。

补贴期限:自符合补贴条件之月起不超过3年。补贴期限内,补贴对象符合补贴条件人数不足3人的,不予补贴。

### (四) 农村电商创业补贴

登记失业半年以上人员在县(市)、市区的行政村从事电子商务创业或在市区从事农产品网络销售创业,达到一定网络销售额且符合享受一次性创业社保补贴、带动就业补贴条件的,补贴标准上浮20%。市区一次性创业社保补贴标准为6000元。市区创业带动3人就业的,补贴标准为2400元/年;在带动3人就业基础上每增加1人可再享受每人每年1200元补贴;每年补贴总额不超过24000元。

### (五) 创业场地扶持政策

登记失业半年以上人员创办企业、个体工商户或民办非企业等经营实体入驻创业陪跑空间的,3年内可享受50平方米以内的房租补贴,补贴标准最高为3元/(平方米·天)。

2016年2月1日后,登记失业人员在创业陪跑空间以外市区范围内租赁房屋创业且符合相关条件的,3年内可享受100平方米以内的房租补贴,补贴标准为第一年补贴1元/(平方米·天),第二年和第三年补贴0.5元/(平方米·天)。

### (六) 人力资源服务机构等市场主体服务补贴

人力资源服务机构等市场主体参与省、市人力社保部门组织的企业间、地区间劳动力余缺调剂,帮助失业职工等重点人群在市区用人单位就业并连续缴纳社会保险费6个月以上的,对该市场主体按500元/人的标准给予一次性就业创业服务补贴。

具体操作细则正在制定中,申请时间和地点等事项待定。

### (七) 困难失业人员一次性临时生活补助

失业登记满6个月的低保和低保边缘家庭中的失业人员,按6个月最低生活保障标准申请一次性临时生活补助。对符合最低生活保障条件的家庭,及时纳入最低生活保障范围。对符合临时救助条件的家庭或个人,及时给予临时救助。

### (八) 职业技能培训(鉴定)补贴

登记失业人员在定点培训机构参加技能培训,取得职业资格证书的,按照市人力资源和社会保障部门公布的职业技能培训补贴项目和补贴标准,每年可享受一次全额标准的培训鉴定补贴。补贴可委托定点培训机构申报或由个人申报。

### (九) 创业培训补贴

登记失业人员在定点培训机构参加GYB(Generate Your Business Idea,产生你的企业想法)、SYB、网络创业培训并取得培训合格证书的,可分别按培训项目给予每人200元、800元、1200元的培训补贴;成功创业后,再参加IYB培训并取得培训合格证书的,每人可享受600元的培训补贴。补贴委托定点培训机构申报。

**七、问：我市现行就业创业政策对外来务工人员在杭创业主要有哪些优惠政策？**

答：（一）自主创业社保补贴

在杭州市区缴纳社会保险费满10年的外来务工人员，在市区创办企业、个体工商户或民办非企业，并依法缴纳社会保险费满12个月的，可以享受每月300元的自主创业社保补贴。

补贴期限：自领取营业证照并缴纳社会保险费之月起享受，补贴期限不超过3年。

（二）创业担保贷款及贴息

在市区创办企业、个体工商户（含经认定的网络创业）或民办非企业等经营实体且登记注册5年以内的外来务工人员，可申请不超过50万元贷款，按时还本付息后，给予50%贴息，贴息期限最长不超过3年；对从事科技成果转化研发、文化创意、未来产业项目的借款人（含小微企业），带动就业（连续缴纳社会保险费12个月以上）5人以上（小微企业20人以上）且按时还本付息的，可累计给予不超过3次的创业担保贷款贴息，每次贴息最长期限不超过3年。

**八、问：我市现行就业创业政策对退役军人、随军家属主要有哪些就业扶持政策？**

答：（一）一次性用工社保补贴

市区用人单位招用市区退役士兵、随军家属，办理就业登记并依法连续缴纳社会保险费12个月以上的，可按每人2000元的标准享受一次性用工社保补贴。

补贴期限：补贴期限自用人单位为补贴对象缴纳社会保险费首月起12个月。

（二）创业带动就业补贴

2016年2月1日后，市区由转业复退军人创办的企业或个体工商户带动3人（不含法定代表人或负责人及已享受其他有关就业创业补助和社保补贴的人员）就业，并依法连续为其缴纳社会保险费满12个月的，可享受每年2000元的带动就业补贴；在带动3人就业基础上，每增加1人可再享受每人每年1000元补贴；每年补贴总额不超过2万元，期限不超过3年。

补贴期限：自符合补贴条件之月起不超过3年。补贴期限内，补贴对象符合补贴条件人数不足3人的，不予补贴。

（三）一次性创业补贴

2016年2月1日后，自主择业军转干部和自主就业退役士兵、随军家属在市区首次创办企业或个体工商户，并以灵活就业人员身份缴纳社会保险费或由其创办的经营实体为其依法连续缴纳社会保险费12个月以上的，可享受5000元的一次性创业补贴。

补贴期限：补贴期限自用人单位为补贴对象缴纳社会保险费首月起12个月。

（四）创业担保贷款及贴息

在市区创办企业、个体工商户（含经认定的网络创业）或民办非企业等经营实体且登记注册5年以内的转业复退军人，可申请不超过50万元贷款，按时还本付息后，对市区户籍的转业复退军人给予全额贴息，对其他人员给予50%贴息，贴息期限最长不超过3年；对从事科技成果转化研发、文化创意、未来产业项目的借款人（含小微企业），带动就业

（连续缴纳社会保险费12个月以上）5人以上（小微企业20人以上）且按时还本付息的，可累计给予不超过3次的创业担保贷款贴息，每次贴息最长期限不超过3年。

### （五）创业场地扶持政策

自主择业军转干部和自主就业退役士兵创办企业、个体工商户或民办非企业等经营实体入驻创业陪跑空间的，3年内可享受50平方米以内的房租补贴，补贴标准最高为3元/（平方米·天）。

2016年2月1日后，转业复退军人在创业陪跑空间以外市区范围内租赁房屋创业且符合相关条件的，3年内可享受100平方米以内的房租补贴，补贴标准为第一年补贴1元/（平方米·天），第二年和第三年补贴0.5元/（平方米·天）。

### （六）职业技能培训（鉴定）补贴

转业复退军人在定点培训机构参加技能培训，取得职业资格证书的，按照市人力资源和社会保障部门公布的职业技能培训补贴项目和补贴标准，每年可享受一次全额标准的培训鉴定补贴。补贴可委托定点培训机构申报或由个人申报。

### （七）创业培训补贴

转业复退军人在定点培训机构参加GYB、SYB、网络创业培训并取得培训合格证书的，可分别按培训项目每人享受200元、800元、1200元的培训补贴；成功创业后，再参加IYB培训并取得培训合格证书的，每人可享受600元的培训补贴。补贴委托定点培训机构申报。

## 九、问：我市现行就业创业政策对企业等经营实体主要有哪些扶持政策？

### 答：（一）用工社保补贴

省内用人单位招用市区就业困难人员（公益性岗位以及劳务派遣单位派遣至机关、全额拨款事业单位的除外），办理就业登记并依法缴纳社会保险费满12个月的，可享受用工社保补贴。补贴标准为距法定退休年龄不足5年的，每人每月800元；其他人员每人每月600元。

市区用人单位招用市区退役士兵、随军家属，办理就业登记并依法连续缴纳社会保险费12个月以上的，可按每人2000元的标准享受一次性用工社保补贴。

补贴期限：自用人单位为补贴对象缴纳社会保险费之月起享受政策，补贴期限至其政策享受凭证有效期满（退役士兵、随军家属一次性用工社保补贴自用人单位为补贴对象缴纳社会保险费首月起12个月）。

### （二）小微企业新招用高校毕业生社保补贴

小微企业新招用毕业2年以内高校毕业生，办理就业登记，依法为其缴纳社会保险费满12个月的，企业可按为其缴纳的基本养老、医疗和失业保险费之和享受社保补贴。

补贴期限：补贴期限为补贴对象为其缴纳社会保险费首月起的12个月。

### （三）农村电商企业招用高校毕业生社保补贴

农村电商企业2016年2月1日后招用毕业年度离校未就业高校毕业生的，企业可按为其实际缴纳的基本养老、医疗和失业保险之和享受农村电商企业招用高校毕业生社保补贴，补贴期限不超过3年。

### （四）小微企业创业担保贷款及贴息

小微企业招用重点人群［在校大学生、毕业5年（含）以内高校毕业生、市区户籍的登记失业人员、就业困难人员、转业复退军人]和非市区户籍在市区登记失业人员的总数达到现有在职职工总数20%以上（超过100人的企业达到10%以上），办理就业登记并依法缴纳社会保险费满12个月的，可申请小微企业创业担保贷款，贴息贷款的本金最高额度按"企业吸纳重点人群和非市区户籍在市区登记失业人员就业人数×20万元"计算，最高不超过300万元（未来产业领域的小微企业，可申请贴息贷款的本金最高不超过500万元）；其中对入驻科技孵化器或入驻经各级人力社保部门认定的创业孵化基地的，给予全额贴息，对其他企业实行50%贴息，贴息期限不超过3年。从事科技成果转化研发、文化创意、未来产业项目的小微企业，带动就业20人以上且按时还本付息的，可累计给予不超过3次的贴息，每次贴息期限不超过3年。

### （五）稳岗保险费返还政策

1. 企业失业保险费返还：对不裁员或少裁员的企业，可按其上年度实际缴纳失业保险费的50%予以返还。

2. 困难企业社会保险费返还：2019年1月1日至12月31日，对面临暂时性生产经营困难且恢复有望、坚持不裁员或少裁员的企业，可按企业及其职工应缴纳的6个月社会保险费的50%予以返还。

以上两项返还政策不重复享受。具体操作细则正在制定中，申请时间和地点等事项待定。

### （六）企业新型学徒制培训补贴

把企业新招用和新转岗人员纳入学徒范围，通过校企合作，广泛开展技能培训，并给予企业培训补贴，补贴金额按企业支付给培训机构培训费用的60%确定，每人每年最高不超过6000元，补贴期限最长不超过2年。

### （七）用人单位岗前、在岗转岗技能培训（鉴定）补贴

用人单位招用员工，签订劳动合同且缴纳杭州市区社会保险费，在6个月内组织岗前技能培训的，根据取得职业资格证书或专项职业能力证书人数，可享受一次全额标准的培训鉴定补贴。其中杭州市区小微企业新招用毕业年度（毕业当年1月1日至12月31日）高校毕业生，在6个月内开展岗前技能培训的，培训鉴定补贴标准可上浮20%。

用人单位针对本单位职工开展在岗、转岗技能培训或技能人才自主评价的，根据取得职业资格证书人数及等级，初级、中级每人可享受500元补贴，高级以上每人可享受800元补贴。

### （八）技能提升补贴

杭州市的企业职工取得初级（五级）职业资格证书或职业技能等级证书的，补贴标准为1000元；职工取得中级（四级）职业资格证书或职业技能等级证书的，补贴标准为1500元；职工取得高级（三级）职业资格证书或职业技能等级证书的，补贴标准为2000元。2019年1月1日至2020年12月31日，将技术技能提升补贴申领条件由企业职工参加失业保险3年以上放宽至1年以上。

### （九）困难企业职工在岗培训补贴

困难企业在2019年1月1日至12月31日（以人力社保部门备案时间为准）组织开展职工在岗培训的，根据取得职业资格证书人数及等级，可享受培训补贴。补贴标准按《杭州市职业培训补贴（资助）实施办法》执行。

### 十、问：大学生创业园、创业陪跑空间主要可享受哪些优惠政策？

答：（一）大学生创业园建园资助

对符合条件的大学生创业园，经所在区、县（市）财政局、人力社保局同意，市财政局、市人力社保局审核认定可给予一次性 100 万元建园资助（市、区两级财政各 50 万元）。

（二）创业陪跑空间

1. 主办方补贴：经认定的创业陪跑空间，主办方每年可按规定享受 5 万～10 万元的补贴。

2. 房租补贴：在校大学生和毕业 5 年以内高校毕业生、登记失业半年以上人员、就业困难人员、持证残疾人、自主择业军转干部和自主就业退役士兵创办企业、个体工商户或民办非企业等经营实体入驻创业陪跑空间的，3 年内可享受 50 平方米以内的房租补贴，补贴标准最高为 3 元/（平方米·天）。

创业陪跑空间免费为入园经营实体提供场地的，房租补贴由主办方享受。

（三）创业孵化服务补贴

经市人力社保部门认定的创业园，每成功孵化 1 家经营实体，可享受 2000 元的孵化服务补贴。成功孵化的标准为：

1. 入园持续正常经营 12 个月内（含）毕业；

2. 入园期间带动就业 3 人以上，办理就业登记，并为其依法缴纳社会保险费 3 个月以上（不包含经营实体的法定代表人或负责人）；

3. 毕业当月营业收入比入园当月提高 10%。

（四）创业基地建设奖补

根据创业孵化基地运营、入驻实体孵化效果、带动就业人数等情况，认定一批市级创业孵化示范基地，由市财政给予每家市级示范基地 5 万元的一次性奖补。

### 十一、问：创业导师可享受哪些补贴政策？

答：经人力社保部门统一安排与重点人群（包括在校大学生和毕业 5 年以内高校毕业生、登记失业半年以上人员、就业困难人员、持证残疾人、自主择业军转干部和自主就业退役士兵，下同）创业者或重点人群创业团队结对开展创业辅导的创业导师，可享受 2000 元的综合性补贴；指导重点人群创业者或重点人群创业团队在市区领取营业证照且稳定经营 12 个月以上的，可享受 8000 元绩效性补贴。创业导师参加由人力社保部门组织的就业创业主题宣讲、咨询、赛事评审等专项服务活动，可享受每次 1000 元的补贴。

### 十二、问：高质量就业社区（村）有哪些补贴政策？

答：对当年被评为市级高质量就业社区（村）的，市财政给予 2 万元/个的奖补。对当年被评为各级高质量就业社区（村）的，区、县（市）财政可安排资金予以支持。

## 杭州钱塘新区管理委员会关于印发"1+4+X"政策体系文件的通知

各街道办事处，区级各部门、直属各单位：

现将钱塘新区"1+4+X"政策体系文件——《关于推动钱塘新区高质量发展打造智能制造产业高地的若干意见》《关于促进"头雁"企业引领发展的实施意见》《关于支持"雨燕"企业跨越发展的实施意见》《关于助力"雏鹰"企业快速发展的实施意见》《关于助推"凤凰"企业飞速发展的实施意见》《关于进一步加快新制造业发展的若干政策》《关于进一步加快现代服务业发展的若干政策》《关于进一步推进科技创新创业的若干政策》《关于促进跨境电商及口岸发展的若干政策》《关于加快杭州医药港建设的若干政策》和《关于进一步推进区校合作的若干政策》等11个文件印发给你们，请认真贯彻执行。

杭州钱塘新区管理委员会<br>
2019年10月29日

# 关于推动钱塘区高质量发展打造智能制造产业高地的若干意见

为深入贯彻党的十九大和省第十四次党代会精神，弘扬新时代的"拓荒牛"精神，进一步解放思想、深化改革、锐意进取，全力创建国家级新区，推进钱塘区经济高质量发展，特制定本意见。

## 一、目标任务

高举习近平新时代中国特色社会主义思想伟大旗帜，认真学习贯彻习近平总书记关于推动长三角一体化发展的重要指示精神，全面落实全省推进长三角一体化发展大会精神，贯彻落实杭州市委十二届七次全会精神，紧紧围绕国家级新区创建，以更宽视野、更高格局定位钱塘区发展，进一步优化资源配置、强化科技创新、加快转型升级，构建国际一流营商环境，着力将钱塘区打造成为世界级智能制造产业集群、长三角地区产城融合发展示范区、全省标志性战略性改革开放大平台、杭州湾数字经济与高端制造融合创新发展引领区。

## 二、主要措施

钱塘区每年从财政支出中按不低于20%的比例安排专项扶持资金，全面推进"新制造业计划"，大力实施"领飞计划"，加大招商引资，鼓励创新创业，提升产业层级，加快集聚人才，实现高效优质发展。

### （一）坚持产业发展高质量

1. 推进"新制造业计划"。全面推进新制造业计划，坚持增总量、优存量、促增量、提质量，瞄准智能制造、高端制造和绿色制造，大力发展战略性新兴产业和未来产业，加快传统产业数字化智能化改造提升，加大对生产性服务业支持力度，培育一批具有国际竞争力的创新型龙头企业和千亿级先进制造产业集群。注重产业平台建设，积极推进建设航天航空、生物医药"万亩千亿"产业平台，全面提升医药港小镇、大创小镇，布局一批具有明确产业和功能定位的小微园区，加快集聚优质企业。

2. 实施"钱塘领飞计划"。每年安排预算不少于5亿元，培育一批"钱塘头雁"企业，支持在关键技术领域拥有核心自主知识产权、技术水平处于国际领先或行业领头地位的领军企业不断做强，发挥"钱塘头雁"在新区的引领、集聚、支撑作用；培育一批"钱塘雨燕"企业，鼓励高成长型企业不断加大投入力度、强化研发创新，助力其做优、做大、做精；培育一批"钱塘雏鹰"企业，鼓励科技型企业快速发展，提升科技创新的驱动作用，实现新旧动能转换；培育一批"钱塘凤凰"企业，鼓励市场前景好、综合效益高、核心竞争力强的企业上市融资，充分发挥多层次资本市场在优化资源配置和助推经济社会发展中的重要作用，推动经济转型升级。

3. 大力发展现代服务业。进一步调整优化产业结构，促进现代服务业经济高质量高水平发展。加快建设总部基地等重点区块，盘活区内商业楼宇，积极引进各类区域性、功能性总部；大力积极发展检验检测服务业，以智能汽车、生物医药、健康食品等检验检测服务为特色，创建一流国家级检验检测高技术服务业集聚区；加快发展融资租赁等非银金融，引进、培育一批具有全国知名度和影响力的私募股权投资基金及其管理机构。围绕主导产业发展需求，搭建高能级生产性服务业配套园区，引育一批会计师事务所、律师事务所、人力资源等服务机构，形成专业化服务外包配套能力。

### （二）坚持创新驱动高质量

4. 鼓励科技型企业创新发展。每年安排预算不少于2亿元，用于科技型企业的培育。深入实施"雏鹰计划"，通过财政扶持、科技金融和创业服务等方式，完善制造业企业创新发展体系。鼓励高新技术企业发展，加大国家、市高新技术企业奖励及房租补助力度。鼓励企业加大研发投入，开展研发创新活动，鼓励企业设立研发中心等各类创新载体，不断提升企业竞争能力。鼓励高校教师、研发团队创办科技型企业，给予创业资助。

5. 全面推进双创平台建设。大力推进双创平台建设，提升完善创新创业载体，集聚优势资源，扶持和引导创投机构、专业团队等社会优势资源创办或参与众创空间、孵化器、小微企业园建设。鼓励创建国家、省、市级孵化器和众创空间，对其报备的在孵企业给予资助。支持大企业大集团参与"双创"平台建设，加大众创空间和孵化器对制造业科技企业的培育力度。鼓励企业、院所、平台、协会、机构等在区内举办具有全国性、行业性影响力的高端论坛和赛事等创新创业活动。

6. 深化产学研融合。鼓励区校全面深度合作。大力实施区校平台共建、产业共兴、人才共育、资源共享、氛围共创"五大工程"，形成协同合作体系。积极营造环境，充分利用高校、科研机构的创新资源和能力，建立资源整合与协同创新的新机制。依托高端创新平台，建立更为顺畅的产学研用合作关系，重点支持一批符合核心区产业发展方向、具有广阔市场前景的重大科技成果就地转化。

### （三）坚持人才引育高质量

7. 集聚海内外人才。加大国际人才引进力度，对引进的世界知名奖项获得者和发达国家院士，对其领衔的创新创业项目给予高额资助。聚焦生物医药、汽车及零部件、航天航空、数字经济、新能源新材料等重点产业领域，大力招引高层次领军型人才。大力引进高层次人才创新创业项目，给予高额资金补助，并给予租金补贴、贷款贴息等资助，对产业发展紧缺、水平特别突出的创业项目给予资助。

8. 鼓励人才创新创业。制定出台建设"人才特区"、打造才智高地的政策意见，优化人才项目引育管理办法，积极招引各类高层次、高学历、高技能人才。对新引进到我区企业工作的全日制硕士研究生及以上学历的各类人才（含归国留学人员），分层分类给予人才安居保障。对新引进的全日制博士、硕士、本科应届毕业生，给予区级生活补贴。对区内高新技术企业和重点企业的人才骨干给予住房、交通、教育等补助。建立健全人才荣誉制度，每三年开展"钱塘智慧英才""钱塘领军型人才团队""钱塘青年英才""重才爱才先进单位"评选，给予政策支持。发扬"工匠精神"，加强高技能人才培养，开展"杭州工匠""钱塘工匠"认定。

### （四）坚持招商选资高质量

9. 加快招商体系建设。将招商引资作为新区"一把手"工程和重中之重，构建"招商与人才局+特色平台+三大服务处+街道、部门、国企、驻外招商处及招商顾问"的大招商体系。坚持项目为王，立足新区主导产业发展及未来产业布局，重点围绕半导体、生命健康、智能汽车及智能装备、航空航天、新材料等五大先进制造业，瞄准大企业大集团，积极引进一批大项目好项目。同时，加强对未来产业的招引培育，力争三年引育100个未来产业项目。

10. 加大招商引资力度。鼓励符合新区重点发展产业的行业领军企业、总部企业、世界500强企业、中国500强企业、中国民营500强企业、国内外主要证券市场上市公司、工信部制造业单项冠军示范企业、浙江省"隐形冠军"企业、重点拟上市企业以及新经济领域高速成长型创业企业直接投资的产业项目落户新区,鼓励区内企业新建符合新区产业发展导向的外资增资产业项目,可根据其对新区财政贡献情况和到资规模,对研发投入、市场开拓、扩大投资、产学研合作、节能降耗等给予资助,对租赁、购置新区楼宇和标准厂房的可给予补贴,对高管、技术骨干、科研人员等企业家、研发人才可给予奖励,可优先推荐新区产业基金给予融资扶持,推动企业上市、实施并购等。符合新区产业项目供地条件的,可优先供给项目用地,保障企业研发、管理、总部及必要的产业发展需求。

### (五) 坚持开放合作高质量

11. 大力推进产业国际化。支持企业开展自主出口品牌的建设与推广,对企业在境外注册出口商标的,经认定,分类给予补助;营建符合国际规则的税收、法律、服务和管理环境,培育和引入一批有国际服务能力的会计师事务所、律师事务所、人才服务和专业咨询机构、境外非银行金融机构。加大出口信用保险支持力度,积极发挥出口信用保险的风险防范作用,扩大出口信用保险的覆盖面与渗透率,增强外贸风险防范意识与能力。

12. 发挥"走出去"带动作用。鼓励境外生产型企业营销机构建设,通过境内外产业分工协作,带动境内主体的产品出口,对企业以新设、并购、参股等形式进行境外投资,根据中方投资额给予分级补助。鼓励企业出口从传统市场为主向"一带一路"沿线国家开拓的多元化市场局面。

### (六) 坚持营商环境高质量

13. 推进产城人融合发展。推进空间布局和发展模式创新改革,不断优化产业用地。深化实施"亩均论英雄"改革,推进工业企业综合评价,按亩均税收、单位能耗、劳动生产率等指标,对综合效益处于行业领先水平的企业给予资源要素配置优先支持。探索产业项目供地模式和建设模式创新,实施工业综合体开发建设改革。加快全面完善城市功能配套,提升公共服务综合能力,为高新产业集聚和人的全面发展提供保障。

14. 全面优化政府服务。深化"最多跑一次"改革,扩大政府服务的范围和领域,打破数据孤岛,建设数据共享平台,打造围绕企业全方位服务、线上线下一体化的综合服务平台。建立亲商助企服务机制,优化"投资之家",建立政企沟通信息化平台,实现企业服务规范化、常态化、制度化,进一步优化营商环境。

### 三、保障措施

1. 强化组织保障。进一步强化组织保障,落实责任分工,将优化提升营商环境、全面打造世界级智能制造产业集群,作为新区高质量发展的重点内容,切实把完善政策体系、优化营商环境摆在事关高质量发展全局的重要位置抓紧抓细抓实。各部门按照职责做好政策措施研究制定工作,成熟一项,推出一项,确保各项工作落到实处。

2. 突出精准服务。进一步提升部门、街道、平台为市场各类主体服务的意识、质量和效率,建立健全亲商助企服务机制,协调解决企业生产营运中的深层次困难和问题,进一步强化企业服务中心作用,深层次了解企业困难,为企业提供精准服务。

3. 加大财政支持。加大财政专项资金统筹使用力度,强化绩效考核,支持制造业高质量发展。同时,逐步建立政策性融资担保基金、创投引导基金、天使投资引导基金等金融类政策，进一步加大金融扶持力度。

4. 加强宣传推介。为确保新区政策体系落到实处，适时统一发布政策体系，进一步提升影响力和知名度。同时，拓宽宣传渠道，通过新闻媒体、宣传讲座等形式，及时宣传新区"1＋4＋X"政策体系，形成"亲商、重商、安商、富商"的浓厚氛围。

### 四、附则

1. 本政策体系内的所有政策适用本附则，体系的具体细则，由各相关部门牵头制定，报管委会通过后组织实施。各牵头部门应规范申报、结算和兑现流程，实施中接受新区财政、审计部门对政策落实及资金使用情况的监督检查和评估。

2. 本政策体系中所有政策资助（奖励）对象均应为财政收入级次在新区范围内的单位；本政策体系中"对区贡献"特指企业生产经营所实现的增值税和企业所得税（不含税务稽查补收部分）的区财政贡献。所有扶持总额不超过企业对新区地方财政贡献总额；另有约定的，从其约定。

3. 同一企业、人员获得区其他同类资助（奖励）的（包括国家、省、市专项政策的配套资金及区专项扶持），按从优从高不重复的原则办理，不再重复资助（奖励）。对新区经济转型升级具有重大推动作用的重大项目、重点企业、科技创新等已按照"一事一议"享受其他特殊优惠政策，原则上不再重复享受相关政策。

4. 政策体系中"房租补贴"最高不超过以下标准：下沙区域楼宇1.5元/（平方米·天），厂房1.2元/（平方米·天），工业仓储1元/（平方米·天），高校物业1元/（平方米·天）；江东区域楼宇1.2元/（平方米·天），厂房1.0元/（平方米·天），工业仓储0.8元/（平方米·天）；另有约定的，从其约定。

5. 当年发生安全生产、环境污染等重大责任事故和发生较大群体性事件的企业，不享受新区政策；具体标准由经发科技局会同政法委、财政金融局、应急管理局、生态环境分局明确。

6. 对亩产效益评价D类或亩均税收3万元/亩以下等情况的企业，原则上不享受本政策体系内的政策。

7. 享受政策扶持的企业，自享受年度起，应在新区持续经营10年以上，不减少注册资金，不改变在新区的纳税义务与基数。在政策实行期间，因注册地变更等导致企业不再符合享受政策条件时，或提前将税务级次关系迁出，或将税收转移出钱塘区的，企业须对已享受的各类财政扶持资金按照双方约定予以返还。

8. 本政策体系自2019年11月29日开始施行，试行3年；发布当年符合本意见扶持条件的，可参照执行；原大江东管发〔2018〕9号、杭经开管发〔2018〕9号文件同时废止，其他文件如有与本意见不一致的，以本意见为准。

## 关于促进"头雁"企业引领发展的实施意见

为更好地发挥领军企业的引领、支撑、示范作用，支持其进一步做大做强、做优做精，推进钱塘区经济高质量发展，特制定本实施意见。

### 一、认定条件

财政级次在钱塘区（含新迁入企业），主营业务属于我区鼓励发展类重点产业，在关键领域具有核心技术，拥有较强研发技术实力，具有引领带动作用的龙头企业（以集团口径计），原则上需满足以下条件之一：

1. 连续两年主营业务收入在10亿元（含）以上且税收收入在5000万元以上的工业企业；

连续两年主营业务收入在5亿元（含）以上且税收收入在2000万元以上的服务业企业。

2. 连续两年税收收入在5000万元以上且两年平均增幅在10%以上的工业企业；

连续两年税收收入在2000万元以上且两年平均增幅在10%以上的服务业企业。

### 二、服务机制

1. 认定考核。头雁企业每三年评定一次，符合条件的企业向新区管委会提出列入"钱塘头雁企业发展计划"的申请，由经发科技局会同财政金融局等部门审核，报管委会审定同意后签订协议，明确企业在经济贡献、创新成果、绿色发展等方面的三年发展目标，并确定具有针对性、持续性的扶持办法。

2. 滚动兑现。对扶持资金达到当年上限，超出部分可滚动累加至下一年度兑现，原则上仅在认定期内滚动累加。

3. 专员服务。对认定为钱塘头雁企业的，由企业服务中心落实服务专员，开展"一对一"服务，协助解决发展过程中遇到的各类问题或政策需求。

### 三、扶持政策

对认定为钱塘头雁企业的，以企业入选年度上一年对区贡献为固定基数，给予企业奖励，奖励额度不超过当年区财政贡献超出固定基数部分的80%（项目配套、技改投资、人才激励按相关政策执行，不以增量部分为限），用于支持企业研发投入、扩大投资、融资上市、市场开拓等，具体按照以下方式兑现：

1. 支持创新发展。对企业加大技术研发能力所发生的研究开发费用，可按实际研发投入最高30%予以资助。支持企业争取国家和省、市各类创新资源，对企业申报、承担国家、省市课题和项目，按规定给予资金配套。支持企业做大做强，按区相关政策享受规模突破奖励。支持企业与高等院校、科研院所开展产学研合作，支持申报高新技术企业，设立研发机构、院士工作站、博士后科研工作站、科技创新服务机构、国际科技合作基地等高层次重大创新载体，支持企业知识产权创造、运用，对企业获得专利、品牌、技术发明奖（科技进步奖）以及主导或参与标准制定的，按区相关政策给予奖励和资助。

2. 支持扩大投资。对企业实施的技术改造、两化融合、数字化改造项目，可按其投资额给予最高20%的资助，市区两级最高可达1亿元；企业新建产业用房或开发地下空间，给予1000元/平方米的资助，单个项目最高不超过1000万元；租用房屋用于研发生产的，按实际发生额的 80% 给予房租补贴，最高不超过 3000 平方米；对企业节能减排等绿色发展方面的投入，可按其当年实际发生额给予最高 50% 的资助。

3. 支持企业融资。对企业在 3 个月以上的银行贷款以及其他各类债权融资，最高可按银行一年期贷款基准利率的 100% 给予当年发生贷款额度的贴息。鼓励企业上市融资或并购重组，分阶段给予企业上市奖励，支持企业持股平台落户新区，支持企业因上市开展的各类手续办理，在合法合规的基础上开设"绿色通道"。支持企业发起设立并购基金，按实际并购金额给予企业一定比例的奖励。

4. 支持开拓市场。鼓励企业融入国家"一带一路"倡议，积极开拓国际市场，增强国际创新研发能力，提高国际竞争力。鼓励企业扩大出口、加大出口品牌建设和推广、服务贸易创新发展、构建国际商务与科技服务平台，按区相关政策给予资助。鼓励企业区内采购、结对帮扶，享受相关区级政策。支持企业参加国际展览展会和经认定的国际性专业会议及论坛等活动，可按展位费或举办活动场租费用的 50% 给予最高不超过 100 万元的资助。

5. 支持人才引进。实施人才激励政策，按新区人才相关政策分层次给予奖励和资助，专项支持企业引进、培养和奖励创新创业人才，妥善解决人才生活和工作条件（包括：住房补助、交通补助、教育补助等）。符合条件的，给予购房（安家）补贴，对符合条件的高层次人才优先安排人才专项用房配租或给予个人住房租金补贴。按新区人才相关政策分层次给予奖励和资助。

6. 支持高效用地。优先保障头雁企业的产业发展空间，根据企业发展需要预留产业发展用地，确保土地资源向头雁企业倾斜。鼓励头雁企业参与区内低效用地的盘活，头雁企业兼并重组区内落后产能企业的，按不超过固定资产评估总额的 5% 给予资助。

## 四、附则

本意见自 2019 年 11 月 29 日开始施行，试行 3 年；发布当年符合本意见扶持条件的，可参照执行。

# 关于支持"雨燕"企业跨越发展的实施意见

为加快成长型企业实现跨越式发展，进一步提升核心竞争力，助力钱塘区实体经济高质量发展，特制定本实施意见。

## 一、认定条件

1. 财政级次在钱塘区（含新迁入企业），主营业务属于我区鼓励发展类重点产业，增长快、效益好、潜力大、质量高的法人企业，主营业务收入在2000万元（含）以上，且认定申请年度满足以下标准之一：

（1）主营业务收入在1亿元（含）~10亿元，且近两年平均增速不低于10%；

（2）主营业务收入在5000万元（含）~1亿元，且近两年平均增速不低于15%；

（3）主营业务收入在2000万元（含）~5000万元，且近两年平均增速不低于20%；

（4）主营业务收入两年均为正增长但未达到增速标准，符合以下要求也可列为雨燕企业：一是列入上市辅导梯队的后备企业（已向证监会提交材料的企业，具体名单由财政金融局提供）；二是属于我区鼓励发展类重点产业且为细分行业领军企业。

2. 雨燕企业由企业申请，由经发科技局会同财政金融局等部门初审后提出建议名单，报管委会审定同意后公布名单。雨燕企业每年认定一次，认定当年有效。

## 二、扶持政策

对认定为钱塘雨燕企业的，以企业入选年度上一年对区贡献为基数，给予企业奖励，奖励额度不超过当年新增区财政贡献部分（项目配套、技改投资、人才激励可按相关政策执行，不以增量部分为限）。支持企业创新发展、扩大投资、开拓市场、贷款融资、人才引进，具体按照以下方式兑现：

1. 支持研发投入。对企业加大技术研发能力所发生的研究开发费用，可按实际研发投入最高20%予以资助。对企业申报、承担重大课题和项目，按规定给予资金配套。支持企业做大做强，按区相关政策享受规模突破奖励。支持企业产学研合作，申报高新技术企业，设立研发机构、院士工作站、博士后科研工作站、科技创新服务机构、国际科技合作基地等高层次重大创新载体，支持企业知识产权创造、运用，对企业获得专利、品牌、技术发明奖（科技进步奖）以及主导或参与标准制定的，按区相关政策给予奖励和资助。

2. 支持扩大投资。对企业实施的技术改造、两化融合、数字化改造项目，可按其投资额给予最高20%的资助；企业新建产业用房或开发地下空间，给予1000元/平方米的资助，单个项目最高不超过500万元；在新区租用楼宇、厂房进行生产经营的，按实际发生额的80%给予房租补贴，最高不超过1500平方米。

3. 支持企业融资。对企业在3个月以上的银行贷款以及其他各类债权融资，最高可按银行一年期贷款基准利率的50%给予当年发生贷款额度的贴息，最高不超过100万元。设立担保公司，优先为符合条件的雨燕企业提供贷款担保，设立产业扶持基金，优先向符合条件的雨燕企业投资。鼓励企业上市融资或并购重组，享受区级相关金融政策。

4. 支持开拓市场。鼓励企业区内采购、结对帮扶，享受相关区级政策。支持企业参加国际展览展会和经认定的国际性专业会议及论坛等活动，可按展位费或举办活动场租费用的

50%给予资助，单个企业每年累计不超过 100 万元。

5. 支持人才引进。实施人才激励政策，按新区人才相关政策分层次给予奖励和资助，专项支持企业引进、培养和奖励创新创业人才，妥善解决人才生活和工作条件（包括住房补助、交通补助、教育补助等）。符合条件的，给予购房（安家）补贴，对符合条件的高层次人才优先安排人才专项用房配租或给予个人住房租金补贴。

6. 保障发展空间。对年营业收入超过 3 亿元（或税收超 2000 万元），从业人员超过 300 人，行业竞争力强、有明确上市计划、建设资金有保障的雨燕企业，优先满足其用地需求或预留发展用地。

### 三、附则

本意见自 2019 年 11 月 29 日开始施行，试行 3 年；发布当年符合本意见扶持条件的，可参照执行。

## 关于助力"雏鹰"企业快速发展的实施意见

为鼓励高成长型科技企业快速发展，进一步提升科技创新对实体经济的支撑作用，助力钱塘区高质量发展，特制定本实施意见。

### 一、认定条件

财政级次在钱塘区（含新迁入企业），主营业务属于我区鼓励发展类重点产业，具有核心自主知识产权和自主研发实力，主营业务收入在5000万元（含）以下，研发投入在100万元（含）以上且占主营业务收入比重在5%（含）以上的科技型企业，认定申请年度同时满足以下条件之一：

（1）近两年研发投入平均增幅20%（含）以上，或研发投入达300万元（含）以上且平均增幅10%（含）以上；

（2）主营业务收入达到300万元（含）以上且近两年平均增幅20%（含）以上，或主营业务收入首次突破2000万元（含）。

钱塘雏鹰企业每年评定一次，经经发科技局会同财政金融局等部门初审，报管委会审定同意后，认定当年有效，给予当年扶持政策。

### 二、扶持政策

1. 研发补助。企业在享受科技政策研发费用投入补助5%的基础上，再对其研发费用较上年增长部分的10%给予资助，每家每年最高500万元。

2. 房租补贴。在新区租用楼宇、厂房进行生产经营的，按实际发生额的50%给予房租补贴，最高不超过1000平方米。

3. 贷款贴息。对企业3个月以上的银行贷款，按银行同期贷款基准利率的50%给予当年发生贷款额度的贴息，最高不超过50万元。

4. 创新支持。对企业申报、承担重大课题和项目，按规定给予资金配套；支持企业产学研合作，申报高新技术企业，设立研发机构、院士工作站、博士后科研工作站、国际科技合作基地等高层次重大创新载体；支持企业知识产权创造运用维权工作，争创科技奖项，开展标准制定；支持企业参加创新创业赛事，开展人才引育，按区相关政策给予奖励和资助。

### 三、附则

1. 资助总额原则上以企业当年对新区财政贡献为限，培育期企业参照新区科技政策执行。

2. 本意见中"科技型企业"指经各级科技部门认定的企业。

3. 本意见自2019年11月29日开始施行，试行3年；发布当年符合本意见扶持条件的，可参照执行。

## 关于助推"凤凰"企业飞速发展的实施意见

为加快推进钱塘区建设,充分发挥多层次资本市场在优化资源配置和助推经济社会发展中的重要作用,做优做强实体经济,推动钱塘区经济转型升级,根据《浙江省人民政府关于印发浙江省推进企业上市和并购重组"凤凰行动"计划的通知》(浙政发〔2017〕40号)、《杭州市人民政府关于加快推进钱塘江金融港湾建设更好服务实体经济发展的政策意见》(杭政函〔2018〕53号)等相关法律法规和规定,结合新区实际,特制定本政策。

### 一、"凤凰"企业认定标准

"凤凰"企业是指经认定且符合以下条件的:
1. 在钱塘区内登记注册、纳税并正常经营的企业,法人治理结构健全,运作规范;
2. 符合国家、省、市及钱塘区产业政策导向,企业综合竞争力较强、主营业务突出、具有较强盈利能力且有发展潜力;
3. 近两年内无重大违法行为;
4. 企业股东大会或董事会已作出改制上市决定、有明确的上市工作计划,且满足下列条件之一的:
（1）完成上市股改的;
（2）已与证券公司、会计师事务所、律师事务所之一签订上市服务协议,且最近一轮融资企业估值5亿元以上或净资产在2000万元以上。

### 二、鼓励企业上市发展

区内企业在境内外成功上市的,经认定,给予500万元的奖励,分以下三个阶段兑现:企业与证券机构签订IPO辅导协议并完成上市股改的,奖励150万元;取得上市申报材料受理函的,奖励250万元;企业在境内外上市并实现交易的,奖励100万元。

### 三、新区惠企政策提前兑现

为更好地支持重点拟上市企业上市,助推"凤凰"企业飞速发展,企业在取得上市申报材料受理函后,可申请提前兑现企业应享受的新区其他惠企政策。惠企政策以企业申请当年政策金额及今后两年根据兑现政策的条款进行测算的合计兑现额度,该政策额度可提前兑现,并在企业上市后据实结算。企业终止上市后,应于终止上市日起一个月内归还提前兑现的政策。

### 四、鼓励上市企业再融资

企业在境内外证券交易所上市并将募集资金的50%以上投资我区的,以企业上一年度对区贡献为固定基数,给予企业三年内每年税收(增值税、企业所得税)对区实际贡献新增部分40%的资助,用于企业引进人才、技术创新和扩大投资。

### 五、鼓励企业境内外并购

区内上市企业或重点拟上市企业进行国家鼓励的海外并购、国内产业并购及盘活区内存量资产并购(关联企业除外),单笔并购金额2000万元以上的,按照实际并购金额的1%给予奖励,单个企业当年度累计最高奖励不超过500万元。并购境内国家高新技术企业和研究机构的(关联企业除外),按实际并购金额的2%给予奖励,单个企业当年度累计最高奖励不超过 500 万元。

### 六、支持企业资产重组和转增股本

区重点拟上市企业按规定历年积累的资本公积、盈余公积、未分配利润进行转增股本，按不超过转增股本额 5% 的比例给予奖励，奖励总额以其转增股本产生的区贡献为限。在股份制改造过程中，为明确资产权属，在同一控制下进行的资产重组，按不超过企业资产重组额 5% 的比例给予奖励，奖励额度以其资产重组所产生的区贡献为限。

### 七、鼓励区外上市企业落户

区外上市企业将上市主体的注册地和纳税登记地迁入区内的，给予 1000 万元的落户奖励；已完成股份制改造且与券商签订 IPO 服务协议的区外企业将拟上市主体的注册地和纳税登记地迁入区内的，给予最高 600 万元的落户奖励。对以上特别优秀的企业，可按"一事一议"给予支持。

### 八、支持持股平台落户新区

区内企业将持股平台的注册地和纳税登记地落户在新区内的，自注册和纳税登记完毕当年起 5 年内，给予企业奖励，奖励额度不超过企业区贡献的 80%。

### 九、保障上市企业总部建设

上市企业和重点拟上市企业因发展需要，企业愿意将总部设立、迁入新区的或首次拿地的，根据企业需求，可以优先保障自建总部大楼用地，确保土地资源向上市及重点拟上市企业倾斜。同时，也可以按成本价以租赁或购买的方式获得总部用房。

### 十、支持企业设立并购基金

上市企业和头雁企业开展符合国家和新区鼓励的境内外并购、战略重组，并购标的不低于 4 亿元，产业母基金可按不高于并购基金规模的 25%、最高不超过 2 亿元出资，并按协议约定退出。

### 十一、鼓励企业引进和培育人才

企业引进和培育的人才享受钱塘区人才政策。

### 十二、附则

1. 本政策支持的对象为在钱塘区内登记注册、纳税并正常经营的企业，其中区重点拟上市企业须通过《杭州钱塘区重点拟上市企业认定暂行办法》的认定。

2. 企业在境内外上市并实现交易的主要是指国内的沪深股票主板、中小板、创业板、科创板，境外主要是指美国纽约交易所、纳斯达克、香港主板实现交易。

3. 本政策持股平台所涉及的新区贡献是指个人所得税新区贡献。

4. 本政策的补助（奖励）与钱塘区其他相关政策按从高从优不重复原则实施。

5. 企业弄虚作假获得资助（奖励）的，除应按照相关规定承担责任外，所获得的资助（奖励）应无条件予以退回，且今后 3 年不再受理其申请财政相关专项资金支持。

6. 本意见自 2019 年 11 月 29 日开始施行，有效期为 3 年。在政策有效期内如遇国家政策调整，按国家相关政策执行。原杭经开管发〔2018〕211 号文件同时废止，其他已发文件如有与本意见不符的，以本意见为准。

## 关于进一步加快新制造业发展的若干政策

为大力实施"新制造业计划",充分发挥制造业主平台主阵地作用,营造一流的营商环境,将新区打造成为世界级智能制造产业集群和生命健康产业高地、长三角地区产城融合发展示范区、全省标志性战略性改革开放大平台以及杭州湾数字经济与高端制造融合创新发展引领区,特制定本政策。

### 一、适用范围

财政级次在钱塘区(含新迁入企业),主营业务属于钱塘区重点鼓励发展的航空航天、汽车及零部件、数字经济、智能制造、生命健康、新材料等产业。

### 二、鼓励企业做大做强

1. 规模突破。对年主营业务收入首次达到5亿元、10亿元、20亿元、50亿元、100亿元、200亿元、500亿元的企业(以集团在新区的汇总统计),分别给予50万元、100万元、120万元、200万元、400万元、800万元、2000万元的奖励(进档的差额奖励)。
年主营业务收入达到20亿元以上且连续两年增长的企业,主营业务收入每增加1亿元,给予5万元奖励,依次递增后,单个企业奖励最高可达200万元。

2. 凤凰计划。实施钱塘区"凤凰计划"行动,支持企业上市融资,鼓励企业境内外上市、挂牌融资、资产重组和转增股本等,充分发挥上市企业在多层次资本市场中优化资源配置和助推经济社会发展的重要作用,具体按照金融相关政策执行。

3. 小升规。对年主营业务收入首次突破2000万元,并纳入统计的新上规工业企业,对首次上规企业给予10万元奖励,对上规后连续三年在规企业再给予一次性20万元奖励。

4. 个转企。对实际在经营、正常报账或有缴纳税收的"个转企"企业给予1万元奖励,"个转企"后主营业务收入首次达500万元以上的,追加奖励1万元。

### 三、鼓励企业做优做精

1. 行业领军。培育扶持"单项冠军""隐形冠军""专精特新"入库企业,对国家、省级、市级认定的隐形冠军(单项冠军、专精特新)企业,分别给予200万元、100万元、50万元的一次性奖励。

2. 品牌建设。新认定为"浙江省知名商号"的企业,给予10万元奖励。对新创建成为"浙江制造"品牌的企业,给予20万元奖励;对新认定为"中国驰名商标"的企业,给予50万元奖励。对导入卓越绩效管理方法的企业,奖励1万元。

3. 商标注册。鼓励商标国际注册的,逐国(地区)注册的,给予每家企业2万元补助;按马德里协定注册手续办理多国(地区)注册,根据企业注册过程中所发生的费用总额,给予50%的补助,对一次性在五个以上国家(地区)注册的,给予80%的补助,最高不超过3万元;对注册后正常使用的注册商标,给予每件500元补助。

### 四、鼓励企业扩大投资

1. 技术改造。对实际完成投资额500万元(设备、外购技术及软件投入)以上的技术改造项目,实施分类分档支持,其中航空航天、汽车及零部件、数字经济、智能制造、生命健康、新材料产业项目给予实际完成投资额的15%的资助；其他项目给予实际完成投资额的10%的资助。单个项目资助额最高不超过5000万元。对项目实际投资比例小于70%的项目不予扶持。对重大投资项目，经管委会审定，实行"一事一议"重点扶持。

2. 数字化改造。支持企业数字化技术改造。以产业数字化全覆盖为目标，每年组织实施一批示范性强、产出高、带动力大的数字化技术改造示范项目。对经认定的市级制造业数字化改造攻关项目，每个项目给予120万元的补助。

3. 物联互联。企业实施"工厂物联网"或"工业互联网"项目且通过验收的，按其实际投资额的30%给予资助，单个项目资助额最高不超过100万元；对认定为市级"工厂物联网"或"工业互联网"示范样板工程的，单个项目再给予50万元的一次性奖励。推进工业互联网平台建设，对经认定的国家、省级工业互联网平台，给予500万元、300万元的一次性财政奖励。

4. 机器人购置。支持企业应用工业机器人进行智能化改造，鼓励企业应用本土自主品牌工业机器人，对购置工业机器人的企业，按进口、国产机器人每台分别给予设备购置额5%和10%的资助，每家企业资助总额不超过50万元。

5. 企业上云。支持区内企业上云，经政府认定的云平台服务商为区内企业提供上云服务的，每新增一家首次上云企业给予云平台服务商最高不超过1000元补助，每家云平台服务商补助总额不超过100万元。被评定为省级、市级企业上云标杆企业的，每家分别给予30万元、20万元奖励，晋级予以差额补助。

6. 智能工厂。经评选认定为数字化车间和智能工厂样板企业的，分别在项目资助外再一次性给予100万元奖励。

### 五、鼓励企业创新发展

1. 自主创新。对新认定的国家级、省级、市级企业技术中心、工业设计中心，分别给予区级奖励300万元、50万元、20万元；对新认定或引进的国家技术创新示范企业，给予区级奖励50万元。

2. 创新平台。推动制造业创新中心建设。鼓励和支持研发基础好、创新能力强的行业龙头企业，组建一批市级制造业创新中心，积极争创国家级、省级制造业创新中心。对认定为国家级、省级、市级制造业创新中心的，分别给予5000万元、1000万元、500万元的区级补助。

3. 技术创新。对企业通过国内、省内首台（套）产品认定的，分别给予区级奖励50万元、25万元；对省级和市级认定的新材料首批次项目，分别给予50万元、25万元奖励。

4. 新产品。凡企业当年被认定的国家级、省级新产品，给予企业每个新产品一次性奖励20万元、10万元。对当年工业新产品产值率和增幅均高于全区平均水平，且新产品产值总额排名前十位的企业，各奖励10万元。

### 六、鼓励企业开拓市场

1. 对口帮扶。对参与对口支援地区实际投资超过100万元的企业，按照企业实际投资额的2%给予补助，最高不超过500万元。

2. 区内采购。凡企业通过采购区内非关联企业生产的设备或产品，年累计采购额达500万元以上（含）的，给予企业当年累计采购额2%的奖励，最高不超过100万元。

20. 展会补贴。上年度符合开发区产业导向的企业参加由新区相关部门组织或推荐的国内外各类展销会，经相关部门认定后按实际发生的展位费给予 50% 的资助，最高不超过 100 万元。

### 七、鼓励企业转型升级

1. 绿色发展。对当年通过清洁生产审核验收、电平衡测试验收、节水型企业创建（水平衡审核验收）的企业，均给予企业 5 万元的奖励。获得省级、市级节水型企业称号，分别给予企业 15 万元、10 万元的奖励。

2. 亩均论英雄。深化实施"亩产倍增"计划，推进工业企业综合评价，按亩均税收、单位能耗、劳动生产率等指标，对综合效益处于行业领先水平的企业给予资源要素配置优先支持。

3. 小微园区。对经认定的小微企业园区，允许园区配套一定比例的非生产性服务配套设施（为园区配套的食堂、便利店、咖啡厅、银行网点以及 ATM 机），比例不大于建筑面积的 15%。对认定成为省级、市级小微企业园的，分别给予运营团队 10 万元、5 万元的奖励；对认定成为省级、市级数字化小微企业园的，再给予运营团队 20 万元、10 万元的奖励。鼓励园区每年引进或培育规模以上企业，每净增一家，给予园区主体奖励 5 万元。

把小微园区作为"亩均论英雄"和"小升规"的主阵地，支持小微企业集聚发展，对小微企业园亩均税收达到一定标准以上（江东片区高于 30 万元/亩，下沙片区高于 60 万元/亩），且当年税收总额增长 15% 以上的，给予园区主体奖励，奖励额度不超过当年度该园区区财政贡献新增部分的 80%，用于投资扩建、优化配套等，具体可按以下方式予以兑付：

（1）鼓励投资扩建。对园区扩建产业用房（仓储用房除外）给予 1000 元/平方米的资助。

（2）鼓励优化配套。对园区投资建设电信基础设施、公共服务平台、停车场（库）等公共配套设施的，可按其当年实际投资额给予最高 20% 的资助。

（3）鼓励集聚发展。对入驻率达 80% 以上且符合新区产业导向的企业占 70% 以上的园区，给予园区运营机构一次性 20 万元的奖励。对纳税总额超 3000 万元的园区，纳税总额每增加 500 万元则增加 5 万元奖励，奖励金额最高奖励可达 100 万元。

4. 企业家培育。弘扬"诚信、包容、开放、创新、睿智"的新时代杭商精神。树立企业家先进典型，建设优秀企业家队伍，培育年轻一代企业家。每年对钱塘区规模十强、区贡献十强、亩均十强、出口十强、十大功勋企业经营者以及一批卓越贡献者予以表彰或奖励。

### 八、附则

1. 政策条款中凡含市级财政补助的，按照就高不重复原则执行。

2. 本政策自 2019 年 11 月 29 日开始施行，试行 3 年；发布当年符合本政策扶持条件的，可参照执行；其他已发文件如有与本政策不符的，以本政策为准。

## 关于进一步加快现代服务业发展的若干政策

为积极营造一流营商环境，鼓励企业做大做强，大力发展软件信息、电子商务、检验检测等主导产业，进一步调整优化产业结构，促进现代服务业经济高质量高水平发展，结合新区实际，特制定本政策。

### 一、适用对象

本政策适用于在钱塘区范围内注册、纳税、正常生产经营的服务业企业（房地产企业除外）。

### 二、主要条款

#### （一）鼓励企业做大做强

1. 鼓励企业做大规模。对年主营业务收入首次突破1亿元、3亿元、5亿元、10亿元、20亿元、30亿元、50亿元、100亿元八个目标档次的企业，分别给予企业3万元、5万元、10万元、20万元、30万元、50万元、100万元、200万元的一次性奖励。

2. 鼓励企业加快发展。对年主营业务收入5000万元以上且主营业务收入、税收增幅均在20%以上的企业，在新区租赁自用办公用房的，以最高1000平方米的标准，按实际租金的50%给予资助。

3. 鼓励企业上规发展。对年主营业务收入首次突破1000万元并纳入统计的新上规（限）企业，给予5万元的一次性奖励。

4. 鼓励企业参加各类展会。参加由政府组织的国内展会，按省外、省内分别给予每次可达10万元、5万元的资助，新区头雁企业、雨燕企业、灵雀企业、亩产效益评价为B类及以上的企业年累计资助最高50万元，其他企业年累计资助最高10万元。

5. 大力引进主导产业企业。经认定的新入驻企业（指从事软件信息、电子商务交易平台、检验检测、研发设计、科技金融、文化创意的企业），员工人数10人以上，在新区租赁自用办公用房的，以最高1000平方米（文化创意企业最高200平方米）的标准，按实际租金的50%给予2年资助。

6. 鼓励发展特色楼宇。对于企业入驻率达95%以上、产业（指软件信息、电子商务、检验检测等符合新区产业导向的产业）集聚度达80%以上、纳税总额5000万元以上的楼宇，给予楼宇运营机构一次性20万元的奖励，纳税总额每增加1000万元则增加5万元奖励，最高奖励可达100万元。

7. 鼓励企业开展品牌建设。对首次认定为"中国驰名商标"的企业，给予一次性50万元的奖励。首次认定为"浙江省知名商号"的企业，给予一次性10万元的奖励。

#### （二）鼓励发展软件信息服务业

8. 支持企业开展资质认定。对当年首次取得信息技术服务标准（ITSS）资质一级、信息安全服务资质五级、软件能力成熟度模型集成（CMMI）资质五级、信息安全等级保护资质五级或其中之一的企业，一次性给予50万元的奖励。

对当年首次取得信息技术服务标准（ITSS）资质二级、信息安全服务资质四级、软件能力成熟度模型集成（CMMI）资质四级、信息安全等级保护资质四级或其中之一的企业，一次性给予30万元的奖励。

对当年首次取得信息技术服务标准（ITSS）资质三级、信息安全服务资质三级、软件能力成熟度模型集成（CMMI）资质三级、信息安全等级保护资质三级或其中之一的企业，一次性给予10万元的奖励。

9. 降低企业运营成本。对企业年度开展正常经营活动时发生的网络通信费用、服务器托管费用超过30万元的部分，给予50%的补贴，补贴最高可达50万元。

10. 支持企业开拓市场。对取得地市级以上政府智慧应用示范项目的，按示范项目实施金额的10%给予奖励，最高可达100万元。

### （三）鼓励发展电子商务服务业

11. 鼓励发展网上交易支付平台。对新取得或新引进具有中国人民银行《支付业务许可证》的第三方电子商务支付平台，给予平台企业一次性奖励100万元。对自建第三方交易结算平台，当年日均资金流量超过500万元，给予平台企业一次性奖励100万元。

12. 提高仓储物流科技应用水平。加快推进智能传感器、工业机器人、移动互联网、大数据、云计算等装备和技术在快递物流领域的应用，推广使用托盘、立体仓库、自动识别和标识、电子数据交换、可视化与货物跟踪、货物快递分拣、电子结算物流系统技术开发及应用。当年项目投资额超过100万元的，按项目投资额的10%给予一次性补助，项目补助总额最高可达100万元。

### （四）鼓励发展检验检测服务业

13. 支持开展实验室资质认定。首次通过中国合格评定国家认可委员会CNAS实验室认可的企业，给予一次性10万元的奖励。首次获得DILAC国防科技工业实验室认可的企业，给予一次性10万元的奖励。首次通过CMA资质认定的企业，给予一次性5万元的奖励。

14. 鼓励企业加大设备投入。对新入驻新区的检验检测企业，自完成注册之日起2年内，仪器、设备（不含空调、电脑等办公类设备）的总投资额超过500万元以上的，按超过500万元部分的20%标准给予补贴，补贴最高可达500万元。

### （五）鼓励发展专业中介服务业

15. 支持金融机构发展。对入驻新区的农商银行、联合银行、村镇银行、城商行等金融机构，将税收纳入新区的，按区贡献部分70%予以奖励。经认定为新引进的企业集团财务公司、保险公司、证券公司、会计师事务所、律师事务所等类金融机构独立法人及中介服务机构，在新区租赁自用办公用房的，以最高1000平方米的标准，按实际租金的50%给予两年资助。

16. 鼓励发展教育培训机构。具备教育主管部颁发的行业许可，首次年营业额达到5000万元及以上，其中，线下教育机构在全国培训网点覆盖超过5个城市，培训学校超过20所或培训教学点超过50家，学员超过1000名；线上教育机构需具备互联网信息服务相关执照，且实际付费用户超过10000名。在新区租赁自用办公用房的，给予累计最高可达100万元的资助，分三年按40%、30%、30%的比例发放。

17. 鼓励发展健康服务机构。具有医疗卫生主管部门颁发的行业许可，运营中无违规行为和重大医疗事故，首次年营业收入达到3000万元及以上，全国范围内管理的医疗、健康机构超过3家。在新区租赁自用办公用房的，给予累计最高可达100万元的资助，分3年按40%、30%、30%的比例发放。

### （六）鼓励发展文创旅游服务业

18. 支持文创精品佳作。获得全国、浙江省"精神文明建设五个一工程奖"的作品分别给予100万元、30万元的一次性奖励。对获得其他国际、国内重大奖项的动漫游戏、影视节目、创意设计、网络文学等原创作品，分别给予最高50万元、20万元的一次性奖励。列入国家、省级文化出口重点企业的，一次性分别给予50万元、20万元的奖励。原创影视作品（90分钟以上）在省级以上电视媒体或影院公开播映的，奖励5万元。

19. 支持文创品牌活动。获得省级、市级文化产业园区的，分别给予50万元、20万元的一次性奖励；获得省级、市级文化创意街区的，分别给予20万元、10万元的一次性奖励。由我区文创企业主办，且举办地设在我区，在浙江省乃至全国有较大影响的特色文化创意活动，经认定，可给予50%的经费支持，资助总额可达30万元。

20. 鼓励创建旅游景点。经认定区级及以上旅游示范基地（社会资源访问点）的企业或纳入旅游景点的单位，按国家和省、市、区级分别一次性奖励20万元、15万元、10万元、5万元；并自认定年份起3年内给予其新建、改建、设备购置等固定资产投入10%的补助，当年累计最高可达50万元。

21. 鼓励发展旅游服务业。对新评定的五星级、四星级且正式挂牌的饭店分别给予一次性20万元、10万元的奖励，其中，对已完成创建和评定的星级饭店，完成无障碍设施项目提升改造的，投入资金超过20万元的，给予一次性5万元的补助，每增加投入5万元则增加1万元补助，最高补助可达20万元。对新评定的五星（5A）级、四星（4A）级旅行社分别给予一次性10万元、5万元的补助。

### （七）鼓励发展商贸服务业

22. 鼓励零售企业做大规模。现有超市、商业综合体其年度零售额首次达到1亿元、3亿元、5亿元、10亿元以上的，经认定，分别给予10万元、20万元、30万元、50万元一次性奖励。鼓励大型商业综合体内非法人单位经营户转为独立法人单位，转为独立法人单位当年零售额达到400万元、800万元、1000万元、2000万元以上的，分别给予2万元、4万元、5万元、10万元的一次性奖励。

23. 鼓励商业综合体提升改造。新注册独立核算法人开展统一结算且营业面积在2万平方米以上的大型商业综合体可给予50万元一次性资助。鼓励重点商贸企业加大改造投资力度，按其实际完成投资额给予一定比例的资助；实际投资额300万元以上的商贸企业的改造项目，按实际完成投资额的8%给予资助，单个企业资助总额最高可达100万元。

24. 大力引进品牌、连锁门店。新设立并注册独立法人、面积500平方米以上的品牌餐饮、国别特色餐饮企业，其第一年度营业收入达到500万元以上的，给予10万元的一次性奖励；新设立的连锁经营企业，在区内设立快餐标准化门店、便利店、特色家政服务、旅游商品等经营网点的，门店经营用房面积在20平方米以上50平方米以下的、50平方米以上，且正常经营满1年的，分别给予企业每家网点2万元、5万元的一次性奖励，单个企业每年奖励总额最高可达30万元。

25. 对在区内举办的商贸促消费活动，经备案且活动参展企业超过50家的，可给予主办方活动相关费用支出30%的资助，资助总额最高可达30万元，被评为市级及以上品牌活动和重点活动的额外给予10万元奖励。

### 三、附则

1. 依据国民经济行业分类（GB/T 4754—2017），本政策中的软件信息企业是指从事软件开发、集成电路设计、信息系统集成服务、物联网技术服务、运行维护服务、信息处理和存储服务、信息技术咨询服务、数字内容服务、呼叫中心等内容的企业。检验检测企业是指从事检验检疫、检测、计量、标准化、认证认可等内容的企业。文化创意企业是指从事数字内容、影视传媒、动漫游戏、创意设计、文化会展、工艺美术等内容的企业。研发设计企业是指从事研究开发、工业设计、技术成果转移等内容的企业。科技金融企业是指从事供应链金融、互联网和移动支付、信息安全技术、区块链技术、金融信息综合平台等的企业。

2. 各类财政资助（奖励）总额以企业当年对新区财政贡献为限（第 5 条除外）。

3. 本政策自 2019 年 11 月 29 日开始施行，试行 3 年；发布当年符合本政策扶持条件的，可参照执行；原大江东管办发〔2016〕91 号文件废止，其他已发文件如有与本政策不符的，以本政策为准。

## 关于进一步推进科技创新创业的若干政策

为全面实施创新驱动发展战略，充分发挥科技创新的支撑引领作用，进一步加快新区创新平台和载体建设，着力营造创新创业良好氛围，激发各类创新主体的积极性和创造性，全面打造拥江发展、大湾区建设，乃至长三角一体化发展中最高能级产业平台，制定如下政策意见。

### 一、适用对象

本政策适用于财政级次在杭州钱塘区范围内注册、纳税，正常开展生产经营活动的企（事）业单位。新引进企业是指从新区辖区以外引进的独立法人企业。

### 二、政策条款

#### （一）支持企业创新能力提升

1. 鼓励设立研发机构。新认定的国家级企业研发机构、省级企业研究院、省级研发中心、市级研发中心，分别给予300万元、100万元、50万元、30万元奖励；对新认定的省级重点企业研究院，按规定给予建设经费资助，对其承担的省重大科技攻关专项，按规定给予配套。

2. 支持企业研发投入。按规定享受税务部门研发费用加计抵扣的科技型企业，按国家高新技术企业5%、其他企业2%的额度对研发费用（自筹部分）给予资助，最高200万元。

3. 鼓励高新企业发展。首次认定或新引进的国家高新技术企业，给予企业经营团队60万元奖励。其中国家高新技术企业引进或认定当年拨付30万元，再次认定后再拨付30万元；对新认定的杭州市"雏鹰计划"企业、杭州市高新技术企业，给予10万元配套奖励；对新认定的浙江省科技型中小企业给予3万元奖励。

新认定或新引进的国家高新技术企业，连续2年对其租赁自用经营用房面积的100%给予补助，最高不超过1000平方米；新引进的国家高新技术企业，自引进次年起，连续2年按企业形成的新区财政贡献额度给予50%的奖励。

4. 鼓励申报科技项目。经新区推荐申报，获得国家级科技计划项目（国家科技重大专项、国家重点研发计划项目）、省科技重大专项（省重点研发计划项目）、市科技重大专项的企业，有地方配套比例规定的，按要求给予配套资助；无地方配套比例规定的，按照杭州市级财政补助到位资金给予1:1配套支持，单个项目资助总额不超过500万元。

5. 鼓励争创科技奖项。对获国家科技进步奖（技术发明奖）一等奖、二等奖的，分别给予企业研发团队500万元、200万元奖励；对获省科技进步一等奖、二等奖、三等奖的，分别给予企业研发团队100万元、50万元、20万元奖励。第二完成单位按上述标准减半奖励。

#### （二）鼓励科技成果转移转化

6. 鼓励设立技术转移机构。鼓励国内外高校院所在新区建立市场化运作的技术转移机构，自设立起3年内，给予实际使用面积80%的房租补助，最高不超过300平方米，并按其投入每年最高给予30万元运行费补助；对列入国家级、省级的技术转移示范机构，分别给予50万元、30万元奖励。

科技中介及高校促成科技成果在新区内转化并实现产业化、项目合同金额10万元以上的，在市级政策基础上，再按实际交易额的2%给予奖励，每家单位最高奖励100万元。

7. 鼓励企业合作创新。企业（创客团队）使用检验检测、技术服务、技术咨询、技术查新、测试分析、产品设计、技术培训等科技服务按服务合同金额的30%补助；进行技术开发按服务合同金额的15%补助，每家企业（创客团队）同一年度享受补助额度不超过20万元。区级创新载体按其为企业（创客团队）提供服务交易额的3%，给予载体每年最高10万元补助。

8. 鼓励知识产权创造。对新授权的国内发明专利，给予每件3万元奖励；通过"专利合作条约"（PCT）途径提出的向国外专利申请，进入国家阶段后，给予每件3万元奖励；对新授权的国外发明专利，属于美日欧专利局授权的，给予每件8万元奖励，其他地区给予每件5万元奖励；新取得实用新型专利授权5项（含）以上，给予每件1200元奖励。获资助的单位应当依据《专利法》对职务发明创造的发明人或者设计人给予奖励。

鼓励参加国家企业知识产权管理规范标准创建，验收合格后给予5万元资助。

9. 支持知识产权运用。每年择优评选10个发明专利产业化示范项目给予资助，按照项目转化程度给予一定资助，每个项目最高资助不超过50万元。

新认定的国家知识产权示范企业和知识产权优势企业，分别给予30万元、20万元奖励；新认定的省级、市级、区级专利试点（示范）企业，分别给予20万元、10万元、2万元奖励；对获得国家专利金奖、国家专利优秀奖、省专利金奖、省专利优秀奖的，分别给予企业研发团队50万元、20万元、10万元、5万元奖励。

10. 支持知识产权运维。对在涉外或者具有重大影响的知识产权案件中（各类贸易摩擦案件除外）胜诉或者和解的企事业单位，按其维权代理费的50%给予资助，最高50万元。同一申请人每个年度内最高资助100万元。

支持区内企事业单位开展行业专利数据库建设，开展国内外专利运营、专利预警分析、专利导航，以及重大经济科技活动知识产权评议等知识产权活动，经备案审核认定，单项活动经费给予50%的资助，最高20万元。同一申请人每年最高资助50万元。

11. 鼓励企业标准创新。企业研制先进标准，且当年发布的，分别给予以下资助：主导制定完成国际标准、国家标准、行业标准、"浙江制造"标准和团体标准的企业，分别给予不高于50万元、30万元、20万元、20万元、20万元的资助；主导修订完成上述标准的，按主导制定完成额度的50%资助；参与完成国际标准制定的企业，每项给予不高于10万元的资助；牵头开展完成国家级、省级、市级标准化试点示范项目的企业，分别给予不高于20万元、15万元、10万元的资助；成为国际标准化组织成员单位、引进国家标准化专业技术委员会（分技术委员会）秘书处的单位，分别给予不高于50万元、20万元的资助；首次通过中国合格评定国家认可委员会认证（CNAS）的，给予不高于10万元奖励；被认定为省级、市级标准创新示范企业的，分别给予不高于10万元、5万元的奖励。

（三）优化创新生态体系建设

12. 支持创新平台建设。对新认定国家级、省级、市级孵化器，分别给予园区管理公司最高200万元、80万元、30万元奖励。众创空间按上述标准减半奖励。

新认定市级及以上孵化器的，给予园区管理公司改建费用10%的一次性补助，最高300万元；新认定市级及以上众创空间的，给予装修（含设备购置）费用20%的一次性补助，最高 100 万元。

13. 鼓励科技初创企业集聚。对新引进或新设立落户新区市级及以上孵化器和众创空间（享受"一事一议"房租补助条款的除外）内的符合新区产业导向的科技型初创企业，自落户之日起两年内，年度研发投入达到 50 万元以上，经新区创新载体（孵化器、众创空间）管理有关部门审核确定，连续 2 年给予实际租用面积 50% 的房租补助，最高 300 平方米。其中，获创投机构投资的符合上述条件的科技型初创企业连续 2 年给予实际租用面积 100% 的房租补助。

14. 支持开展创新创业活动。鼓励企业、院所、平台、协会、机构等在区内举办具有全国性、行业性影响力的高端论坛和赛事等创新创业活动，新区作为主办方（或承办方）之一的，经事先备案，按不超过实际支出 50% 的额度给予补助，最高 50 万元。具有重大影响力的活动可给予"一事一议"支持。

15. 鼓励参加创新创业赛事。企业参加中国创新创业大赛行业总决赛获成长组一、二、三等奖和优胜奖的，分别给予 50 万元、30 万元、20 万元和 10 万元奖励；获初创组一、二、三等奖和优胜奖的，按成长组标准减半奖励。

16. 支持科技企业融资。企业利用自有知识产权质押贷款并按期偿付，按银行同期贷款基准利率的 50% 给予当年发生贷款额度的贴息，最高不超过 100 万元。

对符合条件的科技型企业，按规定享受政策性融资担保支持，担保费率最高 1.5%；对符合条件的科技型企业，按规定享受中小企业转贷基金支持，费率最高 1‰。

17. 鼓励引进知识产权服务品牌机构。对新引进或新设立具有行业主管部门许可的合法资质且依法经营的知识产权服务机构，连续 2 年给予实际租用面积 80% 的房租补助，最高 500 平方米。新引入或新认定的国家级知识产权服务品牌机构，每家给予 50 万元奖励；国家级知识产权服务品牌机构在区内新设立分支机构的，每家给予 10 万元奖励。

## （四）促进科技人才示范引领

18. 鼓励设立高层次人才工作站的。对新认定为国家、省、市级院士工作站，经考核合格后，分别给予 100 万元、80 万元、50 万元奖励；对新认定的市级专家工作站（A、B类），经考核合格的，分别给予 20 万元、10 万元奖励。

19. 鼓励创新创业团队发展。入选浙江省、杭州市领军型创新创业团队、青年创新创业团队的企业，最高可享受 1000 万元的各级财政资助。

20. 支持企业引才育才。对企业所聘外国专家自主申报入选国家、省"千人计划"和"万人计划"的企业，最高可享受各级财政资助 420 万元、300 万元；对企业所聘外国专家自主申报入选杭州市"521"和"万人计划"的企业，最高可享受各级财政资助 200 万元；对入选浙江省海外工程师的企业，最高可享受各级财政资助 20 万元；对入选杭州市"115"引进国（境）外智力计划的企业实行 1∶1 配套资助，最高 60 万元。

## 三、附则

1. 所享受的各类资助（奖励）总额原则上以企业当年对新区财政贡献为限，以下情况除外：一是新引进或新设立、处于培育期内的企业：一般科技企业为 3 年、生物医药企业为 5 年，其中新药研发类企业为 7 年（"培育期 3 年"是指企业新引进或新成立当年及后两年，以此类推）；二是省级重点企业研究院、省市领军型创新创业团队、省重点研发计划择优委托项目的配套资助；三是新认定获评国家高新技术企业、市级及以上研发机构、科技进步

（技术发明）奖等称号（资质）的奖励；四是经认定且考核通过的创新园区（孵化器、众创空间）所获资助；五是创新券补助；六是另有约定的。

2. 未按规定填报科技活动统计报表的，不享受第 2 条研发投入补助政策。

3. 专利申请地址应在新区，且同一专利只奖励一次。涉及一年以上的延续性资助（奖励），须每年度申请。

4. 本政策自 2019 年 11 月 29 日开始施行，试行 3 年；发布当年符合本政策扶持条件的，可参照执行；原杭经开管发〔2014〕181 号文件废止，其他已发文件如有与本政策不符的，以本政策为准。

## 关于促进跨境电商及口岸发展的若干政策

为加快推进钱塘区外向型经济发展，根据杭州市打造"全国跨境电商第一城，全球跨境电商第一流"的要求，进一步做优跨境生态体系，提高口岸贸易便利化水平，鼓励企业做大做强，推动钱塘区跨境电子商务产业高质量发展，特制定本政策。

### 一、加快跨境电子商务园区及总部经济建设

1. 鼓励区内具备条件的园区建设企业，申报"杭州跨境电子商务综合试验区（下沙园区）一区多点"拓展园区，经杭州市综试办认定并予以授牌的园区，给予园区运营主体200万元一次性补助；鼓励园区运营企业积极申报年度杭州市级跨境电子商务产业示范园区，经杭州市综试办认定的，给予园区运营主体市级扶持资金1:1配套的资金扶持。

2. 支持跨境电子商务产业园区招引优质跨境电商和服务企业入驻，自园区被授牌次年起3年内，对园区内新注册的符合以下条件的企业合计所创造的区贡献（扣除上述企业已享受的区资助）的20%额度给予园区运营资助：跨境进口额1000万美元/年（含）以上，或跨境出口额200万美元/年（含）以上，或跨境电商服务性营业收入500万元/年（含）以上的企业。

### 二、着力做大跨境电商出口规模

1. 给予钱塘区辖区内跨境电商出口金额超过100万美元以上的企业以奖励，经认定后，每100万美元给予2万元奖励，每家企业累计补助金额最高不超过200万元。

2. 鼓励区内企业开拓网上出口业务，对入驻各类网上跨境电商出口平台年出口额达到1万美元的区内企业，经认定后，每入驻一个平台给予一次性运营补助2万元，单个企业补助不超过10万元。

3. 鼓励开展跨境电商1210出口模式。对年度跨境电商出口金额达100万美元的企业，按照实际物流、快递金额的30%给予补助，每家企业补助总额不超过30万元。

4. 支持跨境电子商务企业开展自主出口品牌的建设。经认定后，对出口企业境外商标注册费以及质量管理体系认证、环境管理体系认证、产品认证和境外法律援助等所产生的商标注册费、认证费、检测检验费用及法律援助服务费的50%给予补助，单个企业每年最高补助不超过50万元。

5. 钱塘区跨境出口电商企业，经认定后，给予其3年自用办公场地实际租金的80%的扶持，房租补助标准不超过1.2元/（平方米·天），补助面积标准根据企业年出口规模确定。

跨境电商企业出口金额达3000万美元（含）以上的企业给予不超过1000平方米办公场地补助；跨境出口金额达1000万美元（含）以上的企业，给予不超过500平方米办公场地补助；跨境出口金额达500万美元（含）以上的企业，给予不超过200平方米办公场地补助；跨境出口金额达200万美元（含）以上的企业，给予不超过100平方米办公场地补助。

6. 鼓励跨境出口模式创新，在杭州综合保税区内从事跨境电商出口的企业，经认定后，给予其三年仓储租金的扶持，房租补助标准不超过1元/（平方米·天）。

跨境电商企业出口金额达5000万美元（含）以上的企业给予80%的仓储租金补助，最大面积不超过5000平方米；跨境电商企业出口金额达1000万美元（含）以上的企业给予

60%的仓储租金补助，最大面积不超过1000平方米。

### 三、做强做优跨境电商进口业务

1. 新落户钱塘区的跨境进口电商企业，经认定后，给予其3年自用办公场地实际租金的80%的扶持，房租补助标准不超过1.2元/（平方米·天），补助面积标准根据企业年进口规模确定。

跨境电商企业进口金额达1亿美元（含）以上的企业给予不超过1000平方米办公场地补助；跨境进口金额达5000万美元（含）以上的企业，给予不超过500平方米办公场地补助；跨境进口金额达2000万美元（含）以上的企业，给予不超过200平方米办公场地补助；跨境进口金额达1000万美元（含）以上的企业，给予不超过100平方米办公场地补助。

### 四、提升钱塘区跨境电子商务生态体系

2. 鼓励区内高校及培训机构进行跨境电子商务专业人才培养。经市综试办认可的注册在钱塘区的社会培训机构开展跨境电子商务人才培养，对机构培养的跨境电子商务学员被钱塘区内跨境电商企业成功录用并连续就职半年以上，且当年底仍在区内电商企业就业的（区内企业输送的学员参照执行），按1500元/人的标准给予扶持（含市补贴部分）。

3. 钱塘区的跨境电商服务企业，经认定后，给予其3年自用办公场地实际租金的80%的扶持，房租补助标准不超过1.2元/（平方米·天）。

跨境电商服务企业营业收入达到5000万元以上或服务收入达到300万元以上或签订服务合同30个以上的给予不超过500平方米办公场地补助；营业收入达到3000万元以上或服务收入达到200万元以上或签订服务合同20个以上的给予不超过300平方米办公场地补助；营业收入达到1000万元以上或服务收入达到100万元以上或签订服务合同10个以上的给予不超过100平方米办公场地补助。

鼓励招大引强，凡与市综试办签订战略合作协议的平台或服务企业视同达到最高档补助标准予以扶持。

4. 积极支持企业开拓融资渠道，对钱塘区内企业使用金融机构提供的供应链金融等跨境金融产品，经认定后，按同期一年期贷款基准利率给予50%的补助，补助期限为3年，每家企业3年累计补助总金额最高不超过50万元。

5. 培育外贸综合服务企业。鼓励外贸综合服务企业在通关、检验检疫、结售汇、出口退税、出口信保等环节享有更加便利化的服务。对经市级以上部门认定后的外贸综合服务试点企业，给予100万元的一次性奖励。对年出口额在1000万美元（含）以上的外贸综合性服务企业，给予运营经费补助，出口额每200万美元补助2万元，单个企业每年补助最高不超过200万元。

6. 鼓励企业、行业协会在钱塘区举办有影响力的峰会、论坛、博览会、大赛等活动。经备案后给予一定的扶持，单项活动资助额不超过该活动实际发生费用的50%，最高不超过50万元。

7. 经认定后，开展跨境新零售业务的企业给予线下体验点租金、设备等固定资产投入费用80%的扶持，每家企业每年资金扶持不超过100万元；对开展跨境电商网络直播销售业务的电子商务企业、电子商务交易平台每新建一个实体直播间给予2万元的扶持，每家企业每年资金扶持不超过10万元。

8. 对取得海外支付牌照的企业，在我区设立全国性或区域性总部开展跨境电子商务支付业务，年度在线交易额突破 2 亿美元的，按每 2 亿美元给予 100 万元资金扶持，每家企业每年资金扶持不超过 300 万元。

## 五、着力做大钱塘区肉类口岸规模

1. 鼓励进口肉类冷链企业入驻，在综保区内注册设立公司，并在综保区内设立办公区的进口肉类贸易及服务企业，年进口肉类达到 500 吨（或货值 2000 万元）以上，经认定后，给予其两年自用办公场地实际租金的 100% 扶持，房租补助标准不超过 1.2 元/（平方米·天），最大补助面积不超过 200 平方米。

2. 鼓励综保区内注册的进口肉类冷链贸易或服务企业持续做大做强进口业务规模，经认定，自公司入驻综保区设立之日起，首年进口肉类交易总量达到 500 吨或者交易货值达到 2000 万元以上的企业，每 500 吨或者交易货值 2000 万元，给予不超过奖励 3 万元；自第二年起给予年进口肉类业务增量奖励，以上一年交易总量为基数，每增加 500 吨或交易货值 2000 万元，给予不超过奖励 5 万元（奖励主体为综保区内海关账册建立单位并以海关统计数据为依据）。最高不超过 200 万元。

3. 鼓励冷链企业申办肉类分割及各类进口指定监管场所资格。对于自主成功申请保税肉类分割牌照的企业，给予不超过 3 万元的奖励。对于自主成功申请国家进口指定监管场所（如指定进口水果、冰鲜水产品、粮食等类型），每申请获批一个给予不超过 5 万元的奖励。

4. 鼓励参与行业协会评优评比。经认定获得国内、国际冷链物流行业协会评比前十名的企业，给予冷链运营公司不超过 2 万元的奖励。

## 六、附则

1. 本政策适用于在钱塘区范围内注册、纳税，并正常开展生产经营活动的跨境电商企业和经认定备案的肉类进口及冷链企业。新落户企业为自 2019 年 1 月 1 日后落户钱塘区的企业。
跨境电子商务企业具体包括：
（1）垂直电商企业：跨境电子商务行业中直接终端零售的企业。
（2）平台电商企业：在跨境电子商务领域内为企业或者个人提供网上交易、洽谈的平台。
（3）电商服务企业：主营业务收入总额 50%（含）以上来自服务跨境电商企业，具体包括代运营企业、供应链仓储服务企业、金融服务企业、数据服务企业等。
（4）电商园区运营企业：为跨境电子商务企业提供场地支持的园区运营企业。

2. 本政策统计数据以海关统计数据或钱塘区外综服平台或以审计企业后台数据为准；区内跨境电子商务企业若同时开展跨境进口、出口业务可根据跨境进出口完成比例同比例合计计算申领办公场地补助；

3. 对于跨境电商企业年度安全生产考核不合格或有走私行为的企业不予兑现本政策条款。

4. 受资助的企业若在 5 年内迁出钱塘区，需进行税务清算，且所享受的财政资助应按照协议予以返还。

5. 本政策自 2019 年 11 月 29 日开始施行，试行 3 年；发布当年符合本政策扶持条件的，可参照执行。

# 关于加快杭州医药港建设的若干政策

为加快杭州医药港建设，贯彻落实《杭州市人民政府办公厅关于促进杭州市生物医药产业创新发展的实施意见》等文件精神，促进我区生物医药产业创新发展、引领发展，打造国内顶尖、世界一流的研发创新高地，结合钱塘区实际，特制定本政策。

## 一、鼓励企业加大研发投入

1. 鼓励企业积极申报重大科技项目。区内企业及机构获得国家级科技计划项目（国家科技重大专项、国家重点研发计划项目）、省科技重大专项（省重点研发计划项目），有地方配套比例规定的，按要求给予配套补助；无规定的，按照杭州市级财政补助到位资金给予1∶1配套支持，单个项目总额最高不超过1000万元。

2. 支持企业、科研机构开展临床前研究、临床研发，根据研发进度给予阶段性资助。

药品类：对完成国内或美国、欧盟、日本等发达国家临床前研究、开展临床试验的，符合本文件附则第2条的药品分阶段给予资助。

（1）完成临床前研究并取得临床批件的，给予100万元资助；

（2）进入Ⅰ、Ⅱ、Ⅲ期临床试验的分别给予100万元、150万元、250万元的资助；

（3）完成Ⅰ、Ⅱ、Ⅲ期临床试验的，再按照该产品实际研发投入的20%给予资助，最高不超过100万元、200万元、400万元。

单个企业每年资助不超过3000万元。

器械类：

（4）新获得国家医疗器械注册证书的，创新型二类医疗器械，按该产品实际研发费用的10%给予资助，最高不超过100万元；三类医疗器械，按该产品实际研发费用的20%给予资助，最高不超过500万元。单个企业每年资助不超过1000万元。

仿制药：

（5）新获得仿制药生产批件的，给予100万元奖励（不同规格视为同一品种）；其中通过生物等效性试验（BE）的，每个品种给予200万元的一次性奖励。如该品种在全国同类仿制药中前三个获得生产批件，再按该药品实际研发费用的20%给予资助，最高不超过300万元。单个企业每年资助不超过1000万元。

生物制品（兽用）类：

（6）对获得新兽药注册证并在区内产业化的，一类注册证给予100万元资助，二类注册证给予50万元资助，三类注册证给予20万元资助。单个企业每年资助不超过500万元。

3. 对我区药品上市许可持有人（研发机构或企业）购买药物临床试验责任险和药物安全质量责任险的，每年按单品种实际购买保费金额的50%给予资助，最高分别不超过20万元、50万元。单个企业每年资助最高不超过200万元。

## 二、鼓励创新成果产业化

1. 在本区取得药品注册批件且实施产业化的项目，对于项目总投资（不含研发投入）1亿元以上5亿元以下的，按固定资产投入（不含土地款）的10%予以资助，每个企业资助最高不超过2000万元；项目总投资5亿元以上的，按固定资产投入（不含土地款）的12%

予以资助，每个企业资助最高不超过 5000 万元。

在本区取得创新型二类、三类医疗器械注册证且实施产业化的项目，对于项目总投资（不含研发投入）5000 万元以上 1 亿元以下的，按固定资产投入（不含土地款）的 10% 予以资助，每个企业资助最高不超过 500 万元；项目总投资 1 亿元以上的，按固定资产投入（不含土地款）的 12% 予以资助，每个企业资助最高不超过 2000 万元。

2. 区内药品或医疗器械上市许可持有人委托区内生物医药企业生产（非关联企业）其所持有药械产品的，年度委托金额超过 1000 万元的，对委托方按年度实际交易金额的 5% 给予资助，单个企业每年资助最高不超过 1000 万元。

### 三、鼓励企业做精做优做强

1. 对实际完成投资额 500 万元以上的技术改造项目给予实际完成投资额的 15% 的资助；单个项目资助额最高不超过 5000 万元。对项目实际投资比例小于立项金额 70% 的项目不予扶持。

2. 区内企业开展药品或医疗器械生产且销售的，对主营业务收入达 1 亿元以上的，对企业当年主营业务收入高于其存续期内年度主营业务收入最高值的，每增长 5000 万元，给予 25 万元奖励；若企业主营业务收入增量部分中来自 3 年内新获得国家药品或医疗器械注册证书生产且销售的，每增长 5000 万元，再给予 25 万元奖励；单个企业每年奖励最高不超过 500 万元。

3. 对区内企业新取得美国食品药品监督管理局（FDA）、欧洲药品管理局（EMA）、日本药品医疗器械局（PMDA）等机构批准获得境外上市资质的药品和医疗器械，每个产品分别给予 100 万元、50 万元的资助。单个企业每年资助不超过 500 万元。

4. 对经浙江省级及以上部门认定的首台（套）高端医疗设备，按当年该产品单台（套）销售价格的 20% 给予资助，单个企业资助金额最高不超过 1000 万元。

### 四、鼓励优化发展环境

1. 对符合产业导向的研发、服务型企业新引进或设立起 3 年内，经认定，按其租金的 50% 进行资助。补助面积上限为：年研发投入 800 万~1500 万元的，补助面积最高不超过 600 平方米；年研发投入达到 1500 万~2000 万元的，补助面积最高不超过 800 平方米；年研发投入 2000 万元以上的，最高不超过 1000 平方米。

2. 对新引进的医药销售（服务）公司，经认定，自企业税收达到 500 万起 3 年内，按其租金的 50% 进行资助，最高不超过 300 平方米。对其经营绩效按相关政策给予奖励。

3. 支持生物医药重要公共服务平台项目建设，对在杭州医药港小镇等重点产业平台新建的药物非临床安全性评价（GLP）、药物（含医疗器械）临床试验机构（GCP）、有特殊专业要求的临床研究医院、实验动物服务平台等重要公共服务平台建设，经认定后，给予每个平台建设总投资的 30%、最高不超过 2000 万元的资助。

4. 区内 GLP、GCP、生物医药研发外包（CRO）、生物医药产业中试平台、合同生产服务机构（CMO）等公共服务平台及研发服务机构，经认定后，按其对生物医药企业（与本机构无投资关系）年度合同实际服务金额的 5% 给予资助，单个机构每年资助最高不超过 500 万元。

区内企业使用经认定的公共服务平台等研发服务机构进行技术服务的，对委托方按年度实际交易金额的 5% 给予资助，单个企业每年资助最高不超过 500 万元。

5. 对通过国家 GLP、GCP 资格认证的区内生物医药企业和机构给予一次性奖励，获得药物 GLP 认证批件的认证项目达到 3 大项以上、6 大项以上、9 大项以上（均含本数）的，分别给予 100 万元、200 万元、400 万元奖励；获得 GCP 认定证书的，按每通过 1 个专业给予 10 万元奖励并予以累计（含非首次获得 GCP 认定证书的新增专业），单个企业和机构最高奖励不超过 200 万元。

6. 鼓励企业、院所、平台、协会、机构、联盟在区内举办具有全国性、行业性影响力的高端论坛和赛事活动，经认定，给予会议主办方（或承办方）不超过实际费用 50% 的补助，最高不超过 50 万元。

7. 对区域经济发展有重大推动作用或贡献特别大的项目，经管委会审定，可合法合规予以专项奖励和扶持。

## 五、附则

1. 本政策适用于在钱塘区范围内注册、纳税，并正常开展生产经营活动的企（事）业。新引进企业是指从钱塘区以外引进的独立法人企业。

2. 本政策重点支持领域包括：

（1）生物医药：主要包括疫苗、重组蛋白质药物、治疗性抗体、血液制品、基因工程药物等生物制药；化学药制剂、化学药；中药和天然药物等。

（2）医疗器械：主要包括高端医学影像、激光手术、临床监护设备；高通量、高精度的体外诊断仪器和试剂；再生医学和组织工程；新型医用材料等。

（3）生物制品：包括用于动物传染病和其他有关疾病的预防、诊断和治疗的生物制剂。

（4）生物技术服务：主要指以合同的方式为企业和研发机构在研发生产过程中提供的专业化服务。

（5）医疗大数据：主要指基于互联网＋、大数据、云计算、IT 与生命健康产业融合的智慧健康大数据产业。

（6）精准医疗：主要包括基因检测、分子诊断、细胞治疗等新型疾病个体诊疗技术及配套产品的开发应用。

3. "合同服务金额、实际交易金额、实际研发费用、实际完成投资额、固定资产投资、研发投入"是指由审计事务所出具并经区财政部门确认的专项审计报告中所披露的实际发生的相关金额。

4. 对于创新研发类的生物医药企业设置五年培育期（新药研发类企业为七年）、器械类企业设置三年培育期，企业培育期是指从企业注册设立之日起计算。在培育期内的企业相关政策兑现不以企业当年度区贡献为限。培育期结束后，除本政策第一条中第 1、2 项及第四条中第 1、3 项外，各类财政资助（奖励）总额以企业当年对新区财政贡献为限。

5. 本政策自 2019 年 11 月 29 日开始施行，试行 3 年；发布当年符合本政策扶持条件的，可参照执行。

## 关于进一步推进区校合作的若干政策

为推动杭州钱塘区高质量发展,全面推进区校深度合作,大力实施区校平台共建、产业共兴、人才共育、资源共享、氛围共创"五大工程",形成协同合作体系,特制定本政策。

### 一、鼓励平台共建

鼓励支持高校建设孵化器、众创空间等各类双创平台,参与大创小镇建设,为师生校友创新创业提供产业孵化、技术转移等服务。

1. 鼓励建设创新创业载体。区内高校利用校内闲置土地建设创新创业载体,列入新区与高校合作项目的,给予15%的建安成本补助,最高3000万元。利用校内现有楼宇建设创新创业载体,列入新区与高校合作项目的,给予30%的改建费用补助,最高1000万元。

2. 支持建设孵化器、众创空间。对新认定国家级、省级、市级孵化器的,分别给予高校园区管理公司200万元、80万元、30万元奖励。众创空间按上述标准减半奖励。

新认定市级及以上孵化器的,给予园区管理公司改建费用10%的一次性补助,最高300万元。新认定市级及以上众创空间的,给予装修(含设备购置)费用20%的一次性补助,最高100万元。具体参照《关于进一步推进科技创新创业的若干政策》执行。

3. 鼓励设立技术转移机构。鼓励国内外高校院所在新区建立市场化运作的技术转移机构,自设立起3年内,给予实际租用面积80%的房租补助,最高不超过300平方米,并按其投入每年最高给予30万元运行费补助;对列入国家级、省级的技术转移示范机构,分别给予50万元、30万元奖励。

科技中介及高校促成科技成果在新区内转化并实现产业化、项目合同金额10万元以上的,在市级政策基础上,再按实际交易额的2%给予奖励,每家单位最高奖励100万元。具体参照《关于进一步推进科技创新创业的若干政策》执行。

4. 鼓励建设高校联盟机构。支持高校联合区内或国内外知名高校成立以高校和企业为主体、以企业需求为导向、以构建产学研相结合的实体化运作的联盟机构,经事先备案,给予房租、运营经费、绩效奖励等每年最高100万元补助。

### 二、促进产业共兴

大力支持师生创新创业,对符合高层次认定的师生给予人才创业资助,鼓励高校优秀校友回归钱塘区创业。

1. 鼓励发展校友经济。积极发挥高校校友资源优势,共建高校校友联盟,发展校友经济、吸引校友人才、协同创新创业等,给予专项经费扶持。

鼓励高校在新区建设校友创新创业平台和载体,按1元/(平方米·天)的标准,按实际使用面积给予3年最高5000平方米的场地租金支持,同时根据运营情况和绩效,给予最高100万元的运营经费支持。

高校推荐校友创办企业在钱塘区落地,每成功推荐1个项目且该项目被评为新区D类及以上项目的,给予高校最高30万元的奖励,具体参照《关于建设"人才特区"打造才智高地的意见》执行。高校新引进或新设立符合新区产业导向的重点校友企业(集团总部、龙头企业、独角兽企业等),引进企业按照新区相关政策给予支持,给予高校方累计引进企业当年度税收区贡献部分的 10% 奖励。

2. 鼓励高层次人才创业。高校高层次人才在新区创业，符合高层次人才认定条件的，经认定评审后给予最高 1000 万元启动资助和研发费用补助、最高 1000 平方米 3 年租金补贴、最高 1000 万元贷款额度贴息支持和最高 1000 万元创业发展资助。对产业发展紧缺、水平特别突出的创业项目给予最高 1 亿元资助。对入选杭州、浙江领军型创新创业团队和青年创新创业团队的再给予 1∶1 配套资助，具体参照《关于建设"人才特区"打造才智高地的意见》执行。

3. 鼓励校企合作创新。企业（创客团队）使用检验检测、技术服务、技术咨询、技术查新、测试分析、产品设计、技术培训等科技服务按服务合同金额的 30% 补助；进行技术开发按服务合同金额的 15% 补助，每家企业（创客团队）同一年度享受补助额度不超过 20 万元。区级创新载体按其为企业（创客团队）提供服务交易额的 3%，给予载体每年最高 10 万元补助。具体参照《关于进一步推进科技创新创业的若干政策》执行。

### 三、实施人才共育

加强区校在人才引进、培育、交流等方面的合作，鼓励校企高层次人才双向交流任职，开展科技合作和成果转化活动。对高校优秀毕业生在区内就业落户给予资助。

1. 积极引进"名校名院名所"。对引进经教育部门批准的中外合作办学机构（高校或学科专业排名世界前 100 位）或与钱塘区合作重点支持的办学项目，经认定，给予最高 1000 万元补助。

2. 鼓励高校申报高层次人才。高校高层次人才在新区创业，自主申报入选国家"千人计划"（"万人计划"）的，最高可享受国家、省、市、区各级配套 420 万元资助；自主申报入选省"千人计划"（"万人计划"）的，最高可享受省、市、区各级配套 300 万元资助；自主入选市全球引才"521"计划（"万人计划"）的，最高可享受市区两级配套 200 万元资助。具体参照《关于建设"人才特区"打造才智高地的意见》执行。

3. 鼓励毕业生服务本地。对新引进的全日制博士、硕士、本科应届毕业生，分别给予市区两级 8 万元、5 万元、1 万元的一次性生活补贴。对新引进的全日制博士、硕士往届毕业生，国内外知名高校（世界前 200 所高校、原"985""211"高校）和区内高校全日制本科往届毕业生分别给予每人 3 万元、2 万元、1 万元的生活补贴和相应的租房补助。大力招引海内外大学生来新区实习、就业、创业，对符合条件的来新区实习的海内外大学生和在校高技能人才，每月给予市区两级 3000 元的实习补贴。具体参照《关于建设"人才特区"打造才智高地的意见》执行。

4. 加强高层次人才住房保障。对区内高校全日制博士研究生在区内企业就业落户，在区内自购首套商品房的，分 3 年给予最高 30 万元补助。具体参照《关于建设"人才特区"打造才智高地的意见》执行。

5. 鼓励校企人才互享。高校选派优秀青年教师（博士以上层次）到区内企业开展技术开发、技术转化、技术培训等服务，经统一组织和备案，给予教师每年最高 5 万元津贴。

区内企业高层次人才［市全球引才"521"计划（"万人计划"）以上］到高校担任兼职教授、实务导师等，经统一组织和备案给予人才每年最高 5 万元津贴。

6. 联合培养高层次人才。高校与新区联合共建研究生联合培养基地，每年给予高校最高 10 万元运行经费补助。

## 四、推进资源共享

充分挖掘区校资源集聚优势，推进优质资源共享，提高高校科研仪器、实验场地、运动场馆、图书馆等资源的利用率，降低企业科研成本，促成科研项目合作，协同提升校企科研水平，实现全社会资源的集约利用和良性互动。

1. 鼓励科研设备共享。鼓励高校以优惠或有偿方式面向企业开放大型仪器设备、实验室等优质科技资源，提高设备利用率，降低企业研发成本，促进校企产学研合作，具体参照《关于进一步推进科技创新创业的若干政策》执行。

2. 鼓励公共设施开放。鼓励高校向钱塘区企业、群众开放体育场、图书馆等设施，场馆根据不同使用对象可采取免费、优惠或有偿方式开放。

## 五、实现氛围共创

支持共同举办高端创新创业活动，实现高校广泛参与、师生全面覆盖，设立区校专项基金和专项奖学金，对区校合作先进单位和个人给予奖励，积极营造创新创业的浓厚氛围。

1. 强化科技金融支持。发挥1亿元区校合作天使创投基金作用，重点支持区内师生和校友创业项目。

2. 加强培育优秀学子。出资500万元设立区校专项奖学金，专门对区内高校各类优秀学子进行表彰奖励。

3. 支持举办双创活动。支持区校联合举办高层次创新创业大赛等高端双创活动，经事先备案，按不超过50%的额度，给予最高50万元的活动资助。具有重大影响力的活动可给予"一事一议"支持。

高校师生和校友项目参加"互联网+""挑战杯""大创杯"等知名双创赛事活动，获奖项目进区落地的，分别给予5万~50万元的大创天使基金支持。

4. 奖励突出贡献者。鼓励各单位全面推进区校合作工作，对推进校友经济、校企合作、人才培养等方面作出突出贡献的单位和个人，分别给予5万元和1万元奖励。

## 六、附则

1. 本政策所指创新创业载体包括专业技术服务平台、科学技术研究院、协同创新中心、创新创业平台等。

2. 本政策所指高校是在杭州钱塘区辖区范围内，与钱塘区开展协议合作的国内外高校和机构。

3. 所享受的各类资助（奖励）总额原则上以高校当年对钱塘区财政贡献为限，高校人才享受政策及对高校引进企业税收奖励除外。对区校合作有深远意义或对区域经济发展有重要推动作用，经管委会审定的，实行"一事一议"重点扶持。

4. 本政策自2019年11月29日开始施行，试行3年；发布当年符合本政策扶持条件的，可参照执行；原杭经开管发〔2017〕306号文件同时废止。

# 参 考 文 献

[1] 黄海荣. 大学生创新创业教育指导 [M]. 上海：上海交通大学出版社，2016.
[2] 何平. 大学生职业生涯规划与就业创业指导 [M]. 北京：现代教育出版社，2017.
[3] 尹忠泽. 大学生职业生涯规划 [M]. 吉林：吉林大学出版社，2018.
[4] 陈光耀. 大学生职业发展与就业指导 [M]. 北京：冶金工业出版社，2018.
[5] 颜吾佴，孔琳. 大学生的自我认知与理想信念 [M]. 北京：北京交通大学出版社，2017.
[6] 范河明，李江云. 大学生就业与创业指导 [M]. 北京：高等教育出版社，2010.
[7] 陈浩明，项中，吕京宝. 大学生就业与创业指导教程 [M]. 北京：中国传媒大学出版社，2017.
[8] 旭湘岳，邓峰. 创新创业教程 [M]. 北京：人民出版社，2011.
[9] 卢成飞. 创业实战 [M]. 杭州：浙江大学出版社，2012.
[10] 郭美斌，文丽萍. 大学生创新创业理论与实训教程 [M]. 吉林：吉林大学出版社，2015.
[11] 任荣伟，梁西章，余雷. 创新创业案例教程 [M]. 北京：清华大学出版社，2014.
[12] 张建民. 现代企业生产运营管理 [M]. 北京：机械工业出版社，2013.
[13] 吴健安. 市场营销学 [M]. 北京：高等教育出版社，2010.
[14] 肖克奇. 大学生就业与创业指导案例教程 [M]. 北京：北京交通大学出版社，2007.
[15] 杨静竹. 探秘哈佛大学创业教育：不仅教人开公司 [N]. 第一财经日报，2013 - 05 - 02.
[16] 李建峰. 市场营销实务 [M]. 北京：北京理工大学出版社，2016.
[17] 刘昌明，赵传栋. 创新学教程 [M]. 上海：复旦大学出版社，2016.
[18] 丛子斌. 创新创业教育 [M]. 北京：高等教育出版社，2016.
[19] 粟竹玲. 大学生创业投资风险分析及其规避 [J]. 财会通讯，2014 (29)：122 - 124.
[20] 王卫红，金伟林，何伏林. 创业基础 [M]. 杭州：杭州出版社，2017.
[21] 张玉利. 创业管理 [M]. 北京：机械工业出版社，2013.
[22] 李玲玲. 创业业绩评价：方法与运用 [M]. 北京：清华大学出版社，2004.
[23] 姜皓，孙林岩. 如何构建团队：团队类型及构建思维 [J]. 上海经济研究，2007

(5)：87-91.
[24] 雷家骕．从创新出发认识创业［J］．中国青年科技，2007（12）：1.
[25] 陈俊义．大学生电子商务创业的风险分析［J］．内蒙古科技与经济，2012（8）：18-20.